Verlag Frank-Daniel Schulten

Frank-Daniel Schulten (Hrsg.)

# Margareta Ebners mystische Schriften, Briefe, Offenbarungen und Meditationen

Verlag Frank-Daniel Schulten

Lektorat, Textauswahl und sprachliche Überarbeitung der Ursprungstexte: Frank-Daniel Schulten. Übersetzung des Kapitels *„Von den sieben Graden der rechten Demut"* aus dem Mittelhochdeutschen: Joana Mader.

1. Auflage Februar 2023

www.verlag-schulten.de
www.fulcanelli.de
Druck: BoD GmbH, Norderstedt.
Covergestaltung: Grete C. Söcker, Emden.
Coverbild: © by Adobe Stock/© by Prazis Images.


Printed in Germany.
ISBN 10: 3-932961-04-8.
ISBN 13: 978-3-932961-04-5.

Margareta Ebner, Portrait, 17. Jhdt. Aus: Eustachius Eysenhuet, *Kurtzer Begriff deß wunderlichen Lebens (…) der seeligen Jungfrauen Margarethae Ebnerin* (Augsburg 1688).

*Frank-Daniel Schulten*

## *Vorwort*

### *„Ich bin ain gemahel diner sel, daz ist mir ain lust ze miner ere"*

In der Blütezeit der deutschen Mystik im 13. und 14. Jahrhundert spielten Frauen eine herausragende Rolle. Im Gegensatz zu ihren männlichen Zeitgenossen wie Meister Eckhart, Johannes Tauler und Heinrich Seuse, blieben ihre Namen der Nachwelt jedoch häufig unbekannt. Darüber können auch einige wenige berühmte Persönlichkeiten wie Hildegard von Bingen oder Mechthild von Magdeburg nicht hinwegtäuschen. – Die vielen längst vergessenen Frauen waren in der absoluten Mehrzahl, denn „manche Dominikanerklöster wissen aus der Periode der deutschen Mystik von 30 bis 40 begnadigten [*sic!*] Schwestern zu berichten."[1] Ein exemplarisches Schlaglicht auf diese zahllosen unbekannten Mystikerinnen anhand der Aufzeichnungen nur eines einzigen Konvents, nämlich des Klosters Töss (bei Winterthur), findet man zum Beispiel in Margarete Weinhandls Werk *„Das Leben der Schwestern zu Töss und der Nonne von Engeltal Büchlein von der Gnade Überlast"* (München 1921). Darin sind die Namen von Dutzenden von Ordensschwestern aufgeführt, zusammen mit den mystischen Erscheinungen, die mit jeder von ihnen in Verbindung gebracht werden. So wird beispielsweise die „selige Schwester Elsbeth von Jestetten" erwähnt, von der die Chronik berichtet: „Eine Schwester sah sie einst, wie ihr Leib erleuchtet war, so dass sie wähnte, sie brenne, doch sie verstand gar bald, dass es aus Gnaden so geschah".[2]

Die meisten dieser Frauen hinterließen zudem nur selten schriftliche Zeugnisse, was zusätzlich zu ihrem Vergessen beitrug. Unter den weniger bekannten Mystikerinnen dieser Zeit nimmt Margareta Ebner eine Sonderstellung ein. Nicht weil sie ein kosmogenetisches oder heilkundliches Werk

---

[1] Wilms 1928, S. 11.

[2] a.a.O., S. 187.

wie etwa Hildegard hinterlassen hätte, auch theologische Spitzfindigkeiten waren ihr fremd. Die schiere Wucht ihrer inneren Erfahrungen und die Tatsache, dass sie in Form ihrer „Paternoster" einen bis heute begehbaren Mysterienweg hinterlassen hat, heben sie aus der Masse ihrer Schwestern im Geiste heraus.

Margareta wurde um das Jahr 1291 als Tochter einer wohlhabenden Aristokratenfamilie in Donauwörth geboren. Im Alter von fünfzehn Jahren trat sie das Dominikanerinnenkloster Maria Medingen in Mödingen (in der Nähe von Dillingen a. d. Donau) ein. Schon damals war sie eine kränkliche junge Frau, und ihr Gesundheitszustand blieb auch später äußerst labil. Sie zeigte sich aber auch als überaus empathisch, sensibel und feinfühlig. War eine Mitschwester elend, so spürte Margareta es am eigenen Leibe. Wurde ein Tier geschlagen, so litt sie mit ihm.

1312 erkrankte Margareta schwer, und von 1314 bis 1326 war sie die Hälfte der Zeit ans Bett gefesselt. Sie schreibt: „Ich war oft in Todesnöten, sodass ich selbst wähnte, ich läge in den letzten Zügen. Auch die Schwestern, die bei mir waren, meinten oft, meine Augen seien bereits gebrochen, und ich läge im Sterben."[3]

Während dieser Periode begann ihre Wandlung zur Mystikerin: Immer wieder wurde die Ordensfrau von Visionen und Ekstasen ergriffen. In Margaretas Gesichten erschien ihr Jesus Christus, mal als Kind in der Wiege, mal als Erlöser und mal als Leidensmann, dessen Martyrium sie in allen Einzelheiten selbst durchlebte. Aber auch „arme Seelen" im Fegefeuer begegneten ihr in ihrer Schau und baten um Fürbitte. Begleitet wurden diese Erscheinungen häufig entweder von lautem Schreien, unbändigem Lachen oder aber von absolutem Verstummen, das sie als „das gebundene Schweigen" bezeichnete. Ein exemplarisches Beispiel ihrer exaltierten Ausbrüche beschreibt sie in der folgenden Passage: „Am Palmtag schrie ich unter den Metten wieder so lang, dass der ganze Konvent an mir verzagte. Sie wähnten, ich wolle sofort sterben. Und ich wähnte es selber auch."[4]

---

[3] *„Offenbarungen"*, Kapitel *„Dreizehn Jahre lang"*.

[4] *„Offenbarungen"*, Kapitel *„Mitleid mit dem leidenden Herrn"*.

Außerdem erschienen Stigmata an ihrem Körper, und Margareta berichtet auch von Levitationsphänomenen: „Zuweilen wurde ich erhoben, sodass ich die Erde nicht berührte.“[5] Oft beängstigten sie diese Erfahrungen, sie schreibt: „Ich fürchtete zuweilen um meine Sinne, wenn es so gar heftig war. Aber es wurde mir von dem gegenwärtigen Gott mit einer süßen Ergötzung geantwortet: ‚Ich bin kein Berauber der Sinne, ich bin ein Erleuchter der Sinne.'“[6] Bei anderen Gelegenheiten aber ging ihr irdisches Ich vollständig in der *unio mystica* auf, und sie verweilte in grenzenloser Verzückung und Ekstase: „Dann saß ich in einer Wonne göttlicher Freude von den Metten bis zur Prim.“[7] An anderer Stelle schreibt sie: „Wenn ich etwas von unserem Herrn hörte, besonders gar oft, wenn ich den Namen Jesus Christus nennen hörte, dann wurde ich inwendig gefangen und von der Gnade Gottes und der göttlichen Süßigkeit so erfüllt, dass ich eine lange Weile da saß und mich auswendig nicht regen und kein Wort reden konnte.“[8]

Die Kunde von der begnadeten Nonne verbreitete sich bald über die Grenzen ihrer Heimat hinaus. So stand sie in regem Austausch mit den bedeutendsten Mystikern ihrer Zeit wie Christina Ebner von Engelthal (1277-1356), die trotz der Namensgleichheit nicht mit Margareta verwandt war, den bereits erwähnten Dominikanern Heinrich Seuse (1297-1366) und Johannes Tauler (gest. 1361) sowie vielen anderen „Gottesfreunden“ aus dem gesamten deutschsprachigen Raum. Von entscheidender Bedeutung war jedoch ihre Begegnung mit dem Priester und Wanderprediger Heinrich von Nördlingen, dessen genaue Lebensdaten nicht bekannt sind. Sie lernte ihn 1332 kennen, und es entwickelte sich eine intensive spirituelle Freundschaft, die von gegenseitiger Bewunderung und Respekt getragen war. Einerseits wurde Heinrich zu Margaretas väterlichem Mentor. Auf seinen ausdrücklichen Wunsch begann die Ordensfrau daher im Jahr 1344 damit, ihre Offenbarungen niederzuschreiben. Dadurch ist uns eine der faszinierendsten deutschen Frauenautobiographien des Mittelalters erhalten

---

[5] *„Offenbarungen“*, Kapitel *„Unbekannte Gnaden“*.
[6] *„Offenbarungen“*, Kapitel *„Gottes Antwort“*.
[7] *„Offenbarungen“*, Kapitel *„Unbekannte Gnaden“*.
[8] *„Offenbarungen“*, Kapitel *„Jesu Name“*.

geblieben, die ganz nebenbei einen lebendigen Einblick in den Alltag des damaligen Klosterlebens bietet. Auf der anderen Seite hegte der Priester größte Ehrfurcht vor den Offenbarungen und Zuständen Margaretas, in denen er die verwirklichte Gotteseinheit erkannte. So war Heinrich in ihrer beidseitigen Beziehung vor allem Schüler und Verehrer der Mystikerin, deren Autorität er sich unterordnete und deren Gegenwart ihn oft überwältigte. Er schreibt: „Wie ich in Deiner Gegenwart befangen war, sodass ich nicht mit Dir zu reden wagte, ebenso bin ich auch während des Schreibens befangen"[9]

Der Briefwechsel der beiden „Gottesfreunde", dem diese Zeilen entnommen sind und aus dem wir in diesem Buch eine umfangreiche Auswahl wiedergeben, ist zudem die älteste noch erhaltene Korrespondenz in deutscher Sprache. Die intensive Beziehung zwischen den Ordensleuten, die sich in diesem Schriftwechsel manifestiert, kann durchaus als Musterbeispiel spätmittelalterlicher Minne angesehen werden. Insofern sind Passagen wie die folgende keineswegs als religiös überhöhte Frivolitäten des Priesters zu werten, sondern als charakteristischer Ausdruck zeitgenössischer mystischer Frömmigkeit: „Da trinkst Du den lieblichen Most des Heiligen Geistes in reicher Fülle für Dich selber und auch für die anderen, sodass Du uns weise und freundlich säugen kannst aus Deinen mütterlichen, vollen, weiblichen Brüsten, uns Arme, Dürstende, die vor der Zelle in großem Jammer Deiner Wiederkunft harren."[10]

Margareta starb am 20. Juni 1351. Schon bald nach ihrem Tod begannen Geschichten von posthumen Wunderheilungen und anderen außergewöhnlichen Erlebnissen im Zusammenhang mit der Mystikerin zu kursieren. So wurden ihr Grab und später die ihr geweihte „Margarethenkapelle" schon früh zu Wallfahrtsorten, die noch heute Gläubige anziehen. Denn das Kloster, in dem Margareta wirkte, existiert nach wie vor in dem kleinen Ort Mödingen. In der ersten Hälfte des 18. Jahrhunderts wurden seine Gebäude neu errichtet, und um 1755 schmückte der Freskomaler Vitus Felix Rigl die Margarethenkapelle mit zahlreichen farbenprächtigen Szenen aus dem

---

[9] Brief XXXVII.

[10] Brief XLII.

Leben der Mystikerin. Seit 1843 wird der Konvent nicht mehr von Dominikanerinnen, sondern von den Dillinger Franziskanerinnen geführt. Ein verheerender Brand im Jahr 2015 zerstörte Teile des Klosters und der Margarethenkapelle, die erst 2021 wieder restauriert werden konnten.

Der Seligsprechungsprozess für Margareta begann bereits 1686, geriet aber lange Zeit ins Stocken. Mehr als 600 Jahre nach ihrem Tod bestätigte Papst Johannes Paul II. schließlich die Verehrung Margaretas, und er sprach sie am 24. 2. 1979 selig.

Auch wenn Margareta heute eher lokale Bekanntheit genießt, haben ihr Leben und Werk zahlreiche Anregungen für die wissenschaftliche und spirituelle Auseinandersetzung mit ihren Inhalten gegeben. Die (keineswegs vollständige) Bibliographie am Ende unseres Vorworts macht dies deutlich. Eine der gängigsten modernen Interpretationen ihrer mystischen Erfahrungen besteht darin, sie als psychopathologische Phänomene zu klassifizieren. Der Pfarrer und Psychoanalytiker Oskar Pfister (1873-1956) hat dies bereits 1910 in einer Studie versucht. Aus heutiger Sicht könnte ein Psychiater Margareta attestieren, dass sie ihre unterdrückte Sexualität auf das Ideal des Jesusbildes projizierte. Er würde dies wahlweise als wahnhaften Ausdruck einer dissoziativen Störung, einer histrionischen Persönlichkeitsstörung, einer bipolaren Störung oder gar einer manifesten Schizophrenie deuten. In seinen Diagnosebogen trüge er beispielsweise hinsichtlich ihres „gebundenen Schweigens“ die Beurteilung „Mutismus“ ein. Allerdings: Wie armselig sind solche Sophistereien angesichts der existentiellen Urgewalt dessen, was Margareta widerfuhr ...

Natürlich waren Margaretas Visionen zum Teil auch vom Zeitkolorit ihrer spezifischen Glaubenswelt und Umgebung geprägt. Dass sie beispielsweise konkrete Zwiesprache mit dem Jesuskind hielt, mag uns heute absonderlich erscheinen. Zu ihrer Zeit waren solche visionären und sprachlichen Ausdrucksformen jedoch nichts Ungewöhnliches. Schon Hieronymus Wilms schreibt darüber: „Dazu hat Zoepf schon bemerkt, daß unsere Selige ihr Verhältnis zu Christus ganz entsprechend der Anschauung ihrer Zeit schildert und auch in ihrer Ausdrucksweise sich nicht von dem damals üblichen entfernt (...) Die uns beim erstmaligen Lesen etwas befremdenden Ausdrücke, Bilder und Vergleiche waren damals in mystischen Kreisen ganz gebräuchlich, übten durch den allgemeinen Sprachgebrauch nicht die Wirkung aus wie in einer Zeit, die solches als Übertreibung sorglich meidet, und sind zudem nur ein hilfloses Stammeln gegenüber der durch den Glauben verbürgten Wahrheit."[11]

Alle diese modernen Rationalisierungsversuche zeugen von einem grundsätzlichen Unverständnis gegenüber dem Reichtum spiritueller Erfahrungen. Wenn es sich um wirkliche mystische Phänomene handelt, entziehen sie sich nicht nur dem logischen Verstand und seinen Erklärungen, sie *müssen* es sogar! So schreibt Roswitha Schneider zu Recht über Margareta: „Aber meist werden anthropologische, aszetische, theologische und psychologische Gesichtspunkte und Untersuchungen gegeneinander ausgespielt, anstatt sich zu ergänzen. Man blieb im Gestrüpp hängen und drang nicht durch bis zu jenem Gemach, wo die Selige, die Gottesbraut wohnt. Man tauchte nicht in jene Tiefe, in der die ‚Perle' ruht. Denn Margareta heißt Perle." [12]

In diesem Sinne stellen nicht nur die Offenbarungen und Briefe Margaretas ein einzigartiges Erbe dar. Vor allem ihre „Paternoster", die trotz ihres Namens nichts mit dem neutestamentlichen Gebet zu tun haben, sind ihr vielleicht wichtigstes spirituelles Vermächtnis. Es handelt sich dabei um ganz eigenständige, klar strukturierte Meditationen und Betrachtungen, die Margareta als ihren größten Schatz ansah. Sie praktizierte diese Andachtsübungen täglich, und auch der heutige christliche Mystiker kann sich ihrer bedienen, um Zugang zu jenen Geheimnissen zu finden, denen Margareta ihr Leben gewidmet hatte. Auf diese Weise sind die „Paternoster" veritable Brückenbauer, „Pontifexe" durch die Jahrhunderte, die direkt ins Herz der Mystikerin führen, das vom „Minnegriff" so unfassbar überwältigt war. Wie all ihre Schriften und Briefe sind sie das zeitlose Zeugnis einer außergewöhnlichen Frau, die außergewöhnliche Erfahrungen durchlebte. Davon kündet dieses Buch.

---

[11] Wilms 1928, S. 21 f.

[12] Schneider 1985, S. 9 f.

## *Zu dieser Ausgabe*

Die Texte der Offenbarungen und der Briefe stammen aus den Büchern von O. P. Hieronymus Wilms, *Der seligen Margareta Ebner Offenbarungen und Briefe (Dominikanisches Geistesleben zur Einführung in die religiöse Ideenwelt des Dominikanerordens, herausgegeben von Patres des St. Josefskollegs Vechta, fünftes Bändchen,* Vechta 1928) sowie Dr. M. David-Windstosser: *Deutsche Mystiker, Band V., Frauenmystik im Mittelalter* (Kempten-München 1919). Sie wurden vollständig überarbeitet und mit den Urtexten abgeglichen, die Philipp Strauch in seinem maßgeblichen Werk *Margaretha Ebner und Heinrich von Nördlingen. Ein Beitrag zur Geschichte der deutschen Mystik* (Freiburg und Tübingen 1882) veröffentlicht hat. Die Kapitelüberschriften von Wilms haben wir beibehalten, da sie den Text gut strukturieren und mittlerweile als kanonisch gelten dürften. Die Fußnoten der Originale wurden weitestgehend übernommen. Fußnoten des gegenwärtigen Herausgebers wurden namentlich gekennzeichnet.

Die Abhandlung *„Von den sieben Graden der rechten Demut"* wurde von Joana Mader für diese Ausgabe aus dem Mittelhochdeutschen ins Hochdeutsche übertragen.

Die Wundererzählungen entnahmen wir dem Traktat von Eustachius Eysenhuet, *Kurtzer Begriff deß wunderlichen Lebens (...) der seeligen Jungfrauen Margarethae Ebnerin*, Augsburg 1688 (S. 144-147). Die barocke Sprache, Orthographie und Grammatik des Originaltextes haben wir behutsam überarbeitet.

Den Begriff „Minne" haben wir weitgehend durch das Wort „Liebe" ersetzt, wohl wissend, dass der mittelalterliche Minnebegriff weitaus vielschichtiger ist als der heute geläufigere Ausdruck. Um den Text jedoch dem modernen Leser zugänglicher zu machen, haben wir uns für diese Form entschieden.

# *Bibliographie*

## Mittelhochdeutsche Originaltexte


- Ph. Strauch, *Margaretha Ebner und Heinrich von Nördlingen. Ein Beitrag zur Geschichte der deutschen Mystik*, Freiburg i. Br./Tübingen 1882 S. 1-166. Kritische, auch heute noch maßgebliche Edition des mittelhochdeutschen Textcorpus. Ein Nachdruck erschien 1966 zu Amsterdam.

- J. Heumann, *Opuscula*, Nürnberg 1747, S. 351-404. Enthält den Briefwechsel Margaretas mit Heinrich von Nördlingen.

- Manuskripte und Abschriften der Texte Margaretas befinden sich noch in der Bibliothek des *Franziskanerinnen-Klosters Maria-Medingen*, der *Stiftsbibliothek Melk*, der *Aargauer Kantonsbibliothek*, der *Universitätsbibliothek Augsburg*, der *Staatsbibliothek Berlin* sowie in der *British Library*, London.


## Übersetzungen


- L. Corsini, *Heinrich von Nördlingen e Margaretha Ebner: le lettere (1332-1350) (Medioevo tedesco, 9*), Pisa 2001, S. 76-307. Nachdruck der Ausgabe Strauch 1882, mit italienischer Übersetzung als Paralleltext.
- M. David-Windstosser, *Deutsche Mystiker*, Band 5: *Frauenmystik im Mittelalter*, München, 1919, S. 115-194. Enthält Auszüge aus den Offenbarungen und dem Briefwechsel mit Heinrich von Nördlingen.
- L. P. Hindsley, *Margaret Ebner: Major Works*, New York 1993.
- J. Prestel (Übers.) *Die Offenbarungen der Margaretha Ebner und der Adelheid Langmann (Mystiker des Abendlandes,* 4*)*, Weimar 1939, S. 7-109.

- H. Wilms, Der seligen Margareta Ebner Offenbarungen und Briefe, Vechta 1928.
- 


**Literatur zu Leben und Werk Margaretas**


- J. C. Adelung: *Allgemeines Gelehrten-Lexicon*, Leipzig 1787, S. 813.
- R. Bauerreiss, *Kirchengeschichte Bayerns*, 4, St. Ottilien 1953, S. 68-70.
- F. W. Bautz: *Ebner, Margareta (1291-1351)*, in: *Biographisch-bibliographisches Kirchenlexikon*, Tl. 1, Nordhausen 1990, Sp. 1447.
- W. Beutin, *„Hysterie und Mystik". Zur Mittelalter-Rezeption der frühen Psychoanalyse: Die „Offenbarungen" der Nonne Margareta Ebner (ca. 1291-1351), gedeutet durch den Zürcher Pfarrer und Analytiker Oskar Pfister*, in: J. Kühnel (Hrsg.): *Mittelalter-Rezeption*, 4, Göppingen 1991, S. 11-26.
- S. Bürkle, *Die Offenbarungen der Margareta Ebner. Rhetorik der Weiblichkeit und der autobiographische Pakt,* in: *Weibliche Rede – Rhetorik der Weiblichkeit. Studien zum Verhältnis von Rhetorik und Geschlechterdifferenz*, hrsg. von D. Bischoff und M. Wagner-Egelhaaf, Freiburg i. Br. 2003, S. 79-102.
- K. M. Christensen, *The Conciliatory Rhetoric of Mysticism in the Correspondence of Heinrich von Nördlingen and Margaretha Ebner*, in: *Peace and Negotiation. Strategies for Coexistence in the Middle Ages and the Renaissance*, hrsg. von D. Wolfthal, Turnhout 2000, S. 125-143.
- A. Classen, *The literary Treatment of the Ineffable: Mechthild von Magdeburg, Margaret Ebner, Agnes Blannbekin*, in: *Studies in Spirituality*, Bd. 8, Nijmegen 1998, S. 162-187.
- E. Dünninger: *Die Weihnacht der Margareta Ebner*, in: *Jahrbuch des Historischen Vereins Dillingen an der Donau*, Band 74, Dillingen 1972.
- E. Eysenhuet, *Kurtzer Begriff deß wunderlichen Lebens (…) der seeligen Jungfrauen Margarethae Ebnerin*, Augsburg 1688 und 1717 sowie enthalten in: F. Steill, *Ephemerides Dominikano-sacrae*, Dillingen 1692, S. 326-397.
- U. Federer, *Margareta Ebner – ein Vorbild der Gottesfreundschaft*, in: *Mehr als Schwarz und Weiß. 800 Jahre Dominikanerorden*, hrsg. von E. H. Füllenbach, Regensburg 2016, S. 223-233.

- U. Federer, *Mystische Erfahrung im literarischen Dialog. Die Briefe Heinrichs von Nördlingen an Margaretha Ebner (Scrinium Friburgense, 25)*, Berlin/New York 2011.
- R. Frenken, *Kindheit und Mystik im Mittelalter (Beihefte zur Mediävistik, 2)*, Frankfurt a. Main 2002, S. 169-184.
- R. Frenken, *„Da fing ich an zu erinnern ...“*, in: *Die Psychohistorie der Eltern-Kind-Beziehung in den frühesten deutschen Autobiographien (1200-1700)*, Gießen 2003, S. 67-78.
- L. R. Garber, *Feminine Figurae. Representations of Gender in Religious Texts by Medieval German Women Writers 1100-1375*, New York/London 2003, S. 109-126.
- L. R. Garber, *Ebner, Margareta (1291-1351)*, in: *The late medieval Age of Crisis and Renewal*, London 2001, S. 134-135.
- G. Gieraths, *Magareta Ebner*, in: *Neue Deutsche Biographie*, 4, Berlin 1959, S. 262.
- R. D. Hale, *Ebner, Margaretha (1291-1351)*, in: J. M. Jeep (Hrsg.): *Medieval Germany. An Encyclopedia*, New York 2001, S. 189-190.
- R. D. Hale, *Rocking the Cradle: Margaretha Ebner (be)holds the Divine*, in: M. A. Suydam/ J. E. Ziegler (Hrsg.): *Performance and Transformation*, Basingstoke 1999, S. 211-239.
- F. A. Heim: *Die gottselige Margaretha Ebner. Dargestellt in einer Predigt am Gedächtnistage derselben, Sonntags den 25 Juni 1837 in der Klosterkirche zu Medingen*, Predigtmagazin, Bd. 3, Augsburg 1839, S. 352.
- L. P. Hindsley, *Monastic Conversion: The Case of Margaret Ebner*, in: J. Muldoon (Hrsg.): *Varieties of religious Conversion in the Middle Ages*, Gainesville 1997, S. 31-46.
- J. Janota, *Freundschaft auf Erden und im Himmel. Die Mystikerin Margareta Ebner und der Gottesfreund Heinrich von Nördlingen*, in: *Impulse und Resonanzen. Tübinger mediävistische Beiträge zum 80. Geburtstag von Walter Haug*, hrsg. von G. Vollmann-Profe, Tübingen 2007, S. 275-300.
- O. P. Jodelhauser, *Geschichte des Klosters und der Hofmark Maria Medingen von den Anfängen im 13. Jh. bis 1600*, Vechta 1936.

- B. Koch, *Margaret Ebner*, in: *Medieval Holy Women in the Christian Tradition c.1100 - c.1500 (Brepols Collected Essays in European Culture,* 1), hrsg. von A. Minnis und R. Voaden, Turnhout 2010, S. 393-410.
- Y. Koda, *Schmerzempfindlichkeit und Körperwahrnehmung in den klösterlichen Gnadenzetteln und bei Margaretha Ebner*, in: *Kulturfaktor Schmerz, Internationales Kolloquium in Tokyo 2005*, Herausgegeben von Yoshihiko Hirano und Christine Ivanovic, S. 85-99.
- E. Krebs, *Magareta Ebner*, in: *Die deutsche Literatur des Mittelalters. Verfasserlexikon*, 1, Berlin/Leipzig 1933, S. 482-484.
- E. Krebs, *Magareta Ebner*, in: *Die deutsche Literatur des Mittelalters. Verfasserlexikon*, 5, Berlin /Leipzig 1955, S. 161.
- A. Kuhn, *„Dein Gott redender Mund macht mich sprachlos". Heinrich von Nördlingen und die Mystikerin Margareta Ebner*, in*: Meine in Gott geliebte Freundin. Freundschaftsdokumente aus klösterlichen und humanistischen Schreibstuben* (*Religion in der Geschichte*, 4), hrsg. von G. Signori, Bielefeld 1995, S. 98-106.
- H. Kurz: *Geschichte der deutschen Literatur: Mit ausgewählten Stücken aus den Werken der vorzüglichsten Schriftsteller*, Band 1, Leipzig 1864, S. 784-785.
- H. Lausser: *Die Wallfahrten des Landkreises Dillingen. Die Wallfahrt zum Grab der seligen Margaretha Ebner*, in: *Zeitschrift für Bayerische Landesgeschichte*, 40 (1977), S. 109–111.
- P. Lechner, *Das mystische Leben der hl. Margareth von Cortona. Mit einem Anhange: Bericht aus dem mystischen Leben der gottseligen Ordensjungfrauen Christina und Margareth Ebner aus Nürnberg*, Regensburg 1862, S. 221–231.
- G. J. Lewis, *Bibliographie zur deutschen Frauenmystik des Mittelalters* (*Bibliographien zur deutschen Literatur des Mittelalters*, 10), Berlin 1989, S. 251-260.
- M. Jocham: *Bavaria Sancta. Leben der Heiligen und Seligen des Bayerlandes*, München 1862, S. 276–292.
- M. Malm, Margareta Ebner, in: *Deutsches Literatur-Lexikon. Das Mittelalter, 2: Das geistliche Schrifttum des Spätmittelalters*, hrsg. von W. Achnitz, Berlin/Boston 2011, S. 146-150.

- *Margaretha Ebner lauscht himmlische Musik. Deckenfresko in der Ebnerkapelle,* in: *Jahrbuch des Historischen Vereins Dillingen an der Donau*, Band 59/60 Dillingen 1957/58.
- Maximilianus (a Sancto Joseph): *Heiliges Jahr. Das ist Kurtze Lebens-Verfassungen Heiliger, Seeliger und Gottseeliger Diener, und Dienerinen Gottes*, München 1744, S. 650–652.
- T. Mundt, *Die Kunst der deutschen Prosa*, Berlin 1843, S. 163 f.
- W. Oehl, *Mystikerbriefe des Mittelalters (1100-1550)*, Weimar 1931.
- O. Pfister, *Hysterie und Mystik bei Margareta Ebner (Zentralblatt für Psychoanalyse* I, 1910) Heft 10, 11.
- W. Preger: *Heinrich von Nördlingen: Briefe an Margaretha Ebnerin*, in: *Zeitschrift für historische Theologie*, München 1869, S. 79–109.
- W. Preger: *Margaretha Ebner und Heinrich von Nördlingen*, in: *Geschichte der deutschen Mystik im Mittelalter*, Leipzig 1881, S. 277–288.
- A. Pummerer, *Margareta Ebner. Charakterbild aus der deutschen Mystik*, in: *Stimmen aus Maria Laach*, 81 (1911) S. 1-11, 132-144, 244-257.
- B. Quast, *drücken und schriben. Passionsmystische Frömmigkeit in den Offenbarungen der Margarethe Ebner*, in: *Gewalt im Mittelalter. Realitäten – Imaginationen*, hrsg. von M. Braun und C. Herberichs, München 2005, S. 293-305.
- W. Rauschmayr: *Margaretha Ebner und ihre Zeit*, in: *Jahrbuch des Historischen Vereins Dillingen an der Donau*, Band 5, Dillingen 1892.
- S. Ringler, *Margareta Ebner*, in: *Dictionnaire de Spiritualité ascétique et mystique*, 10, Paris 1980, S. 338-340.
- *U. Rublack, Female Spirituality and the Infant Jesus in Late Medieval Dominican Convents*, in: *Popular Religion in Germany and Central Europe, 1400-1800*, hrsg. von B. Scribner und T. Johnson, Basingstoke/New York 1996, S. 16-37, 210-214.
- A. Schauenberg, *Die gottselige Schwester Margareta Ebner aus dem Kloster Maria Medingen 1291-1351*, Dülmen 1914.
- S. Schlettstetter, *Das wunderbarliche Leben, hoche vnd vnerhörte Wunderwerck der seeligen gottgeweichten Jungfraw Margarethae von Maria Medingen, Praediger Ordens*, Schwäbisch Gmünd 1662.

- M. Schmidt, *An Example of Spiritual Friendship. The Correspondence between Heinrich of Nördlingen and Margaretha Ebner*, in: *Maps of Flesh and Light. The religious Experience of Medieval Woman Mystics*, hrsg. von U. Wiethaus, New York 1993, S. 74-92.
- M. Schmidt, *Ebner, Margaret (1291-1351)*, in: J. Lawler (Hrsg.): *Encyclopedia of the Middle Ages*, Tl. 1, Cambridge 2001, S. 462.
- R. Schneider, *Die selige Margareta Ebner*, St. Ottilien 1985.
- M. Seitz: *Verwandtschaft, Stammbaum und Wappen der Mystikerin Margareta Ebner von Kloster Maria Medingen*, in: *Jahrbuch des Historischen Vereins Dillingen an der Donau*, Band 72, Dillingen 1970.
- M. L. Shea, *Medieval Women on Sin and Salvation. Hadewijch of Antwerp, Beatrice of Nazareth, Margaret Ebner and Julian of Norwich*, New York 2010.
- C. Spanily, *Autorschaft und Geschlechterrolle. Möglichkeiten weiblichen Literatentums im Mittelalter (Tradition – Reform – Innovation*, 5), Göttingen 2002, S. 182-196.
- L. Stempfle: *Die gottselige Margaretha Ebner, Klosterfrau zu Maria-Medingen*, Augsburg 1838.
- P. Strauch: *Ebner, Margareta*, in: *Allgemeine Deutsche Biographie (ADB)*, Band 20, Leipzig 1884, S. 332–334.
- K. Tiemeyer, *Mystische Korrespondenz zwischen Tradition und Innovation. Eine exemplarische Untersuchung der Briefe Heinrichs von Nördlingen an Margaretha Ebner (Briefe IV und XXXVII) unter Berücksichtigung der Ars dictaminis*, München 2010.
- J. Traber, *Die Herkunft der selig genannten Dominikanerin Margareta Ebner. Geboren zirka 1291 - gestorben 20. Juni 1351*, Donauwörth 1910.
- H. Tüchle, *Margareta Ebner*, in: *Kirchengeschichte Schwabens*, 2, Stuttgart 1954, S. 143-149.
- *Two selections from Margaretha Ebner's „Offenbarungen"*, in: *Vox benedictina*, Bd. 4, Saskatoon 1987, S. 321-337.
- *Vision der seligen Margaretha Ebner. Altarbild*, in: *Jahrbuch des Historischen Vereins Dillingen an der Donau*, Band 54, Dillingen 1952.

- A. Walz, *Margareta Ebner*, in: *Lexikon für Theologie und Kirche*, 3, Freiburg/Br. 1959, 635-636.
- A. Walz, *Gottesfreunde um Margareta Ebner*, in: *Historisches Jahrbuch*, 72 (1953), S. 253-265.
- M. Weitlauff, *Margareta Ebner*, in: *Bavaria Sancta. Zeugen christlichen Glaubens in Bayern*, 3, hrsg. von G. Schwaiger, Regensburg 1973, S. 231-267.
- M. Weitlauff, *Margareta Ebner*, in: *Die deutsche Literatur des Mittelalters. Verfasserlexikon*, 2, Berlin/New York 1980, S. 303-306.
- M. Weitlauff, *Margareta Ebner*, in: *Theologische Realenzyklopädie*, 9, Berlin/New York 1982, S. 245-247.
- M. Weitlauff, *„Dein got redender munt machet mich redenlosz." Margareta Ebner und Heinrich von Nördlingen*, in: *Religiöse Frauenbewegung und mystische Frömmigkeit im Mittelalter*, in: *Beihefte zum Archiv für Kulturgeschichte*, 28, hrsg. von P. Dinzelbacher und D. R. Bauer, Köln/Wien 1988, S. 303-352.
- M. Weitlauff, *Margareta Ebner*, in: *Mein Herz schmilzt wie Eis am Feuer. Die religiöse Frauenbewegung des Mittelalters in Porträts*, hrsg. von J. Thiele, Stuttgart 1988, S. 160-175.
- M. Weitlauff, *Margareta Ebner OP (um 1291-1351) und Heinrich von Nördlingen*, in: *Jahrbuch des Vereins für Augsburger Bistumsgeschichte*, 39, Augsburg 2005, S. 15-30.
- F. W. Wentzlaff-Eggebert, *Deutsche Mystik zwischen Mittelalter und Neuzeit*, Berlin 1944 und 1969, S. 59-63, 297-298 und S. 371.
- H. Wilms: *Große Mystikerinnen aus dem Dominikanerorden*, in: *Geschichte der deutschen Dominikanerinnen, 1206–1916*, Dülmen i. W. 1920, S. 116–119.
- H. Wilms: *Der Seligsprechungsprozeß der ehrwürdigen Margareta Ebner*, in: *Geschichte der deutschen Dominikanerinnen, 1206–1916*, Dülmen i. W. 1920, S. 251–254.
- P. Zimmerman: *The Power of Books and the Practice of Mysticism in the Fourteenth Century: Heinrich of Nördlingen and Margaret Ebner on*

*Mechthild's Flowing Light of the Godhead*, in: *Church History*, Bd. 76, Cambridge 2007, S. 61-83.

- Zittard(us), *Kurtze Chronica das ist historische Beschreibung der General-Maister Prediger Ordens (…)*, Dillingen 1596.
- L. Zoepf, *Die Mystikerin Margaretha Ebner (c. 1291-1351)*, in: *Beiträge zur Kulturgeschichte des Mittelalters und der Renaissance*, 16, Leipzig/Berlin 1914 (Nachdruck Hildesheim 1974).
- F. Zöpfl, *Margareta Ebner*, in: *Lebensbilder aus dem bayerischen Schwaben*, 2 (*Veröffentlichungen der Schwäbischen Forschungsgemeinschaft bei der Kommission für Bayerische Landesgeschichte*, 3, 2), München 1953, S. 60-70.
- Wilms (1928, S. 48) erwähnt außerdem, dass in den Dominikaner-Ordenszeitschriften *Marienpsalter* (1915), *Marienlob* (1916) *und Dominikuskalender* (1911 und 1912) jeweils Artikel zu Margareta Ebner erschienen sind. Diese konnten vom gegenwärtigen Herausgeber bislang nicht eingesehen werden.

## Die Offenbarungen der Margareta Ebner

In dem süßen Namen unseres Herrn Jesu Christi und in seinem wahrhaften Leben und in den liebevollen Worten, zu unserem ewigen Heil auf Erden ausgerichtet, und in den heiligen Liebeswerken, so barmherzig für uns gewirkt und in starker Liebe zu unserem Heil vollbracht: Darin möge mit der inneren Güte vollkommener Gnade dieses angefangene Werk vollendet werden.

Als man zählte nach Christi Geburt das Jahr 1312, da erwies mir Gott seine große väterliche Treue am Tag der heiligen Vedastus und Amandus (6. Februar) vor Fastnacht. Er sandte mir eine große und verborgene Krankheit. Schon das Jahr zuvor war ich beständig von Gott innerlich gemahnt worden, mich nach seinem Willen zu richten in meinem ganzen Leben. Wie ich aber vorher[13] wohl zwanzig Jahre lebte, das kann ich nicht beschreiben, weil ich auf mich selbst nicht achtete. Nur so viel weiß ich: Gott hatte mich in seiner väterlichen Treue und Hut allzeit. Meine Krankheit fing wunderlich an. Ein großes, unerträgliches Weh erfasste mein Herz, sodass ich nur mühsam Atem holen konnte, und mein Atmen noch weithin hörbar war. Dann fuhr es mir in die Augen, sodass ich nicht sehen konnte, alldieweil es mir da saß. Dann hatte ich es in den Händen, sodass ich sie nicht regen konnte. Also ging es mir durch den ganzen Leib, das Gehör allein ausgenommen. Das versagte nie. Dieses Leid, dass ich meiner ohnmächtig war, dauerte bis ins dritte Jahr. Wenn es mir ins Haupt fuhr, dann lachte oder weinte ich vier Tage lang oder noch mehr in einem fort.

### *Das erste Jahr*

Im ersten Jahr[14] suchte ich menschliche Arznei; aber ich wurde nur siecher und siecher, und dies besonders während der Fastenzeit. Die letzten Wochen der Fastenzeit stieg mein Weh aufs höchste. In diesen ersten

[13] Seit 1291.

[14] 1312.

Fasten war mir die Zunge so gebunden, dass ich kein Wort zu sprechen vermochte.

Ich hatte aber das erste Jahr das größte Leid innerlich und äußerlich davon, dass ich mich Gott nicht gänzlich ergab, sondern allzeit nach Gesundheit verlangte.

Nun lebte in unserem Kloster eine selige Frau, die mir besonders lieb und vertraut war. Die sprach zu mir, ich solle mich Gott ergeben und, wenn ich könnte, beten, denn große Krankheiten für Gott leiden, das wäre der längsten Leben eines auf Erden.[15]

Dazu mahnte mich auch allmählich der Lauf dieser Welt; denn ich sah, dass die von mir gingen, denen vorher wohl bei mir war. Insbesondere, wenn mir am allerschlimmsten war, dann gingen sie fort und sprachen, sie könnten es an mir nicht leiden.

Da dachte ich, dass Gott allein die wahre Treue sei, der mich nimmer verlasse. Ich ergab mich in den Willen Gottes und begehrte, er lasse mich nicht gesunden, er gebe mir denn Gesundheit an Seele und Leib.

Ich verlegte mich aufs Beten, um den Armen Seelen nach Gebühr zu helfen. Meine eigenen Anliegen, besonders das der Gesundheit, trieben mit dazu.

### *Das zweite Jahr*

Im zweiten Jahr[16] schwand das innere Leiden, der Widerwille gegen das Kranksein. Ich mochte Gott zuliebe alles Weh wohl tragen. Meine Beschäftigung war das Gebet. Wie mir weh war, fing ich zu beten an, mir wurde besser.

---

[15] Das längste Leben wird gedacht als das verdienstvollste, wie im Buch der Weisheit steht: „Früh vollendet, hat er viele Jahre erreicht" (4, 13.)

[16] 1313.

## *Das dritte Jahr*

Ich begann das dritte Jahr[17] in einem Zustand, dass ich keinen Schritt aus mir allein zu tun vermochte, und jedermann sagte, ich wäre gelähmt. Dazu erfasste mich eine neue Krankheit. Die währte dreizehn Wochen. Ich lag von morgens früh bis zum Anbruch der Nacht, ohne mich selbst in der Gewalt zu haben. Ich lag, als ob ich tot wäre, ohne zu essen, ohne zu trinken. Dann wurden meine Glieder wie gebrochen, und die Krankheit verließ mich.

Danach befiel mich der große Schweiß. Ich hatte ihn zwanzig Wochen lang, über Tag einmal und des Nachts einmal. Er war unglaublich stark. Man schöpfte ihn von mir mit hohlen Händen, große Becken voll. Kurz darauf besserte sich mein Befinden soweit, dass ich gehen konnte, wenngleich mit Beschwerden.

## *Dreizehn Jahre lang*

Nachdem ich wieder etwas gehen konnte, blieb ich dreizehn Jahre[18] so schwach, dass ich mehr als die Hälfte des Jahres schwer leidend zu Bette lag. Ich war oft in Todesnöten, sodass ich selbst wähnte, ich läge in den letzten Zügen. Auch die Schwestern, die bei mir waren, meinten oft, meine Augen seien bereits gebrochen, und ich läge im Sterben. Aber wenn ich mich so weit besserte, dass ich sprechen konnte, so befliss ich mich des Gebetes. Es war nur einfaches Gebet: Vigilien[19] und Psalter[20]. Auch mein Verlangen war einfältig. Ich war zurückhaltend gegen alle Leute. Weder Unterhaltung noch Besuch mochte ich leiden, außer von meiner Schwester. Ich hörte nicht gern reden, außer von Gott. Ganz unerträglich waren mir üble Nachrede oder sonst ein hartes Wort. Fiel es in meiner Gegenwart, dann fing ich oft zu weinen an. Und von der Mißstimmung wurde ich dann

---

[17] 1314.
[18] Bis gegen 1326.
[19] Nachtwachen des Totenoffiziums.
[20] Bußpsalmen.

gar krank. Es lag vielleicht an meiner Schwäche, dass ich Mißstimmung nicht ertragen konnte. Es kam vor, dass ich eine Mißstimmung ein halbes Jahr lang empfand.

Mich verlangte, dieweil ich zu Bette lag, noch nach größeren Krankheiten zur Sühne dafür, dass ich nicht nach den Vorschriften meines Ordens zu leben vermochte. Ich übernahm Paternoster und Betrachtungen über die Liebeswerke unseres Herrn, und dabei war mir gar wohl, und ich überwand viele Schwäche damit.

Wenn sich mein Zustand soweit besserte, dass ich gehen konnte, dann führte mein erster Gang mich allzeit mit Absicht und Verlangen vom Siechenhaus zur Messe. Ich betrübte mich auch sehr darüber, dass ich die Liebeswerke unseres Herrn nicht so lieb hatte, und dass ich nicht alle Tage meines Lebens darauf so viel Sorge verwandt hatte wie gebührend, und dass ich kein entsprechendes Verlangen danach getragen hatte. Dazu machte es mir Sorge, dass ich mich nicht Gott mit so inniger Begierde wie geziemend fügte und dass ich noch nicht wahrhaft nach Seinem Willen lebte. Insbesondere machte ich mir Sorge, dass ich zu dem Leib unseres Herrn[21] nicht die notwendige Liebe und Begierde hätte, und dass ich zu seinem Empfang nicht entsprechend gut vorbereitet wäre. Da beschuldigte ich mich, das käme daher, dass ich mich nicht kräftig abzöge von allen irdischen Dingen. Davon wurde ich allzeit ohne Unterlass betrübt und verfolgt. Ich mied alle Leute im Kloster und außerhalb, sowohl im Reden als Besuchen. Ich war gegen alle Menschen zurückhaltend. Ich ging auch nicht zu den Freunden unseres Herrn[22], weil ich fühlte, dass mir niemand helfen könnte denn Gott allein.

Nie habe ich große Übungen mit Disziplinen oder mit anderen groben Bußwerken übernommen, weil Gott mich in seiner Güte heimsuchte mit schwerer Krankheit. Ich vermochte in den Jahren weder an den Freitagen noch in der Fastenzeit zu fasten. Das tat mir bitterlich weh. Wenn die

---

[21] Die Hostie. (Anm. Frank-Daniel Schulten).

[22] Mystiker/“Gottesfreunde“.

Fasten nahten, so war ich besonders traurig, weil ich von meinen Vorgesetzten gezwungen wurde zu essen. Meine Schwester kränkte ich oft, weil ich vermutete, sie mache es.

Ich entzog mich, soviel ich vermochte, allen Gedanken, die mich beunruhigen oder an meinem Gebet und an meinen Begierden behindern mochten. Ich achtete auf mich selbst in allen Dingen, beim Essen und Trinken und Schlafen. Insbesondere, als ich die Paternoster zu den Liebeswerken unseres Herrn anfing, da schlief ich keine Nacht ohne Sorge.

### *Kaiser Ludwig*

Ich trug großes Verlangen, für die Armen Seelen zu beten. Die wiederum trösteten mich gar sehr in allen Anliegen und eröffneten mir die Dinge, die ich gerne gewusst hätte bezüglich meiner selbst und auch bezüglich der Seelen. Insbesondere hatte ich großes Erbarmen mit einem Menschen[23], der in großem Leid war. Ich betete viel für ihn.

Über den wurde mir von Gott und von den Seelen kundgetan, wie es ihm ergehen sollte in seinen Drangsalen. In einem Traum sah ich, wie unser Herr diesem Menschen unter die Arme griff und zu ihm sprach, er wolle ihn nimmer verlassen, weder hier noch dort. Mir wurde auch in derselben Zeit von meinen lieben Seelen gesagt, dass der Mensch ohne mein Gebet nicht so lang gelebt hätte. Die Seelen sagten mir auch, dass er aus der Lombardei wohlbehalten zurückkomme. Und in der Zeit, da er vor Burgau stand[24], da wurde mir in einem lichtvollen Traum zugesprochen der Vers: *Adorabunt eum omnes reges, omnes gentes servient ei.*[25] Ich betrachtete ihn, als ob er mir von Gott besonders anbefohlen wäre; denn ich hatte besondere Gnade und Neigung zu all den Dingen und Begierden, die sich auf ihn bezogen.

---

[23] Ludwig der Bayer war ein großer Wohltäter des Klosters Medingen.
[24] Ludwig belagerte Burgau von Dezember 1324 bis Januar 1325.
[25] Alle Könige werden ihm huldigen, und alle Völker ihm dienen. (Ps 71, 11.).

## *Die Armen Seelen*

Ich freute mich allezeit auf Allerseelentag. Da empfing ich besonderen Trost von ihnen. Sie sandten zuweilen eine Seele, eine frühere Schwester unseres Konventes, zu mir, die mir dankte für das, was ich ihnen Gutes tat. Da begehrte ich von ihnen zu wissen, ob ich mit meinem Gebet keiner Seele zu Gott geholfen hätte. Die Antwort lautete, dass ich vielen Seelen geholfen hätte.

Sie offenbarten mir zu meinem großen Trost, dass der Güte Gottes mein Leben gefiele, und sie bedeuteten mir, was ihm am allerliebsten an mir wäre, das war meine große Demut. Sie haben mir viel gesagt von dem Wirken der Güte Gottes an ihnen, besonders in ihren jüngsten Nöten. Mich besuchten auch viele Seelen, die ich nicht kannte, sie offenbarten mir ihr Leben und baten mich, dass ich ihrer gedächte.

## *Ausgefahren*

Zu derselben Zeit war das ganze Land in Bedrängnissen, und besonders unser Kloster, wegen des Unfriedens. Wir beteten deshalb viel. Da war mir, als ob unser Kloster voll armer Leute wäre. Die sprachen zu mir: „Ihr sollt für die beten, die Gott von seiner Gerechtigkeit gefangen hält, und die er doch von Liebe gern erlösen wollte: Das sind alle gläubigen Seelen." Ich gelobte ihnen tausend Vigilien, damit sie mir verhelfen möchten zur Gesundheit der Seele und des Leibes. Das Gebet fing ich an. Und da musste ich wegen des Krieges und wegen der Armut des Konventes zu meiner Mutter[26] fahren aus dem Kloster. Ich las die Vigilien dort zu Ende. Ich hatte eine Laienschwester bei mir. Der gefiel das nicht, dass ich so emsig Vigilien las. Sie zürnte viel darum und sprach, es täte mir nicht gut. Die sah einmal das Haus voll von Armen Seelen. Und die sprachen zu ihr: „So du uns nicht geben willst, so könntest du uns doch gönnen, dass andere Leute uns gäben." Da ließ sie mich weiter lesen und beten.

---

[26] Nach Donauwörth. Der Vater scheint schon gestorben zu sein. Von einem Bruder ist später die Rede.

Ich war in der Welt noch zurückhaltender als im Kloster, sodass meine Mutter und meine leibliche Schwester es mir übel nahmen. Ich sah niemand gern und redete mit niemand gern. Alldieweil ich in der Welt war, habe ich, soviel ich weiß, vor dem Imbiss nie gesprochen, weder mit meiner geistlichen Schwester noch mit sonst jemand. Damals war ich noch so schwach, dass ich nicht gehen konnte. In der Welt fing ich wieder an zu gehen.

Bei meiner Rückkehr ins Kloster war ich entschlossen, ab jetzt immer, soweit möglich, dem Willen Gottes entsprechend zu leben. Und dazu half er mir, indem er mich barmherzig mit mancher schweren Krankheit sich dann noch bereitete.

### *Der Tabernakel*

Nun kam es seiner Zeit dazu, dass man das hochwürdige Heiligtum des Reiches[27] vor unser Kloster brachte. Ich fühlte heftiges Verlangen, es zu sehen. Da nahm ich an, Gott spräche mir zu: „Es ist eine Armseligkeit an Dir. Geh zum Tabernakel in den Chor! Da und sonst nirgendwo findest du meinen heiligen Leib so wahrhaft wie im Himmel." Das machte einen solch kräftigen Eindruck auf mich, dass ich von da an immer häufiger hinzuging mit Verlangen und mit langem Gebet, das mir Gott eingab. Ich empfand darin große Lust und Gnade.

Was immer auf mir lastete, es wurde mir, wenn ich zum Tabernakel kam, verringert oder gar abgenommen. Ich war oft so schwach, man musste mich zur Messe in den Chor führen. Dann küsste ich mit großem Glauben und Verlangen den Tabernakel und begehrte, Gott gebe mir Kraft aus ihm. Dann empfing ich auch merkliche Kraft daraus, sodass ich ohne Umstände der Messe beiwohnen konnte.

---

[27] Die Reichsinsignien: Krone, Zepter, Mantel hatten damals keinen festen Aufbewahrungsort.

Ich empfand die Gnade unseres Herrn oft an mir selbst; aber ich konnte vor Einfältigkeit und Schlichtheit meines Lebens nicht entsprechend darauf achten. Ich hatte auch große Lust und Freude an meinem Gebet, besonders an meinen Paternostern[28]. Ich konnte oft des Nachts nicht schlafen recht vor Freude auf das Gebet, das ich am Morgen verrichten wollte. Nichts anders begehrte ich von Gott als ein schlichtes, einfältiges Leben. Wenn ich hörte, dass Gott große Dinge mit den Freunden Gottes täte, so hatte ich kein Verlangen, dass jemand wüsste um die Gnade und Werke, die Gott mit mir täte.

In jenen Zeiten stand ich einmal vor dem Tabernakel. Der Konvent wollte unseren Herrn empfangen. Da wurde mein Herz so weit, dass ich es nicht zu schätzen vermag. Mir schien, es wäre so weit wie die ganze Welt.

Oft empfand ich, wenn ich unseren Herrn empfing, Gnade. Zuweilen fühlte ich auch Härte, sodass ich dachte, jede andere Frau hätte mehr Gnade als ich. Das lastete dann schwer auf mir.

Aber Gott ließ mich die Gnade oft später über Tag empfinden, oder am anderen Tag. Mir war oft im Schlaf, als ob ich im Chor bei dem Konvent wäre. Dann empfand ich eine Gnade und eine Leichtigkeit, als ob ich den Himmel auf Erden hätte. Dasselbe habe ich seither oft auch wachend empfunden.

## *Die Umgebung*

Weil mir mein Leben lang viel im Schlaf gezeigt wurde, konnte ich nach meinem seitherigen Empfinden darauf achten. Ich bemerkte auch, dass, wenn unser Herr mit mir im Schlafe scherzte, mir dann etwas körperlich Mißstimmendes widerfuhr. Das betrübte mich. Das größte Leid überkam

---

28 Margaretas gesammelte Paternoster sind in diesem Buch im Kapitel *„Gebete und Andachtsübungen Margaretas"* zum ersten Mal vollständig abgedruckt. (Anm. Frank-Daniel Schulten).

mich aber, weil ich meinen Willen nicht Gott ergab und in Gedanken, in Worten, in Werken und in aller Abgeschiedenheit nicht ihm allein lebte. Das trieb mich beständig an und nahm mir alle menschlichen Gebrechen ab. Der Gedanke, dass ich mich selber nicht lenken konnte, setzte mich in einen Frieden mit allem, was Gott geschaffen hat. Wenn ich hörte, dass man mit unseren Dienstmägden zürnte und zu ihnen sprach: „Ihr seid unseres Dienstes nicht würdig“, so überkam mich großes Herzeleid. Ich musste weinen und dachte: „Nun hat mich Gott nie aus seinem Dienst getrieben. Er sprach nie, dass ich seines Dienstes unwürdig wäre.“

Ich konnte nicht leiden, dass man das Vieh schlug. Und wenn ich sah, dass man es schlug, so fing ich an zu weinen und dachte, dass mich Gott nie geschlagen hätte um aller meiner Missetaten willen.

Also hatte ich Erbarmen über alle Dinge und rechtes Mitleid mit allen Menschen, die ich in Leid sah, was immer für ein Leid es war. Ich habe mit Gottes Hilfe vermieden, je einen Menschen zu betrüben oder hart mit jemand zu sein. Auch wurde ich von niemand betrübt.

Einmal lag ich da, dass der Konvent wähnte, und ich selber auch, ich würde sterben. Da sprach eine Stimme zu mir: „Du stirbst nicht, es sterben noch viele Frauen vor dir.“ Und sie nannte ihrer viele, die jetzt tot sind. Sie fuhr fort: „Du musst elend werden hier auf Erden.“ Das wurde wahr, denn ich und meine Schwester, wir wurden von unseren auswärtigen Freunden und vom Konvent hie und da ohne Hilfe und ohne Trost gelassen viele Jahre. „Aber wenn du stirbst, so fährst du ohne Aufenthalt gen Himmel.“ Da fragte ich, wie der heiße, der mir das sagte. Er sprach: „Ich bin Ananias, Azarias, Misael.“[29]

### *Die traute Schwester*

Nun hatte ich eine Schwester, die mir Gott gegeben hatte zum Trost für Leib und Seele, und die große Treue zu mir hatte. Sie diente mir in Freuden

[29] So hießen die drei Gefährten des Propheten Daniel.

und in göttlichem Vorsatz die Jahre alle und behütete mich vor allen Dingen, die mich betrüben konnten. Wenn ich infolge meiner Krankheit zuweilen bei ihrem Dienst unlieb war, das ließ sie mich nicht entgelten.

Nun geschah es, dass diese Schwester nach Gottes Anordnung in eine große Krankheit fiel. Da waren wir beide krank und elend und erduldeten viel Leid. Dazu war ich sehr niedergeschlagen aus Sorge um meine Schwester. Ich schlief recht vor Leid all jene Nächte wenig, und doch verlangte ich, das Elend, sie also bis an meinen Tod krank zu sehen, gern zu haben. Also waren wir beide, ich und sie, schwach und krank und elend von Unserer Frauen Himmelfahrt[30] bis ins andere Jahr an Sankt-Matthias-Tag[31]. Da starb sie.

Zu Weihnachten davor kräftigte mich Gott in seiner Gnade innerlich und äußerlich; äußerlich durch das Empfinden einer Gesundheit, die mir wunderbar vorkam, innerlich mit einer großen Erkenntnis, sodass mir alle Dinge nichts schienen außer Gott allein.

Zur selben Zeit wurde mir einst im Schlafe geoffenbart, wie ich den Leib unseres Herrn sollte empfangen. Und da ich aus dem Kelche trank, da wurde mir eine große Süßigkeit gegeben. Ich empfand sie bis zum dritten Tag.

Einst kniete ich nach der Komplet[32] vor dem Altar. Da wurde mir mit großer Gnade eingegeben, dass ich leiden müsse, aber auch, dass mir Gott darin helfen wolle. Das empfing ich von ihm mit vielen Tränen. Ich fiel vor ihm nieder und ergab mich seinen Gnaden in all den Dingen, die er mit mir wirkte. Kurz danach nahte meiner Schwester der Tod. Ich sah und erkannte, dass sie sterben musste. Ich wäre sehr gern für sie gestorben. Sie bat mich, von ihr fortzugehen und meine Paternoster zu sprechen; denn sie wusste wohl, dass, wenn ich die spräche, mir dann leichter wurde, was auf

---

[30] 15. August.

[31] 24. Februar.

[32] Das Nachtgebet. (Anm. Frank-Daniel Schulten).

mir lastete. Also ließ ich sie allein liegen. Ich ging von ihr mit großer Traurigkeit und sprach meine Paternoster und empfahl mich und sie mit möglichst großem Verlangen in die Liebeswerke unseres lieben Herrn.

Dann kam ich wieder zu ihr. Die Tage, die sie noch lebte, war mir jämmerlich weh zumute. Zuweilen nahm mir Gott etwas davon ab, sodass es mir leichter wurde. Also war ich da bei ihr alle Zeit, bis dass sie ihr Leben beendete. Da ging ich mit ihr in den Chor und las einen Psalter. Danach legte ich mich nieder und wollte ruhen. Wie ich also dalag, da wurde mein Herz durchflutet von einem sehr starken und sehr großen Licht und mit vielen Gnaden und mit vielen Freuden. Ich empfand eine große Wonne darin, dass ich verlassen sein sollte um Gottes willen. Also stand ich auf und kam wieder in den Chor mit großen Freuden und las wieder einen Psalter[33]. Ich sah sie auf der Bahre liegen, und das vermochte ich wohl zu ertragen wegen der Lust, die ich zu meiner Verlassenheit hatte. Das währte bis zur Prim[34]. Da überkam mich wieder mein gewöhnliches Leid.

Als meine Schwester starb, fasste ich den Vorsatz, von nun in immer größerer Verlassenheit zu leben; besonders nahm ich mir vor, nimmer zu fordern, was ich zur Notdurft brauchte, sondern das zu nehmen, was mir gegeben würde, als ob es mir von Gott verordnet wäre. Ich nahm mir auch vor, keinen Menschen zu belästigen wegen der Speise, die ich äße, oder wegen anderer Dinge, deren ich bedürfte. Und das spreche ich in der Wahrheit, dass ich das seither getan habe. Was mir aber zuerst vorgesetzt wurde, davon genoss ich, soviel ich bedurfte. Dabei achtete ich allzeit

---

[33] Nach dem Dominikanerzeremoniale soll, wenn ein Konventsmitglied gegen Abend stirbt, die ganze Zeit zwischen dem Tod und dem Begräbnis das Psalterium in der Weise gebetet werden, daß die Schwestern der rechten Chorseite die erste Hälfte der Nacht wachen, gegen Mitternacht das Tagesoffizium beten und dann zur Ruhe gehen, wenn die Schwestern der linken Chorseite aufgestanden sind. Diese singen zuerst das Tagesoffizium und beten dann das Psalterium weiter. Die Beerdigung fand am Morgen nach der Messe, statt. Margareta scheint die ganze Nacht gewacht zu haben.

[34] Das klösterliche Stundengebet, das den Arbeitsbeginn der Mönche und Nonnen einleitet. (Anm. Frank-Daniel Schulten).

darauf, dass ich der Notdurft entsprechend esse, um keine Gewissensbisse zu haben darüber, dass ich mir selber zu viel abbreche.

Unser Herr gab mir um meine Schwester wunderbares Leid mit emsigem Weinen. Lange Zeit verging mir kein Tag ohne heftiges Weinen. Ohne Tränen konnte ich nicht für sie beten. Ich war in so großer Traurigkeit, dass ich niemand beachten konnte. Die mir vorher lieb waren, die konnte ich nicht sehen. Es kamen oft Zeiten, wo ich glaubte, ich könnte ohne meine Schwester eine Weile nicht sein, oder dass ich dachte, ich könnte ohne sie nicht leben.

Die Traurigkeit wandelte sich oft in große Freude, die Gott mir in seiner Gnade innerlich und äußerlich gab; nur konnte ich nicht recht darauf achten. Insbesondere gab er mir die Gnade, dass ich nie ungeduldig war in allem meinem Leiden, obwohl mein Leiden groß war, ja größer, als ich zu schreiben vermag. Ich dachte nimmer: „Herr, warum hast du es getan?“ Ich hielt es nicht für ein menschliches Leiden; ich hielt es für eine getreue Gabe Gottes, womit er mich sich selber wollte bereiten.

Nun war mir meine Schwester getreu lebend und tot, und ich hatte großen Trost von ihr im Schlaf. Einmal sprach sie zu mir: „Wie kannst du so verkehrt um mich tun? Könntest du mich haben, wie ich jetzt bin, du würdest mich gern haben! Aber du solltest billig längst aufgehört haben, um mich zu klagen, wie ich zuvor war.“

Ein anderes Mal sah ich sie wiederum. Ich fragte sie und sprach: „Wie gibt sich unser Herr?“ Da antwortete sie: „Wie ein gewaltiger Herr des Himmels und der Erde.“ Ich sprach: „Kann er überhaupt wohl wie ein Herr sein?“ Da sprach sie mit großer Begierde und Freude: „Ja, gar wohl.“ Ich empfing es also von ihr, dass sie meinte, ich könnte es nicht begreifen hier in der Zeit. Ich sprach wieder: „Wie gibt sich unsere Liebe Frau als Mutter der Barmherzigkeit?“ Sie sprach wieder zu mir: „Sieh über dich!“ Da sah ich den Himmel offen, und sie zeigte mir einen Thron bei Gott, der wäre mir bereitet, und es saß niemand darauf.

Sie kam wieder. Ich fragte sie über das Menschsein unseres Herrn. Sie sprach: „Wenn sich die Heilige Dreifaltigkeit erschließt, so sieht man das verklärte Menschsein darin.“ Bei diesen Worten empfand ich eine so starke Kraft mit so großer Gnade, dass ich sprach: „Noch ein Wort, und meine Seele kann nicht im Leibe bleiben.“ Mir wurde gar kurz nach ihrem Tode von ihr selber kundgetan, dass sie zum Himmel wäre.

Außerdem: Ich sah sie einst in einer strahlenden, glanzvollen Gestalt. Sie sprach: „Gott will selbst bei deinem Ende sein mit seinen Heiligen, und ich mit ihm.“

Also hatte ich vielen Trost von ihr. Ich kann es nicht alles schreiben. Aber dennoch war mir das Leid um meine Schwester nicht abgenommen, denn ich hatte an ihr gehabt, was ich begehrte: Friede, Demut, Liebe und rechte Wahrheit. Wir waren allezeit beieinander gewesen in Frieden und in Einigkeit, und wir bekümmerten uns nicht mit Dingen, die eine Störung im Kloster verursachten. Darum sorgte ich mich nun, wohin ich gehen sollte, um der ganzen Welt zu entfliehen.

Nun geschah es in dem ersten Jahr, dass ein Oberer kam, um eine andere Priorin einzusetzen. Das war mir allzeit zuwider. Nun war ich freitagnachts bei den Gräbern gewesen. Beim Betreten des Chors umfing mich in Süße ein Duft, der mir durchs Herz in alle Glieder drang, und der Name Jesus Christus wurde mir da so kraftvoll gegeben, dass ich auf nichts anderes zu achten vermochte. Er war mir wie gegenwärtig. Die Gnade wirkte unwiderstehlich. Da kam eine selige Schwester, namens Adelheid, die Gott mir gab nach meiner Schwester. Sie wollte beten. Ich ging ihr entgegen und machte, weil ich des Tags nicht redete, ihr ein Zeichen, ob sie den Duft nicht merke. Sie konnte es nicht verstehen. Ich erschrak darob und verstand wohl, dass sie es nicht merkte. Ich ging von ihr und sagte ihr nichts bis zu dem Tage, da ich wieder anfing zu reden. Den Duft empfand ich drei Tage lang im Chor. Auf alle Ereignisse im Kloster aber achtete ich damals so wenig, als ob sie in einem anderen Kloster geschehen wären.

Noch immer war ich in Leid um meine Schwester. Da sandte uns Gott um Sankt-Narzissen-Tag seinen wahrhaften Freund[35] ins Kloster. Sie baten mich, zu ihm zu gehen: Das tat ich nicht gern, weil ich da noch zu niemand ging noch Wandel hatte. Als ich aber zu ihm kam, da hörte ich seine wahrhafte Lehre gar gerne. Wenig redete ich mit ihm, und sonst mit niemand. Das machte die Furcht, dass ich so große Liebe zu Gott nicht hätte, wie es meine Worte zeigten. Und es schien mir, andere kündeten Besseres als ich und hätten mehr Begierde und Liebe; denn ich spreche in Wahrheit, dass ich mich als einen aller Gnaden und Gaben Gottes unwürdigen Menschen erkannte. Nun sprach der erfahrene Diener mit der Gnade Gottes zu mir: „Gebt mir Eure Schwester." Ich sprach zu ihm: „Wollt ihr die Seele dazu haben?" Er antwortete: „Was soll mir ein Leib ohne Seele?" Da empfing ich aus seinen Worten die Gnade, dass mir der Tod meiner Schwester nicht mehr so unleidlich war, wie er gewesen.

## *Läuterung*

Danach, an Unserer Frauen Tag zu Lichtmess, das war nach meiner Schwester Jahrestag, da überkam mich das allergrößte Weh an Haupt und Zähnen. Das war so groß, dass ich mein Haupt in sechs Wochen nicht neigen konnte, und es war so bitter, dass ich dachte, ich hätte lieber alle Tage den Tod erlitten. Dazu war ich verlassen und hatte niemand als solche, die mir etwas um Gottes willen taten. Besonders in der Nacht hatte ich niemand. Ich beunruhigte sie nicht gern. So setzte ich mich zu meinem Herrn Jesus Christus in die Stube, darin er zuerst gefangen geführt wurde.

Nun behütete mich Gott in seiner Güte, sodass ich weder vor Verlassenheit noch vor Schmerzen je unmutig oder ungeduldig wurde. Was man mir tat, das hielt ich für gut; und was man mir nicht tat, das vermochte ich gut zu entbehren um Gottes willen. Also verlebte ich nahezu die ganze Fastenzeit in großem Weh. Nach Ostern wurde ich dann so gesund, dass ich dem Konvent in den Chor und an alle Stätten zu folgen vermochte. Das

[35] Heinrich von Nördlingen kam am 29. Oktober 1332 nach Medingen.

tat ich mit Lust und Freude. Es wurde mir auch der Schmerz um meine Schwester abgenommen, sodass ich sie Gott gern zu überlassen vermochte. Ich fing auch an, die Gnade Gottes immer deutlicher zu empfinden, innerlich und äußerlich. Insbesondere, wenn ich mit einem betrübenden Anliegen zu unserem Herrn in den Chor vor den Altar kam, so wurde es mir mit der Gnade Gottes abgenommen. Es war mir dann gerade wie einem, der eine schwere Bürde trägt und sie von sich legt.

Mir lag auch am Herzen, wenn es unserem Konvent nicht gut ging in geistlichen und in leiblichen Sachen, und wenn ich sah, dass jemand wider die Wahrheit oder wider den Frieden oder die Liebe handelte, oder so sich einer über des anderen Unglück freute und alles dergleichen. Darum hatte ich das allergrößte Leid. Und das tat mir so weh, dass ich oft weinend fortging. Und ich nahm es als Leidensgabe, mir von Gott geschenkt, damit ich erkenne, dass ich selbst, nicht wie ich sollte, dem Frieden, der Wahrheit und der Liebe gelebt hätte.

### *Visionen*

Um dieselbe Zeit sah ich ein Gesicht im Schlaf: Ich stand unter einem Fenster. Und es kam der allersanfteste Wind mit selten starker Kraft. Von dieser Kraft begannen drei überaus klare Wasser zu fließen. Die Erde aber war mit Haufen bedeckt. Das sollten die Sünden der Menschen sein. Es flossen nun die Wasser gegen die Haufen. Und es waren die Wasser so kräftig, dass es zu verwundern war, wie die Haufen nicht alle zerflossen. Doch es lag mancher da, der sich noch nie geregt hatte. Alle, die im Tal lagen, die schmolzen vollständig, und es wurde eine schöne grüne Flur daraus. Es wurde mir innerlich zu verstehen gegeben: Die im Tal lagen, das waren die Demütigen. Eine unserer seligen Frauen, die bei Gott ist, stand da und sprach zu mir: „Siehst du nun, dass dein Herr sich sehr wohl als Herrn zeigen kann!“[36]

---

[36] Antwort auf die im Kapitel *„Die traute Schwester“* gestellte Frage: „Kann er überhaupt wohl wie ein Herr sein?“ Die Antwort wird ihr von einer verstorbenen Mitschwester gegeben.

Außerdem: Wiederum einst im Advent lag ich nachts zu Bett. Die allergrößte Furcht umfing mich, sodass ich nicht wusste, was tun. Doch half mir Gott, dass ich in der größten Gnade entschlief. Und in der Gnade war ich, wenn ich dieselbe Nacht erwachte. Aber wie mir war, davon kann ich nicht reden, das weiß mein Herr Jesus Christus wohl. Also stand ich auf und empfand die Gnade noch lange Zeit danach.

Außerdem: In jener Zeit war mir einst im Schlaf, als ob mir die allerwürdigsten Boten von einem hohen Herrn gesandt würden. Sie brachten mir ein großes Schreiben. Daran hingen vier goldene Siegel[37]. Es sollte mir darin besiegelt sein die Gewalt zu geben, wem ich wollte auf Erden und auch im Fegefeuer. Da begehrte ich, dass es mein Konvent mit mir hätte. Da wurde mir geantwortet: „Wollten sie tun, was rechte, demütige, wahre Liebe, ganzer Friede und rechte Wahrheit", und dergleichen mehr, dessen ich mich nicht erinnere. Es schien der ganze Konvent da zu sein und töricht zu sprechen: „Wir können es doch nicht behalten." Als ich erwachte, hatte ich große Gnade empfangen. Und ich verlebte mit Gnaden den Advent und die gesamten Feiertage.

*Das Schweigen und Leiden*

Nun hatte ich seit dem Tode meiner Schwester die Gewohnheit, Stillschweigen[38] zu halten von Donnerstagnacht bis Sonntag und den ganzen Advent und von dem Tag an, dass man Halleluja auslässt[39], bis Ostern. So wohl bekam mir das Schweigen, dass ich in besonderen Frieden versetzt wurde und schweigend mit Gnade alle Dinge überwand. Einst[40] wurde mir in der Fastenzeit große Lust und kräftige Gnade gegeben, Gott zu dienen. Ich empfand auch, wie die Liebeswerke unseres Herrn kraftvoll an mir zunahmen. Und ich hatte die Begierde, dass mein ganzer Leib voller

---

37 Von diesen Siegeln spricht Heinrich von Nördlingen in Brief VII.

38 Dieses freiwillige Stillschweigen ist von dem sich später einstellenden „gebundenen Schweigen" zu unterscheiden.

39 Septuagesima, der neunte Sonntag vor Ostern. (Anm. Frank-Daniel Schulten).

40 Vermutlich im Jahr 1334.

Zeichen des Heiligen Kreuzes wäre, soviel nur an mir zu sein vermöchten, und dass mir ein jegliches mit all seinem Leid und Schmerz gegeben würde an meinem ganzen Leibe. Danach begehrte ich noch, dass kein Glied an meinem Leibe sei, es würde denn verwundet mit dem Leiden meines Herrn Jesus Christus. Ich hatte auch großes Verlangen, etwas zu hören von den Liebeszeichen und Werken; denn ich empfand daraus eine innere gnadenvolle Berührung.

Acht Tage vor Ostern war es, da gab mir unser Herr die größte Härte, die nicht von mir wich. Was ich auch vom Leiden unseres Herrn hörte, selbst als man die vier Passionen las, alles hörte ich mit großer Härte. Deshalb hatte ich maßloses Leid, sodass ich oft dachte: „Ich kann nimmer mehr froh werden.“ Ich ging oft aus dem Chor in meine Zelle, ob es da etwas besser wollte werden; aber es war überall gleich. Nun dachte ich, es würde besser, wenn ich unseren Herrn am Ablasstag[41] empfing. Das geschah.

Aber am Ostertag war ich gar missgestimmt. Ich dachte, es sei kein Mensch auf Erden, er hätte denn mehr Freude des Tages als ich. Ich glaubte, ich sollte mich unter alle Menschen neigen, denn es wäre niemand, er hätte denn die heiligen Zeiten besser verbracht als ich.

Aber als ich an jenem Tag unseren Herrn empfing und von dem Altar ging, da wurde mir die Last mit großer Gnade abgenommen, und das mit unermesslicher Süßigkeit.

### *Kreuze und Kreuzlein*

Nun wurde mir die Gnade zuteil, die mir aus dem Namen Jesus Christus und den Liebeswerken unseres Herrn quillt. Danach kam ich zu Tisch. Ich vermochte nicht zu essen, ja ich empfand die allergrößte Wonne und die allerübermäßigste Gnade, sodass ich nicht zu beten[42] vermochte.

---

41 Gründonnerstag. (Anm. Frank-Daniel Schulten).

42 Sie konnte nicht in der gewohnten Weise ihre üblichen Gebete verrichten, weil ihr Geist außergewöhnlich mit Gott verkehrte.

Jedes Kreuz, dessen ich füglich habhaft werden konnte, küsste ich so innig und oft, als ich nur vermochte. Ich drückte es nach Kräften an mein Herz. Und das tat ich so emsig, dass ich oft dachte, ich könnte mich nicht lebend davon trennen. Solch große Gnade und solch überaus süße Kraft durchdrang mein Herz und alle meine Glieder, dass ich mich nicht entfernen konnte.

Wo ich ging, hatte ich ein Kreuz bei mir. Zudem besaß ich ein Büchlein, darin befand sich ein Bild des Gekreuzigten. Das schob ich, an dieser Stelle aufgeschlagen, heimlich in den Busen, und wo ich ging, drückte ich es an mein Herz mit großer Freude und mit unermesslicher Gnade. Wenn ich schlafen wollte, so nahm ich das Bild des Gekreuzigten, das im Büchlein steht, und legte es unter mein Antlitz. Ich trug auch ein Kreuz am Hals, das ging mir bis auf das Herz. Dazu stahl ich, wenn möglich, ein großes Kreuz und legte es auf mein Herz. Daran schmiegte ich mich, liegend, bis dass ich in großer Gnade entschlief.

Wir hatten ein großes Kruzifix im Chor. Ich hatte das größte Verlangen, es zu küssen und an mein Herz zu drücken wie die anderen. Es hing mir aber zu hoch und war zu groß. Von diesem Verlangen wusste nur eine Schwester, sonst niemand. Doch die wollte mir nicht helfen, weil sie fürchtete, es würde meiner menschlichen Schwäche zu viel.

Nun ist unser lieber Herr mild und gut. Er kann unserem Verlangen nichts abschlagen. Was mir im Wachen nicht zuteil werden konnte, das gewährte er mir barmherzig eines Nachts im Schlaf. Mir war, als ob ich vor jenem Bilde stände mit dem Verlangen, das wie gewöhnlich in mir brannte. Und wie ich also vor ihm stand, da neigte sich mein Herr Jesus Christus herab von dem Kreuz und ließ mich einen Kuss tun in sein geöffnetes Herz, und er tränkte mich mit dem daraus fließenden Blut. Und da empfing ich so große, kräftige Gnade und Süßigkeit, dass sie lange an mir währte.

Als ich meine Paternoster sprach, da war mir die Gnade wieder so gegenwärtig wie vorher bei dem Bild.

### *Kuss und Minnegriff*[43]

Meine Paternoster nahmen allmählich zu, ebenso meine Begierden. Aber die langen Gebete[44], die ich vorher getan hatte, die nahmen ab. Mich gelüstete und verlangte sehr, dass ich den Kuss empfing wie mein Herr Sankt Bernhard[45] und umfangen würde von den Armen Seiner Liebe, und dass er mir einen Griff in das Herz täte. Und das wurde an mir vollbracht einst in der Nacht.

Es wurde mir vorher geoffenbart, Gott wolle es an mir vollbringen. Da sprach ich: „Ich mag und will es nur aus all Deinem Leiden." Da wurde mir der Griff so kräftig zuteil, dass ich ihn wachend und schlafend lange Zeit empfand.

### *Der heilige Johannes*

Zur selben Zeit wurde mir Sankt Johannes innerlich teurer als vorher. In der Nacht vor dem Tag, da man das Evangelium las: *Maria stabat ad monumentum*[46], da sah ich meinen liebreichen Herrn Jesus Christus und seinen geliebten Jünger Sankt Johannes. Der wollte von unserem Herrn den Segen zu dem Evangelium empfangen. Er kam herab – sie schwebten nämlich beide über uns im Chor –, und stand vor mir. Das Herz war mir so beklommen, dass ich nicht zu sprechen wagte.

Nun gingen mir mit süßer Gnade die Begierde und die Beschäftigung, die ich bald mehr bald weniger mit dem Kreuz und mit den Liebeswerken unseres Herrn hatte, so stark zu Herzen, dass ich oft dachte: „Ich vermag es lebendig in dieser Weise nicht auszuhalten." Ich verlangte nach einem Menschen, von dem ich unterwiesen würde, und von dem ich seither

---

[43] Kuss und Minnegriff sind bildliche Ausdrücke für innigste Vereinigung in der Liebe.

[44] Margareta schreitet vom mündlichen zum betrachtenden Beten voran.

[45] Bernhard von Clairvaux, der großen Einfluss auf Margaretas mystisches Denken hatte. (Anm. Frank-Daniel Schulten).

[46] Maria stand am Grab. (Joh. 20, 11), Evangelium am Donnerstag nach Ostern.

tatsächlich vielen Trost empfangen habe. Aber in jenen Zeiten wurde mir das versagt.

Ich erkannte mich allezeit der Gnade unseres Herrn unwürdig, und dass ich sie nicht recht benutzte. Das Gesagte währte bis nach der Sonnenwende.

### *Die liebende Seele*

Mir wurde auch zu derselben Zeit die liebende Seele innerlich so gezeigt, wie man sie malt. Deshalb eilte ich, wenn mir ein freier Augenblick mochte werden, zu dem Bildnis. Ich war allezeit innerlich und äußerlich recht freudig gestimmt.

Man sagte mir einst, mein Bruder käme. Da war ich wie einer, dem man ein großes Leid verkündet, denn ich war ganz erfüllt von göttlicher Wonne und Freude und von einer großen Verwunderung über das, was mir am Herzen lag. Das nahm mich so in Anspruch, dass ich nichts anderes zu beachten vermochte. Vorher hatte ich die Gewohnheit gehabt, lange Gebete zu verrichten. Besonders las ich viele Psalter. Das nahm damals bei mir ab. Ich verrichtete da keine langen Gebete mehr. Auch vermochte ich keine Psalter mehr zu lesen.

Das übergütige Menschsein unseres Herrn Jesu Christi möge an mir vollbringen seine ewige Ehre[47].

### *Die zweite Pflegeschwester*

Nun hatte mir unser Herr eine selige Schwester, eine tugendhafte Frau, gegeben nach meiner ersten Schwester. Sie hieß Adelheid. Die war mir in

[47] Das Bild der vor Liebe kranken Seele war das Bild ihrer eigenen Seele, die, beständig von gnadenvollen Betrachtungen und frommen Liebesanmutungen in Anspruch genommen, nicht mehr wie früher den äußeren Gebetsübungen obliegen konnte, und vom Kontakt mit den Verwandten nur Zerstreuung befürchtete.

allen meinen Anliegen zum Trost. Auch die nahm mir Gott nach seiner Ordnung.

Um diese hatte ich da so großes Leid wie um meine erste Schwester, besonders deshalb, weil ich nun niemand hatte, zu dem ich in meinen Anliegen gehen, oder mit dem ich mich besprechen konnte. Ich beklagte sie mit großem Leid und vielen Tränen und wurde auch leiblich gar krank.

Ich lag danach einst in der Nacht und wurde von der allergrößten Furcht ergriffen, sodass ich nicht wusste, was ich tun sollte. Da sprach ich zu unserem Herrn: „Ach lieber Herr, wie tust du mir, dass du mir niemand willst lassen und mir auch nicht benimmst die Furcht?"

Und im selben Augenblick wurde mir die Furcht benommen mit so großer Gnade, dass ich damals nichts fürchten konnte. Aber die Klage währte bis an Allerheiligen-Abend.

### *Gottes Engel*

Da kam zu mir der Freund Gottes[48], und das kann ich in Wahrheit sprechen, dass mir war, als ob Gott mir seinen lieben Engel im Licht der Wahrheit sandte. Als man mir sagte, dass er gekommen wäre, da ging ich in den Chor mit vielen Tränen. Danach ging ich zu ihm, aber ich tat es nicht gern vor Leid und Jammer um Adelheid. Als ich zu ihm kam, da lugte mir aus ihm eine unermessliche Gnade. Und eine innere Wonne wahrer Süßigkeit lag in seinen Worten. Dabei drängte sich mir das Verlangen auf, mit ihm all meine Anliegen zu besprechen.

Nun ist Gott so gut, dass er sich wahrhaftem Verlangen nicht zu entziehen vermag. So fügte Gott es, dass er (Heinrich) mich bat, während der Vesper[49] bei ihm zu bleiben. Da war ich froh, denn es war mir nicht anders, als ob er mir von Gott gesandt wäre aus dem Himmel.

---

[48] Heinrich von Nördlingen. (Anm. Frank-Daniel Schulten).

[49] Das klösterliche Abendgebet. (Anm. Frank-Daniel Schulten).

Als ich des Abends von ihm schied, da hielt die Gnade Gottes ein solches Verlangen in mir wach, mit ihm zu reden, dass ich kaum den Tagesanbruch abwarten konnte, um zu ihm zu kommen.

Und es wurde mir zu derselben Zeit eine große Gabe aus dem milden Reichtum Gottes verliehen: Innere, allzeit lebendige Herzensfreude, sodass ich eine zeitlang keine Traurigkeit zu empfinden vermochte und eine so geheimnisvolle, unsagbare Leichtigkeit verspürte, dass ich meinen Leib nicht empfand und es mir war, als ob ich emporschwebe. Das weiß meine allerliebste Wahrheit Jesus Christus wohl.

Mir wurde auch gegeben, dass ich seither nie mehr ein Verlangen nach leiblicher Speise empfand, wie lange ich auch wartete. Ich habe auch seither bemerkt, dass ich nach dem Essen nie die Gnade zu reden oder zu anderen Dingen, die ich vorher hatte, erhielt, wie gering auch mein Essen war. Alle Nahrung, ausgenommen die schlichte Klosterkost, bekam mir übel. Mir fiel auch ein, wenn ich etwas den Leib Belustigendes vor mir sah, es freudig zu lassen um meines Geliebten willen.

Als nun Allerheiligen kam, und die Zeit verging, und der allertreueste Freund unseres Herrn von mir schied und fortgegangen war, da lebte ich weiterhin allezeit in rechter, offenbarer Freude. Ich klagte und weinte nicht mehr, weil ich dachte, Gott habe mich mit einem gar tüchtigen Lehrer versehen. Ich fragte eine meiner Mitschwestern, was der Konvent dazu sage, dass ich so froh sei und aufgehört habe, um meinen lieben Freund zu klagen. Die Frau sprach: „Der Konvent legt dir alle Dinge zum Besten aus.“ Bis Weihnachten währten die Freude und die göttliche Gnade in mir. Diese Festzeit war ich in großer, süßer Gnade, und die nahm noch immer mehr und mehr an mir zu.

In derselben Festzeit kam meine Schwester einst in der Nacht. Sie brachte mir einen gar weißen Becher und sprach: „Den hat dir dein Schreiber Sankt Johannes der Evangelist gesandt.“

Ich nahm ihn mit großer Freude in Empfang. Und als ich erwachte, da wurde mir mit großen Gnaden geoffenbart, dass es mein Herr Sankt Johannes gewesen wäre.

*Bitte um Liebe*

Außerdem: Ich betete einst nach den Metten[50]. Niemand war im Chor. Ich fing wie gewöhnlich an, mich zu fürchten, und sah mich um. Da sah ich etwas in weißem Gewand. Da war ich froh. Hernach wollte ich es wieder wahrgenommen haben. Da war es fort. Aber ich empfing die größte Freude, sodass mir damals alle Furcht verging. Noch lange Zeit danach empfing ich aus dem Anblick jener Stelle besondere Gnade. Nun weiß das meine edle Wahrheit Jesus Christus wohl, dass seine Güte mir damals so große Leichtigkeit meines Leibes gab, dass ich nicht empfand, ob ich selbst meinen Leib trug. Und darin umgab er mich mit seiner göttlichen Gnade; und er durchdrang mich mit seiner göttlichen Süßigkeit und weckte inniges Verlangen, ihm, und zwar in Wahrheit ihm allein zu leben. Besonders heftig verlangte mich, inne zu werden, was rechte Liebe zu Gott sei. Ich bat Unsere Frau viel, sie möge mir helfen bitten, dass Gott meine Begierde erfülle. Ich hatte so großes Verlangen danach, dass ich dachte, ich hätte mein Leben gern darum gegeben, es von Gott zu erhalten.

Einst nach den Metten unter meinen Paternostern quälte mich dieses Verlangen heftig. Da antwortete mir Gott in seiner Güte innerlich, er wolle mich erhören, doch so, dass alle Gegend dessen innewürde[51]. Darüber erschrak ich menschlich, denn mir war so wohl mit der heimlichen Gnade Gottes, von der niemand etwas wusste, ausgenommen ein wahrer Gottesfreund. Als Gott mir den in seiner Güte zuführen wollte, sah ich ihn einst im Schlaf. Er begehrte von mir, dass ich ihm in Treue zugetan wäre. Ich sprach: „Gern will ich das tun, vorausgesetzt, dass Ihr die Ehre Gottes darin meint.“ Er antwortete, dass er es nicht anders meine.

---

[50] Nächtlicher oder frühmorgendlicher Gottesdient. (Anm. Frank-Daniel Schulten).

[51] Margareta wünschte wie alle Begnadeten die geistlichen Gunsterweise geheim zu halten. Gott aber wollte seine Werke offenbaren.

Ich habe dies seither in Wahrheit gefunden, weil ich ihn ein wahrhaft unschuldiges Leben führen sah. Obwohl ich allzeit sah, dass er allen Menschen zu rechtem göttlichen Trost gereiche, so begehrte ich doch von Gott für ihn die innere Kontemplation, damit sein menschliches Leben nicht also voller Sorgen wäre.

Da kam meine selige Schwester, die bei Gott ist, und sprach zu mir: „Hab keine Betrübnis um ihn, denn ist ein Mensch auf Erden, der das Leben der zwölf Apostel führt, so ist er es auch."

*Gottes Antwort*

Zu jener Zeit, wo das Halleluja ausfiel, fing ich mit der größten Freude an zu schweigen. Insbesondere war ich die Fastnacht in großen Gnaden. Auf Fastnacht-Dienstag ereignete sich folgendes: Ich war allein nach den Metten im Chor und kniete vor dem Altar. Da überkam mich eine große Furcht. Und in der Furcht wurde ich von einer unermesslichen Gnade umgeben. Ich vertrete das folgende mit Berufung auf die lautere Wahrheit Jesu Christi. Mir geschah ein Griff von einer inneren göttlichen Kraft. Mein menschliches Herz wurde mir von Gott genommen. Ich empfand solches das sage ich in der Wahrheit, die mein Herr Jesus Christus ist –, seither nie[52].

Unermessliche Süßigkeit wurde mir zuteil. Ich dachte, meine Seele könnte gar vom Leibe geschieden sein.

Der allersüßeste Name Jesus Christus wurde mir von seiner Minne mit solch großer Liebe gegeben, dass ich nur zu beten vermochte in emsiger Rede, die mir Gott innerlich eingab. Der göttlichen Kraft konnte ich nicht

52 Mit diesem Minnegriff hebt bei Margareta das Außergewöhnliche im mystischen Leben an: Ekstasen, die sich hauptsächlich in Rede- und Schweige-Zwang äußern, geheimnisvolle Erkrankungen und Schwächezustände, innere Freude bei äußeren Leiden, Steigerung der Erkenntnis, Gefühl der Gegenwart Gottes, Überwindung der Schwerkraft, Wahrnehmen geheimnisvoller Lichter und himmlischen Gesanges und endlich die Gabe besonderer innerer Sprache.

widerstehen. Ich weiß auch nichts von ihr zu schreiben, außer dass der Name Jesus Christus beständig darin vorkam. Die Rede währte bis zur Prim. Bis da konnte ich nichts anderes tun. Dann aber war ich still. Hernach vermochte ich mich wohl anderer Leute Rede zu entziehen, aber ich hatte keine Gewalt, von meiner Rede abzulassen. Am Tag danach war ich gar krank. Alle wunderten sich, was mir wäre. Ich empfand wohl, was mir war. Das kam mir aus dem Herzen.

Ich fürchtete zuweilen um meine Sinne, wenn es so gar heftig war. Aber es wurde mir von dem gegenwärtigen Gott mit einer süßen Ergötzung geantwortet: „Ich bin kein Berauber der Sinne, ich bin ein Erleuchter der Sinne."

Da empfing ich von der innigen Güte Gottes große Gnade: das Licht zum Verständnis der göttlichen Wahrheit. Auch meine Sinne wurden vernünftiger als vorher, sodass ich die Gnade hatte, alle meine Reden besser in Worte kleiden zu können und auch alle Reden nach der Wahrheit besser zu verstehen[53].

### *Menschen-Gerede und göttliche Rede*

Es ist seither oft gegen mich geredet worden. Mancher Rede antwortete ich mehr, wie ich es in der Wahrheit erkannte, denn nach des Menschen Worten. Von dieser Gabe und von vielen anderen Gaben, die mir da gegeben wurden, kann ich jetzt nicht schreiben. Ich werde hernach davon schreiben, wenn sie an mir zunehmen. Das alles geschah an dem Dienstag, als mir der Minnegriff ins Herz geschah, wie ich zu Anfang sollte gesagt haben.

---

[53] Von der Beurteilung dieses Abschnitts hängt die Wertung des ganzen Berichtes ab. Margareta will ein übernatürliches Eingreifen Gottes schildern. Die Wirkungen, die sie an sich wahrnahm, verbürgten ihre Auffassung. Es war nicht unserer Zeit vorbehalten, daran zu zweifeln, wie der erste Satz des folgenden Abschnitts beweist. Allein die schlichte Wahrheit ihres Wortes und Wesens ließ mit der Zeit die Zweifel schwinden.

In der so kraftvollen und meinen menschlichen Sinnen unbekannten Gnade unseres Herrn fiel ich nieder vor unserem Herrn und ergab mich seiner göttlichen Gnade.

Am Mittwoch nach den Metten wollte ich meine Paternoster sprechen. Da kam mir wieder die Rede mit großer Gnade. Und den Namen Jesus Christus wiederholte ich oft nacheinander. Zwischendurch mischte sich dann auch andere Rede. Also verlebte ich die Woche, ohne meine Paternoster sprechen zu können. Erst am Freitag sprach ich sie mit großen Gnaden. Einst in der Zeit, wo ich nicht redete, hätte ich gern nach dem Gottesfreund, der mir von der Gnade Gottes gegeben wurde, gesandt; denn ich merkte wohl, es könne an mir nicht verborgen bleiben.

Der Samstag kam. Ich stand im Chor und wollte die Metten Unserer Lieben Frau lesen. Da kam mir wieder die Rede mit großer Gnade. Ich musste aus den Metten gehen und kam, laut redend, hinter den Altar. Eine Schwester, die sich meiner annahm, und die auch meine besondere Freundin ist, kam mir nach. Sie führte mich aus dem Chor und las die Metten mit mir. Danach ging ich wieder in den Chor und wollte meine Paternoster sprechen. Da überkam mein Herz die allersüßeste Gnade mit kräftiger, lauter Rede. In der Rede wiederholte sich oft, dass Gott Jesus Christus mein einzig Geliebter wäre. In diesem Zustand wurde ich ins Bett gebracht. Der Ausbruch der Rede war so stark bei Tag und Nacht, dass man mich hörte vor der Stube im Kreuzgang. Zuweilen legte es sich, sodass ich mit den Leuten sprechen konnte. Aber die Gnade und Leichtigkeit und Freude und Süßigkeit und die göttliche Wonne verließen mich nie.

Am Freitag hatte ich die innere Eingebung, ich müsse am Mittwoch sterben. Es wunderte mich sehr, wie das geschehen sollte, denn ich empfand keine natürliche Krankheit, außer dass ich, wenn mir die Gnade in der Rede so kräftig war, nachher schwach wurde.

Nun kam zu mir der wahrhafte, mir von Gott gegebene Freund unseres Herrn. Er sah die barmherzigen Werke Gottes an mir. Ich offenbarte ihm, als meinem getreuen, mir von Gott gesandten Arzt, alle meine Anliegen.

Das geschah am Dienstag. Die folgende Nacht war gut; ich empfand nichts an mir als die Gnade des barmherzigen Gottes mit vielen Freuden. Als der Mittwochmorgen anbrach, war alles noch gleich. Aber als der Morgen fortschritt, da kam mir die Rede sehr heftig und in der Rede das größte Weh, sodass man mein Ächzen fern von der Stube hörte. Doch die göttliche Gnade und Süßigkeit wurde mir nie genommen. Mir wurde die letzte Ölung gespendet, denn ich und alle, die bei mir waren, glaubten, die Heilige Ölung käme mir zustatten. Wir nahmen nämlich an, ich läge in den letzten Zügen. Mir war, als wenn ich nach außen an allen meinen Gliedern tot wäre. Innerlich empfand ich jedoch göttliche Gnade und Süßigkeit. Ich hatte starken Glauben und kräftiges Vertrauen zu Gott, und dabei hatte ich dennoch menschliche Furcht vor dem Tode. Ich hatte keine Zuversicht mehr zum Leben. Ich erwartete nur, dass die Barmherzigkeit Gottes meine Seele empfing. Wie ich also lag, da empfand ich, dass sich die innere süße göttliche Gnade in die äußeren Glieder des Leibes verteilte. Ich wurde meiner selbst wieder inne und kam wieder zu mir mit großer göttlicher Gnade.

Inzwischen waren der getreue Freund unseres Herrn und mein ganzer Konvent in großem Leid um mich gewesen. Die freuten sich nun über mich, umso mehr, weil sie sich gar ernstlich bei Gott mit Singen und Lesen um mich bemüht hatten. Am Freitag danach kam ich wieder in großes Leid mit großem Weh, und das wurde mir wieder abgenommen mit großer göttlicher Freude.

Es wurde mir auch recht kräftig eingegeben, dass Gott der Herr das Wort, das er zu seinen Jüngern sprach: „Eure Traurigkeit wird sich in Freude verwandeln“ (Joh. 16, 20), mit allen seinen Freunden wirken wolle.

Die Rede wiederholte sich bis kurz vor Ostern. Ich vermochte meine Paternoster nicht zu sprechen. Wenn ich sie oder andere Gebete, die Mahnungen und Begierden enthielten, sprechen wollte, so begann die Rede von der kräftigen Gnade Gottes, der ich nicht widerstehen konnte. Mir wurde auch der Name Jesus Christus zu derselben Zeit so kraftvoll eingedrückt, dass mir seither nur das Gebet erfreulich und begehrenswert war, worin der Name Jesus Christus vorkam, und das sich auf die liebevollen Werke unseres lieben Herrn bezog.

Mir wurde auch in derselben Zeit eingegeben, dass mir der leibliche Schlaf nicht mehr gut anstände, und dass keine leibliche Speise mich mehr kräftigte. Das wenige, das ich von der leiblichen Speise nahm, betrübte und beschwerte mich. Ich bemerkte an mir nach dem Genuss einer dem Leibe sehr angenehmen Speise besondere Beschwerden. Nachher erfasste mich dann große Mißstimmung wegen meines Tuns.

Die ganze Fastenzeit kam ich wegen der lauten Rede nie zur Messe. Insbesondere, so ich die Stelle ansah, wo sie mir von Gott gegeben wurde, und so ich den Namen Jesus Christus singen oder lesen hörte, kam die Rede. Aber wenn die kam oder kommt, so bin ich nicht fähig, irgendetwas anderes zu reden, als was die kräftige Gnade unseres Herrn in süßer Lust aus mir redet. Was man inzwischen von mir redet oder tut, das berührt mein Herz nicht. Es wird auch nicht von meinen Sinnen erfasst. Ich kann nur das reden, was mir gerade gegeben wird. Ich kann auch die Rede nicht abbrechen, bis dass es der Wille Gottes ist. Aber was es sei, das weiß die lautere Wahrheit, mein Herr Jesus Christus, wohl.

Mir wird aber kräftig von Gott eingegeben: „Ich bin es selber und will es an dir vollbringen." Und die Stimme verhieß, mir dann viel Gutes zu tun. Mir ist auch Gott dieselbe Weile so fassbar in der Seele und in dem Herzen gegenwärtig, und so wahrnehmbar in all der Kraft, wie er im Himmel und auf Erden wirkt, als ob ich es mit meinen leiblichen Augen sähe, und so wie es einem Menschen nur möglich sein mag. Und ich bin auch dieselbe Zeit in großer Freude.

An Unserer Frauen Tag kam ich zur Messe. Als man da anfing *„Rorate coeli"*[54], da empfing ich große besondere Gnade. Es kam wieder die Rede, und sie währte die ganze Messe. Kurz danach konnte ich meine Paternoster

---

[54] *„Tauet, Himmel"*. Eine Antiphon (Wechselgesang), der zur Adventszeit gesungen wird. (Anm. Frank-Daniel Schulten).

sprechen, ja die fingen an sich auszudehnen, und all mein Verlangen nahm zu.

## *Herz Jesu*

Ich hatte Furcht vor der Karwoche wegen der Drangsal, die ich voriges Jahr in derselben Woche erduldet hatte. Aber Gott gab mir in seiner Barmherzigkeit, dass ich diese Woche jetzt mit viel Gnaden und Süßigkeit verlebte. Besonders Donnerstag und Freitag hatte ich große Gnade in meinen Paternostern und in all den Dingen, die ich von den Liebeswerken unseres Herrn hörte.

Am Abend vor Ostern kam der Freund Gottes, durch den mir allzeit die Gnade unseres Herrn gemehrt wurde. Also verlebte ich die Festzeit mit viel, viel Gnade und Süßigkeit, und Insbesondere den Montag nach dem Ostertag.

Nach Ostern fing ich wieder meine Paternoster an. Die wurden kräftiger und länger, besonders dehnten sich all meine Begierden in die Länge. Ein heftiges Verlangen überfiel mich, mit Sankt Thomas in die offene Herzenswunde meines Herrn Jesu Christi zu greifen und mich hineinzudrücken und daraus zu trinken und mit seinen Leiden so kräftig verwundet zu werden, wie keiner seiner Freunde es je empfand, und zu ruhen mit meinem lieben Herrn Sankt Johannes auf dem geliebten Herzen Jesu Christi und daraus zu trinken.

In derselben Zeit wurde mir recht kraftvoll in der Gnade eingegeben und eingesprochen, Gott wolle mich ziehen zu den Cherubim und Seraphim. Seit der Zeit hörte ich sie nie nennen ohne besondere Freude und süßen Trost und Wonne.

## *Der freudvollste Tod*

Das Jahr hindurch wiederholte sich die Rede gar oft. Insbesondere, wenn ich nach den Metten allein im Chor war, dann hatte ich eine menschliche

Furcht, und in der Furcht kam die Rede, und in der Rede verging mir alle Furcht. Solang sie anhielt, konnte ich mich nicht fürchten. In der Zeit geschah es oft, und auch jetzt geschieht es noch oft, dass ich des Nachts von einer recht kräftigen Gnade Gottes gefangen genommen wurde. Nach außen hin hatte ich alle Gewalt verloren. Von mir selbst hatte ich kaum eine Empfindung. Innerlich jedoch empfand ich große Süßigkeit und viel Gnade und die wahre Gegenwart Gottes in meiner Seele. Die wurde mir eingeprägt mit dem süßen Namen Jesus Christus. Den sprach ich so oft nacheinander, dass ich nach der Zählung derer, die bei mir waren, zuweilen mehr denn tausendmal sprach: Jesus Christus. Ich hatte auch keine Gewalt abzubrechen, bis dass es der Wille Gottes war.

Ich empfinde auch währenddessen die größte Leichtigkeit, sodass ich dachte, ich hätte meinen eigenen Leib von mir gelegt. Dadurch gewinne ich eine rechte Vorstellung von der Leichtigkeit nach diesem Leben. Äußerlich wird an mir großes Weh des Leibes gesehen. Die bei mir sind, wähnen, ich wolle von dieser Welt scheiden. Aber ich vermag es nicht zu empfinden vor unermesslicher Süßigkeit und Gnade und übergroßer Freude, die ich inwendig habe. Nur aus Unkenntnis denke ich zuweilen, Gott wollte mich vielleicht also heimnehmen von dieser Welt. Das wäre mir der freudvollste Tod, den ich haben könnte.

### *Jesu Gelöbnis, Margaretas Treue*

Mir wurde von der lauteren Wahrheit Jesus Christus liebreich gelobt, er wolle mir geben, was kein Auge je sah, kein Ohr je hörte, und was in keines Menschen Herz je kam.

Mir wurde zur selben Zeit auch gegeben, mit großer Freude überall hinzugehen, wohin ich um Gottes willen kommen sollte. Besondere Befriedigung fand ich in dem Gedanken, dass ich es um meines Geliebten Jesus Christus willen täte.

Zum gemeinsamen Tisch gehe ich vor allem mit großer Freude und mit göttlicher Lust; denn aus der gewöhnlichen Kost meines Konventes empfinde ich oft den allerbesten Geschmack und die größte Süßigkeit, sodass mich dünkt, es möge nichts Besseres auf Erden gefunden werden. Mein Wunsch ist, dass es der ganze Konvent empfinde. Wenn sie klagen, dass das Essen nicht gut sei und einen besonderen Mangel aufweise, kann ich nicht beipflichten, denn ich habe dergleichen nie empfunden. Besonderes Verlangen habe ich nach Öl, weil es mir besser bekommt, und weil ich auch mehr göttliche Wonne daraus als aus anderem empfinde[55].

### *Jesu Name*

Mir wurde auch in jenem Jahre dies gegeben: Wenn ich etwas von unserem Herrn hörte, besonders gar oft, wenn ich den Namen Jesus Christus nennen hörte, dann wurde ich inwendig gefangen und von der Gnade Gottes und der göttlichen Süßigkeit so erfüllt, dass ich eine lange Weile da saß und mich auswendig nicht regen und kein Wort reden konnte.

### *Das Interdikt*[56]

Durch die traurige Lage der Christenheit wurde ich in meinem Gewissen nicht behindert. Nur entbehrte ich oft den Leib des Herrn. Unser Orden hat sich nie den Geboten gefügt, wie das andere getan haben; dennoch wurde unser Kloster nicht regelmäßig mit dem Sakrament des Altars versehen. Man ließ uns hierin nach unserem Gewissen handeln[57].

---

55 Das Öl bot der stetig betrachtenden Mystikerin neue Anregung, weil es ein Symbol der göttlichen Barmherzigkeit und der geistigen Freude ist.

56 Ludwig dem Bayern wurde von Papst Johannes XXII. das Recht auf den Kaisterthron abgesprochen. Der Pontifex belegte Ludwig überdies mit Bannstrahl, Exkommunikation und Interdikt, also dem Verbot, den Gottesdienst im Lande auszuüben, einer der schärfsten Waffen des kirchlichen Strafrechts. (Anm. Frank-Daniel Schulten).

57 Das Interdikt erlaubte den nicht besonders erwähnten Ordensleuten, so den Dominikanern und den Dominikanerinnen, den Gottesdienst und Sakramentenempfang im Stillen. Bezüglich des öffentlichen herrschte damals große Meinungsverschiedenheit. Margareta hat sicher immer nach ihrem Gewissen gehandelt, wie aus dem folgenden erhellt.

Allzeit stand in meinem Herzen fest: Wüsste ich, dass ich durch den Empfang der Heiligen Kommunion oder durch das Anhören der Messe wider Gott handele –, eher wollte ich sterben, als dergleichen tun. Ich stellte es der Treue unseres Herrn anheim und sprach: „Herr, ließest Du mich hierin Unrecht tun, so musst Du es für mich büßen." Es wurde mir von Gott geantwortet: „Du sollst zu mir gehen, denn ich will dich nimmer verlassen, weder hier noch dort. Wer nämlich meiner in rechter Liebe begehrt, dem will ich mich in rechter Liebe nimmer entziehen." Ich spreche auch in der Wahrheit, die mein Herr Jesus Christus ist, dass mir die Gnade Gottes nie davon gemindert wurde.

Zu jener Zeit wurde mir auch von Gott an so hohen Festtagen wie Pfingsten und Unserer Frauen Tag[58], Allerheiligen, meines Herrn Sankt-Johannes-Tag mit dem Empfang unseres Herrn große Gnade zuteil – und namentlich den ganzen Advent und am Heiligen Weihnachtstag, und an all diesen Festen habe ich große Gnade und unermessliche Süßigkeit und göttlichen Trost. Zuweilen kommt es mir mit der gewöhnlichen Rede, wie ich vorher geschrieben, zuweilen im Schweigen, wie ich vorher gesagt habe.

### *Unruhe und Ruhe*

Nun weiß das mein Herr, der die lautere Wahrheit ist, wohl, dass ich seit jener Zeit, soviel mir menschlich möglich, mich ferngehalten habe in Gedanken, in Worten und in Werken von allen Dingen, die wider Gott sind. Dennoch beunruhigte mich allzeit der Gedanke, dass ich nicht, wie ich sollte, entsprechend der Wahrheit, die zwischen mir und Gott ist, lebte.

Es kommen auch oft längere Zeiten, wo mir nichts Sorge macht. Selbst widerwärtige Nachrichten kann ich dann in Freuden entgegennehmen.

Zuweilen wird mir auch eine Stimmung zur Traurigkeit gegeben, die mich stark beunruhigt und mich zum Weinen bringt. Wenn das auch geschieht, so endet es doch mit großen Freuden. Das tritt zuweilen sechsmal während

---

[58] Mariä Himmelfahrt, 15. August. (Anm. Frank-Daniel Schulten).

meiner Paternoster ein. Sein Kommen ist begleitet von der göttlichen trostvollen Eingebung, dass, mein Herr Jesus Christus es mir sende aus rechter Liebe zur Mehrung meines Lohnes. Es tritt auch oft ohne das Gebet ein.

Mir hat auch mein Herr Jesus Christus in seiner Güte gegeben, dass mir beim Nahen der Mitternacht das Wachen nicht lästig fällt, und dass es mir nie Anlass zu einer Krankheit wurde.

In diesem Wachen nun hat mir Gott die allerwonnevollste, menschlichste Ruhe gegeben. Sie kräftigt mich innerlich und äußerlich. Sie kommt mit Erleichterung und geht mit Freuden. Den ganzen Tag spüre ich dann eine Mehrung göttlicher Gnade und leiblicher Kraft. So ich während jener Ruhe zuweilen aufsehe, dann erblicke ich weiße Lichtlein vor mir. Ich wähne, es tage. Und es ist doch nicht Tag. Das Fenster ist noch zu. Und dennoch sehe ich den Altar und die Wände in der Zelle und den Widerschein. Das wird mir gegeben als ein Gleichnis der Ruhe, die Gott mit minnender Lust hat in der liebenden Seele, und sie in ihm.

### *Fürbitte*

Mir wird auch dies in meinem Gebet gegeben: Wenn ich gern um irgendetwas, das mir oder anderen Leuten am Herzen liegt, bete, so kann ich es, trotzdem es mich notwendig dünkt, doch nicht in anderen Worten vorbringen, als dass ich spreche: „Herr, vollbringe Deinen liebsten Willen." Er tut mir manchen liebesreichen Wunsch; ja, ich spreche in Wahrheit, dass er mir nie einen versagt –, er vollbringt es in rechter göttlicher Freude. Wenn ich aber für die Armen Seelen bitten will, so kann ich für eine verlangender bitten denn für die anderen.

Ich vermochte zuweilen für eine zuerst nicht zu bitten. Hernach fing ich an für sie zu bitten. Die Ursache dafür, dass ich für die einen gut beten konnte, sah ich in ihrem unschuldigen Leben. Als Grund dafür, dass ich für die anderen zuerst nicht zu beten vermochte, nahm ich deren tiefes

Versenktsein[59] an. Infolgedessen vermochte ich sie mit meinen Begierden erst zu erreichen, nachdem sie von der Barmherzigkeit Gottes und vom allgemeinen Gebet besser geläutert wurden.

Ich musste etliche Seelen allerdings aufgeben, weil ich für sie nicht bitten konnte. Wenn ich sie zu anderen Seelen wollte nehmen, brachte ich es nicht fertig, wie sehr ich auch danach verlangte. Wenn ich zum Beispiel für drei Seelen bitten wollte, so musste ich die eine, für die ich zuvor nicht besonders beten konnte, fortlassen.

Ich trug auch beständiges Verlangen für etliche Seelen und bat mit Begierde für sie. Kurz danach wurde mir von Gott zu meiner größten Freude geantwortet, sie wären zu den ewigen Freuden. Ich vermochte auch seither nicht für sie zu bitten. Ich spreche: „Herr, ich weiß, dass sie im Himmel sind; sie sagten mir selbst, dass sie bei Gott wären."

Mir wird auch Insbesondere der eine oder andere Mensch gegeben mit einer inneren Gnade in einer süßen Freude, damit ich ihm eine Förderung sei nach diesem Leben zum ewigen Leben.

### *Die Laienschwester*

Nun hatten wir in unserem Kloster eine Laienschwester. Die wurde mir mit jener besonderen Gnade gegeben. Sie hatte große freudige Zuversicht zu mir. Nun geschah es, dass sie siech und elend wurde. Ich sah sie, das weiß mein Herr Jesus Christus wohl, nie ohne rechte Freude an. Ich hatte die Gewohnheit, ihr nach Tisch zu bringen, was ich sah, dass ihr bekömmlich war. Ich ging allzeit in der Meinung zu ihr, als ob es Gott selber wäre[60]. Bei allem, was ich ihr gab, hatte ich den Wunsch, Gott möge ihr das ewige Leben nach diesem Leben geben und sie in kein Fegefeuer kommen lassen. Sie lag lang in großem Weh.

---

[59] In den Abrund des Fegefeuers.

[60] Sie diente Gott in den Kranken.

An ihrem Todestag wurde mir zu meiner größten Freude unter meinen Paternostern geoffenbart, sie wäre zu den ewigen Freuden, und das wäre auf meine Fürbitte hin geschehen.

### *Eine andere*

Nun starb eine andere Schwester unseres Klosters. Für die bat ich um die ewige Freude. Da wurde mir geantwortet: „Lass mich meine Gerechtigkeit an ihr vollbringen." Danach kam sie einst in der Nacht zu mir. Ich fragte sie, was die Barmherzigkeit Gottes an ihr gewirkt hätte. Sie sprach: „Ich vermochte vor der Gerechtigkeit der Barmherzigkeit nicht innezuwerden." Danach kam sie wieder zu mir und sagte, es gehe ihr nun besser, aber sie wäre in großen Bedrängnissen gewesen. Ich sprach: „Warum zu allermeist?" Sie antwortete: „Um alles, was ich wider Gott getan." Sie dankte mir für alles, was ich ihr zugute tat.

### *Die Meisterschaft*

Eines Nachts kam meine Schwester zu mir. Sie brachte mit sich einen mächtigen Herrn. Der sollte über uns große Gewalt haben. Er gewann mir gleich ein gar großes Verlangen und eine innige Liebe ab. Meine Schwester sprach zu mir: „Solche Meisterschaft hättest du wohl gern?" Ich antwortete: „Das ist wahr." Da sprach er so gar innig gütig zu mir: „Wie kannst du mich nur immer so gar lieb haben, wie du mich lieb hast?" Eine Eingebung sagte mir, dies wäre mein Herr Jesus Christus. Mit seinen Worten meinte er die ungestüme Liebe, die ich zu seinen heiligen Liebeswerken hegte.

### *Meines Bruders Kind*

In jener Zeit wollte mein Bruder ein Kind zu mir ins Kloster tun[61]. Das war mir leid, weil ich davon Bekümmernisse fürchtete. Ich sah es oft des Nachts, bevor es zu mir ins Kloster kam. Sein Antlitz leuchtete. Damit

[61] Es wurden Kinder in den Dominikanerinnenklöstern erzogen.

wurde mir die freudige Zuversicht gegeben, es solle ein seliger Mensch werden. Als es dann zu mir ins Kloster kam, da sah ich mit leiblichen Augen ein großes Licht über ihm, während es lag und schlief.

### *In der Stube beim Chor*

Es war vor dem Advent. Mein gewöhnliches Schweigen begann, und mein Herr Jesus Christus verlieh seine gewöhnliche Gnade, sodass ich die heiligen Zeiten mit viel Süßigkeit zubrachte, namentlich den heiligen Weihnachtstag. Am Fest der Unschuldigen Kinder[62] kam mir die Rede mit der gegenwärtigen Gnade unseres Herrn.

Am Tag der Drei Könige empfing ich unter meinen Paternostern eine große Gnade. In der Gegenwart Gottes verlor ich entzückt alle Gewalt über mich selbst. Man musste mich aus dem Chor tragen. Sie legten mich in die Stube, worin ich gewöhnlich bin. Die ist bei dem Chor gelegen. Darin hört man das Singen und Lesen. Da lag ich den ganzen Tag mit großer Gnade, und der Name Jesus Christus stand lebendig in meiner Seele und in meinem Herzen.

### *Das Unterscheidungsmal*

Allzeit beschäftigten mich emsig und kräftig in meinem ganzen Leben, in allen meinen Begierden und in all meinem Tun die wonnevollen Liebeswerke meines geliebten Herrn Jesu Christi. Ich redete mit süßer Wonne davon und hörte allzeit gern davon reden.

Bei wem ich Liebe zum Leiden meines. Herrn Jesu Christi gewahrte, der war mir desto lieber. Zu dem großen, vollkommenen Leben eines Menschen, von dem ich hörte, dass er den Weg nicht verfolge durch das Leiden unseres Herrn, vermochte ich kein Zutrauen zu gewinnen[63].

---

[62] 28. Dezember. (Anm. Frank-Daniel Schulten).

[63] Dieses Urteil stimmt mit der Lehre aller katholischen Mystiker überein. Denifle (*Das geistliche Leben*, II. Abt. 1. Kap.) hat viele Texte desselben Inhalts zusammengestellt. Der

## *Jesu Gegenwart*

Als ich am Sankt-Agnes-Tag[64] meine Paternoster nach den Metten sprechen wollte, da kam mein geliebter Herr Jesus Christus mit seiner süßen Gegenwart. Es brach aus mir heraus die allerkräftigste, längste Rede. Das geschah an dem Tag gar oft. Und in der Gnade hatte ich das allergrößte Verlangen, den heiligen Leib unseres Herrn zu empfangen.

Nun erwarteten wir Beichtväter. Die kamen erst nach Mittag. Aber die gaben mir unseren Herrn, weil ich da noch keine leibliche Speise genommen hatte. Ich wurde dazu von großer Gnade gezwungen. Also lag ich den Tag, und erst des Nachts bei Licht gaben sie mir zu essen.

## *In Gnaden allein*

Außerdem: Zu Fastnachtdienstag war ich nach der Vesper spät im Chor und betete vor dem Altar. Da sah ich vor meinen Augen drei Lichter, die waren rund wie eine Scheibe. Da empfing ich große Gnade in unermesslicher Freude über die Gegenwart Gottes. Und auch die Rede kam mir wieder. Die ganze Fastenzeit verbrachte ich mit großer, süßer Gnade und innerer Lust, Gott zu dienen im Chor und an allen Stätten. Besonders hatte ich oft das liebende Verlangen, mich bei jeder Verbeugung zu neigen und zu drücken und zu küssen in die fünf Liebeszeichen meines einzig Geliebten Jesus Christus.

Ich werde auch zuweilen im süßen Namen Jesu Christi gezwungen, nach jedem Vers des Psalms zu sprechen: „Jesus Christus."

---

schönste ist wohl folgender aus *Seuses Büchlein der Ewigen Weisheit* (Bihlmeyer 205): „Es kann niemand kommen zu göttlicher Hoheit noch zu ungewöhnlicher Süßigkeit, er werde denn zuvor gezogen durch das Bild meiner menschlichen Bitterkeit. Je höher man ohne das Durchgehen durch mein Menschsein aufklimmt, desto tiefer fällt man."

[64] 21. Januar. (Anm. Frank-Daniel Schulten).

Mein Herz fühlte sich heftig gedrängt von der Gnade unseres Herrn zu reden. Aber ich hatte niemand; denn der Freund unseres Herrn, der mir von seiner Güte zu kräftigem Trost gegeben wurde, der weilte zu Avignon.

### *Himmel und Hölle*

Wiederum an Unserer Lieben Frauen Tag stieß mir eine Krankheit zu, die ich nicht beschreiben kann: Mit der größten Freude ein großer Frost, und nach dem Frost eine starke Hitze, und in der Hitze wurde mir dann der süße Name Jesus Christus eingegossen mit so kraftvoller Gnade, dass ich gezwungen wurde zu reden. Die Rede aber fing allzeit an mit dem Namen Jesus Christus.

Es weiß meine Wahrheit Jesus Christus wohl, dass mir kein Ding in dieser Welt süßer oder wonniger ist als der Name Jesus Christus. Damit werde ich so inniglich in das Leiden meines geminnten Geliebten Jesus Christus gezwungen und gedrückt; daraus steigen mir dann von innen auf die allerwunderbarsten Geschmacksempfindungen; darin gewahre ich die allersüßeste Gnade mit einer starken Kraft. Besonders unter meinen Paternostern wird die starke, unbekannte, meine menschlichen Sinne übersteigende Gnade oft so kräftig, dass ich denke, ich könnte vor Überfluss der Gnade nicht mit dem Leben von meinen Paternostern kommen.

Und darin ist mir dann so wohl, dass ich denke: „Ist das Himmelreich etwas anderes?“[65] Mein menschlicher Verstand kann es nicht begreifen. Eine so kraftvolle Liebe wird mir gegeben und ein so starker Glaube, dass mir alle Dinge im wahrhaften Empfinden der Gegenwart Gottes zur Wonne werden. Selbst beim Gedanken an die Hölle erschrecke ich nicht, weil mir die Gegenwart Gottes dort so wenig geraubt werden könnte als im Himmel[66]. Da überkommt mich dann große Wonne in Gott.

---

[65] Auch der selige Heinrich Seuse rief nach der Entzückung, die er am St.-Agnes-Tag hatte, aus: „Ist dies nicht Himmelreich, so weiß ich nicht, was Himmelreich ist.“ (Bihlmeyer, 10).

[66] Das Wesentliche der Höllenstrafe ist die Beraubung der Anschauung Gottes. Der Gedanke an die Sinnenstrafe hatte für Margareta, die sich mit Gott so geeint wußte, nichts Schreckendes.

Die Krankheit, von der ich vorher gesprochen habe, währte zehn Tage an mir. Dieselbe Krankheit ist mir seither oft zugestoßen, besonders allzeit nach Ostern.

### *In Gottes Gegenwart*

Zu jener Zeit sah ich Mittwochnacht ein Licht. Das erleuchtete unseren ganzen Chor mit seinem Schein. Das begrüßte ich mit großen, göttlichen, wonnigen Freuden als ein Zeichen der großen Gnade, die mein Konvent an dem Tag empfangen sollte in dem heiligen Sakrament.

Nach den Metten sprach ich meine Paternoster. Da erblickte ich einen schneeweißen, leuchtenden Ring. Darin sah ich voll Freude die Gegenwart Gottes bestätigt. Am folgenden Karfreitag sprach ich wieder meine Paternoster mit großer, süßer Gnade. Das währte eine gute Weile. Und dann betete ich wieder, und dann schwieg ich wieder. Darin empfand ich die Gegenwart Gottes so wonnevoll, wie ich sie noch in keinem Werke der göttlichen Barmherzigkeit je empfand. Als ich nach der Prim den Psalter las, wurde ich von der süßen Wonne des Namens Jesu Christi gezwungen, zu jedem Vers zu sprechen: „Jesus Christus." Später ging ich mit dem Konvent zu Tisch bei Wasser und Brot, wie wir gewöhnlich tun. Ich verstand die Tischlesung vollständig. dass ich dazu nicht gelehrt genug war, kam mir erst zu Bewusstsein, als das Lesen vorüber war.

### *Einsam und verlassen*

An dem folgenden heiligen Ostertag hatte ich große Gnade. Insbesondere empfand ich, als ich zu Tische kam, von dem Essen eine so große Süßigkeit und einen so edlen Geschmack, dass es die Schwester gewahrte, die mit mir aß.

Mit dem Schweigen, das ich in der Fastenzeit halte und auch während des Jahres, fühlte ich mich recht wohl. Ich habe so große Gnade und Ruhe darin, dass ich großen Widerwillen gegen alle Menschen empfinde, womit ich reden soll. Mir ist nämlich mit der inneren Ruhe so wohl, dass ich äußere Rede nicht leiden kann, besonders nach Ostern. Das weiß meine genehme Wahrheit Jesus Christus wohl, dass meine Seele Schweigen und Alleinsein herzlich minnt und lieb hat, weil ich in mir selbst große Gnade daraus empfunden habe.

Nun spreche ich das in der Wahrheit, aus der jede Wahrheit fließt: Ich erkenne und weiß mich der Gnade unseres Herrn unwürdig, ja unwürdiger, als ich je zu sagen vermöchte. Ich bin allzeit in recht großer Furcht vor unserem Herrn, dass ich der Gnade Gottes nicht entsprechend lebe und sie nicht in rechter Liebe aufnehme, noch sie, wie ich in Wahrheit sollte, benutze. Das berge ich dann in die minniglichen, kraftvollen Liebeswerke meines Herrn Jesu Christi, damit die es an mir vollenden.

Die Gnade mit dem Schweigen und mit der Rede währte zwei Jahre beständig an mir. Ich hatte auf allen meinen unbekannten Wegen, die ich gehen musste, niemand als die wahrhafte Treue, die mir Gott in seinem lieben Freund gegeben hatte. Von dessen Worten und Leben empfing ich allzeit kräftigen Trost, sodass ich mich oft darob wunderte.

Aber es geschah nach dem Willen Gottes, dass er mir durch die traurige Lage der Christenheit genommen wurde[67]. Ich hatte da keinen menschlichen Trost mehr, sondern wurde in ein großes Elend meines Lebens versetzt. Zudem hörte ich lange nichts von ihm. Darum war ich gar sehr betrübt.

Einst in der Nacht wurde mir von denen, die bei Gott sind, gesagt, er wäre bei ihnen. Ich wurde darüber menschlich betrübt und dachte, er wäre tot. Da kam mir in der Gnade Gottes die kräftige Eingebung, das Gesagte sei von der wahren Hilfe zu verstehen, die die Armen Seelen im Fegefeuer von seiner Messe hätten.

---

[67] Heinrich von Nördlingen verließ Ende 1338 die Heimat, weil er sich den Gesetzen des Kaisers bezüglich der Nichtbeachtung des über ihn verhängten Interdikts nicht fügen wollte.

### *Verlangen nach den Liebeswerken*

Allmählich mehrte sich in mir das Verlangen, dass mir gegeben würde, was dem hochgelobten Herrn Sankt Franziskus gegeben war, dass Christi heiliges Leiden mich verwunde und sich in mich drücke zu einem wahren Liebeszeichen, wie es keinem anderen seiner Freunde gegeben wäre.

Während der drittfolgenden Fastenzeit empfand ich große Gnade und heftiges Verlangen, Gott zu dienen. Da wurde mir eine besondere Gabe von Gott verliehen. Das war: Wenn ich etwas lesen wollte, worin das ganze Leiden unseres Herrn erwähnt wurde, so kam mir ein so heftiger Schmerz ins Herz, dass ich fortgehen musste und nicht weiter zu lesen vermochte. Aber ich beachtete es nicht an mir wegen der Fastenzeit.

Als man vierzehn Tage vor Ostern die Vesper sang und den Hymnus anfing: *Vexilla regis etc.*, da vermochte ich den nicht zu singen. Vielmehr kamen mir ein Schmerz und ein Weh in das Herz, dass ich von dem Konvent fort in meinen Stuhl gehen musste. Aber ich konnte ihn lesen und lesen hören. Auch konnte ich überallhin gehen, zum Chor, zur Predigt, zum Lesen im Refektorium, ohne etwas Besonderes zu empfinden.

Als ich nach Ostern gern vom Leiden unseres Herrn geredet hätte, musste ich schweigen. Ich vermochte kein Wort davon zu sprechen. Ich dachte, das wäre von der Fastenzeit und von den kraftvollen Minnewerken, die uns zuliebe gewirkt wurden in jener Zeit.

### *Die kranke Schwester*

Nun wurde eine unserer Schwestern siech und wollte sterben. Die hatte das Leiden unseres Herrn gar lieb und war auch alle Tage elend gewesen. Zu der ging ich oft, denn sie vertraute mir gar wohl. Wenn ich zu ihr kam und zu ihr reden wollte von unserem Herrn, so gewann ich die allergrößten, süßesten Gnaden, von den Liebeswerken unseres Herrn zu reden und auch andere wunderbare Worte von Gott, wovon ich nicht schreiben kann. Und das ergriff mich so gewaltig, dass mir von der inneren, süßen Gnade ein

Licht mit klarem Schein aus den Augen strahlte und sich durch alle meine Glieder ergoss. Das machte mich so krank, dass ich kaum zu atmen vermochte.

Ich wurde auch nach jener Schwester Tod so krank, dass ich vier Wochen lang in großer Schwäche zu Bette lag. Sie wollten mir Fleisch geben. Es wurde mir aber im Munde wie ein unreines Ding, ganz fade, wie wenn es ungesotten gewesen wäre. Da wurde mir von Gott eingegeben, es sei nicht sein Wille, dass ich es esse. Also habe ich es seither immer gelassen. Das Licht, von dem ich geschrieben habe, das ist mir seither oft und reichlich erschienen. Zuweilen wurde mir ein Licht zuteil, das mir wie Flammen aus den Augen hinausdrang. Zuweilen werden mir auch kleine Lichter gegeben. Was aber die Lichter alle bedeuten, das weiß das klare, lautere Licht Jesus Christus wohl. Ich aber empfinde daraus große Süßigkeit und göttliche Wonne. Als nun die Schwester selig verschied, da konnte ich wieder nicht mehr vom Leiden unseres Herrn sprechen; aber ich vermochte es wohl anzuhören. Das währte das ganze Jahr.

### *Das Bild des Gekreuzigten*

Mir wurde auch in diesem Jahr gegeben, beim Anblick des Kruzifixes so große Schmerzen zu empfinden, dass ich den Anblick nicht zu ertragen vermochte. Besonders geschah dies bei fremden Kruzifixen, die ich noch nicht gesehen hatte.

Einst wurde mir ein fremdes Kruzifix gebracht. Davon wurde mir so weh, und ein solcher Schmerz überkam mein Herz, dass ich an dem Tag nichts arbeiten und gar nichts essen konnte. Aber als ich des Morgens meine Paternoster betete, da wurde ich in süßer Gnade gar wonnevoll gestimmt. Und ich fing an, liebend zu jammern nach jenem Bild, um es an mich zu drücken und all mein Verlangen daran zu stillen. Dafür hätte ich gern mein Leben gelassen.

Also nimmt meines lieben Herrn Jesu Christi Traurigkeit mit Freuden ein Ende, wie er es an mir, seiner unwürdigen Dienerin, vollbrachte.

### *Unbekannte Gnaden*

Nun hat mir mein zärtlich geliebter Jesus Christus im selben Jahr noch gar viel Wonnevolles gegeben. Er allein weiß darum. Mir wurde gar oft verliehen: Wenn ich meine Paternoster anfing, dann wurde mein Herz mit einer so unbekannten Gnade gefangen, dass ich nicht wusste, wo es hinaus wollte.

Zuweilen wurde mir gegeben, dass ich nicht beten konnte. Dann saß ich in einer Wonne göttlicher Freude von den Metten bis zur Prim.

Zuweilen wurde es mir in der Weise gegeben, dass jene Rede daraus entstand, von der ich oben geschrieben habe.

Zuweilen wurde ich erhoben, sodass ich die Erde nicht berührte.

Zuweilen wurde mir gegeben, dass ich in wunderbarer Freude göttlicher Wonne dasaß und nicht beten konnte; aber ich konnte an Gott denken und reden, was ich wollte. Und dabei war mir gar wohl.

Nun weiß der, aus dem jede Gnade geflossen ist, wohl, was das alles für Gnaden sind. Aber meinem menschlichen Verständnis sind sie unbekannt.

Auch weiß das mein Herr Jesus Christus wohl, dass ich in meinem ganzen Leben nach dem liebsten Willen Gottes verlange. Was an Gaben er mir gibt, das nehme ich gern an; aber allzeit begehre ich, in seiner Liebe zu sterben.

Mich erfasst zuweilen eine so große Minne und Liebe zu Gott, dass ich zu den Zeiten nicht glauben kann, Gott sei jemals einem Menschen so lieb geworden, ausgenommen Unserer zarten Lieben Frau und seinem geliebten Jünger Sankt Johannes und allen jenen, die ich billig ausnehmen muss.

Mein Herr weiß wohl, dass mir damals noch gegeben wurde: Wenn ich das Leiden unseres Herrn unnütz nennen hörte, dann empfand ich ein gar bitteres Weh, und ich dachte, dass wir nicht würdig wären, es mit rechter Andacht zu erwähnen.

Zuweilen wurde mir auch dies gegeben – und ich habe es noch –: Wenn ich den Namen Jesus nennen hörte, so empfand ich, wo ich ging, die allergrößte Freude. Und ich wünschte dem, von dem ich es hörte, die ewige Seligkeit. Und ich dachte dann: Ich sollte, wenn ich nicht gern in meinem Kloster wäre, aus dem Grund allein schon gern darin sein, weil ich den Namen Jesus so oft dort nennen hörte.

Danach in der nächsten Fastenzeit wurde mir dies gegeben: Wenn ich das heilige Leiden meines Herrn beim Predigen oder beim Lesen höre, oder so ich es sonst erwähnen höre, so wird mein Herz wie von einem kräftigen Stoß getroffen. Der verteilt sich in all meine Glieder. Ich werde innerlich und äußerlich gefangen und gebunden und vermag mich nicht zu regen. Das währt zuweilen einen halben Tag. Ich vermag auch kein Wort zu sprechen und kann nicht leiden, dass mich jemand anrühre. Ich bin dann gern allein.

Außerdem: Zu dieser Zeit wurde mir eines Nachts gegeben, dass ich an mir die heiligen fünf Liebeszeichen sah, an Händen, an Füßen und im Herzen. Und ich empfand die allergrößte Gnade, wenn ich daran dachte.

Außerdem: Danach sah ich den allerlautersten, klaren Leib eines Mannes unverhüllt vor mir liegen. Ich empfing die allergrößte Gnade und Süßigkeit von dem Leib, denn er war gar hell glänzend. Da wurde mir die Eingebung, wir alle sollten den Leib essen. Das war mir unfassbar, dass man den Leib teilen und essen sollte. Meine Schwester sprach: „Er kommt, der ihn teilen soll.“ Und danach wurde mir die Eingebung, dass es der zarte Leib unseres Herrn wäre. Wir empfingen nämlich kurz danach unseren Herrn.

## *Mitleid mit dem leidenden Herrn*

Als in jener Fastenzeit der Hymnus gesungen wurde: *Vexilla regis etc.*, da konnte ich ihn wieder nicht anhören, ja noch weniger als vorher. Ich saß lange schweigend, wie ich vorher geschrieben habe. Das dauerte die Wochen hindurch. Ich wurde gar krank davon, sodass ich zu Bette lag. Ich lag in der Stube, wo ich das Singen und Lesen vernehme, und was sonst im Chor vorgeht. Am Palmtag hörte ich den Konvent die Prozession singen. Da kam mir das gewöhnliche Schweigen, und das währte an mir, bis man die Passion während der Messe las. Der größte Jammer und der empfindlichste Schmerz eines gegenwärtigen Leidens durchdrangen mein Herz und alle meine Glieder. Es packte mich so kräftig, dass man mich halten musste. Dann brach ich mit klagender, weinender Stimme in die Worte aus: „O weh, o weh! Mein Herr Jesus Christus, o weh, o weh! Mein herzliches Lieb Jesus Christus!"

Und ich konnte von dieser Rede nicht ablassen, bis Gott es wollte. Was ich an Liebe und an Begierde und an Verlangen in dem Mitleid mit dem mir gegenwärtigen Herrn und Gott empfand, das vermag ich nicht zu schreiben. Die jammervolle, schmerzliche Klage währte bis zur Stillen Messe. Ich wurde nachher gar krank und lag den Tag bis zur Vesper, ohne irgendetwas zu essen. Ich blieb die ganze Woche schwer krank vor Weh und auch von den Begierden, die ich nach unserem Herrn hatte, und von dem Verlangen, das ich trug nach dem heiligen Leib unseres Herrn. Ich vermochte nicht bis zum Ablasstag zu warten. – Ich empfing ihn schon am Mittwoch.

Am Ablasstag jedoch überkam mich bei den Metten wieder das lebhafte Mitleid mit meinem Herrn nebst all den Schmerzen und dem Leid, wie ich vorher gesagt habe. Und das empfand ich lebhaft zu allen Tageszeiten, die ich an dem Tage las.

Ich hatte schon Sorge wegen Karfreitag, dass ich da vielleicht nichts tun könnte, weil ich die Nacht bis zur Prim im Schweigen gelegen hatte. Aber es verließ mich mit einer großen Erleichterung. Ich ging in den Chor und las den Psalter und konnte auch das Amt anhören. Hatte ich die Tage großes

Leiden, so hatte ich auch oft große Gnade. Am Ostertag aber wurde mir so wohl, dass ich meine Paternoster sprach und zu Chor ging und singen und lesen konnte.

Was mir das Jahr vorher gegeben war, von den wonnevollen Liebeswerken nicht sprechen zu können, das wurde dieses Jahr dahin vermehrt, dass ich nicht einmal etwas davon anzuhören vermochte. Vom Anhören wurde ich schon mit dem Schweigen gebunden und gefangen, wie ich vorher geschrieben habe. Das währte an mir das ganze Jahr.

In der folgenden Fastenzeit begann es, sich zwei Wochen vor Ostern wieder an mir zu mehren. Ich wurde gar krank von dem gebundenen Schweigen[68] und auch von der Rede, die ich beständig hatte bis zur Matutin[69] des Ablasstages. Als ich die Metten anfing, überkam mein Herz der allergrößte Schmerz und ein Leid, so bitter, als ob ich wirklich in der Gegenwart meines geminnten herzinnigst Geliebten gewesen wäre und das schmerzliche Leiden mit meinen Augen sähe und zu der Zeit alles vor mir geschehen wäre. Ich war bis zu dieser Zeit rechten Leides all mein Lebtag noch niemals innegeworden. Mein Schmerz und das bittere Weh waren so groß, dass ich dachte, keinem Menschen auf Erden wäre je weher geschehen, ich möchte die heilige Maria Magdalena nicht ausnehmen.

Als ich in der Matutin drei Lektionen gelesen hatte, konnte ich nicht mehr weiterlesen. Das lebhafte Leiden währte, bis dass die Metten gesungen waren. Sie legten mich nieder, und es war mir so weh, dass ich mich dem Tode ergeben hatte, ja es wäre mir nichts in der Welt so begehrenswert und wonniglich gewesen wie der Tod in der Liebe und in dem Leid wegen der Leiden meines Herrn.

Ich lag auf dem Dormitorium[70] zu Bett, weil ich in der Stube beim Chor den Gesang nicht anzuhören vermochte. In der Schwäche blieb ich bis nach

[68] Den Zwang zum Schweigen, der bei der Erwähnung der Leiden Christi wie eine physische Hemmung über sie kommt, nennt sie das „gebunden ewige".

[69] Das klösterliche Nachtgebet. (Anm. Frank-Daniel Schulten).

[70] Klösterlicher Schlafsaal. (Anm. Frank-Daniel Schulten).

der Prim. Ich konnte an jenem Tag weder die Metten noch die anderen Tageszeiten lesen, ja ich konnte vor Weh kein Wort sprechen, sondern nur ein Zeichen geben, dass ich gern den heiligen Leib unseres Herrn empfange. Daraufhin kam unser Beichtvater zu mir. Ich wähnte, überhaupt kein Wort sprechen zu können; doch ich konnte da mit der Hilfe Gottes beichten ohne jede Störung. Dann empfing ich unseren Herrn, das kam mir zugute innerlich und äußerlich von seiner Güte. Also lag ich den Tag und die Nacht.

Am Karfreitag überkam mich beim Lesen der Metten wieder das gebundene und gefangene Schweigen, und ich war betrübt, wähnend, an dem Tage nichts tun zu können. Da wurde mir von der Güte und Treue Gottes eine so große Erleichterung gegeben, dass ich aufstand und in den Chor ging. Das wunderte den ganzen Konvent. Ich las den Psalter und hörte das Amt. Unter der Passion hatte ich die allergrößte Süßigkeit und Gnade, die ich unter meinen Paternostern habe. Das währte an mir, bis dass man sang: „*Sanctus, Agios*", da wurde ich wieder gefangen mit dem Schweigen. Das hielt an, bis dass der Konvent vom Tisch kam. Da ging ich in das Refektorium und aß Wasser und Brot.

Danach kam mir das größte Verlangen, die Passion deutsch zu hören. Ich bat eine Frau, sie mir deutsch zu lesen. Das wollte sie nicht tun. Da sagte ich ihr, dass die Passion mir unter dem Amt so wohl getan hätte. Daraufhin las sie sie mir. Gleich anfangs wurde ich wieder mit dem Schweigen gebunden. Und das wurde dahin gemehrt, dass ich anfing, laut zu schreien. Das war mir zuvor nie geschehen.

An jenem Heiligen Abend hörte ich bei Einbruch der Nacht schwören bei dem heiligen Leiden meines Herrn. Da geschah es mir wieder in der gleichen Weise. Das währte das ganze Jahr an mir.

Wenn mir aber von der milden Güte Gottes die lauten Rufe und Schreie gegeben wurden, und die wurden mir gegeben, wenn ich vom heiligen

Leiden sprechen hörte – dann schoss es[71] mir ins Herz und verteilte sich in all meine Glieder, und ich wurde dann mit dem Schweigen gebunden und immer heftiger gefangen. So sitze ich dann lange, zuweilen länger, zuweilen kürzer. Danach wird mein Herz wie von einem Geschoss mit verborgener Kraft getroffen. Das zieht empor in mein Haupt, es fährt in all meine Glieder und bricht sie gewaltsam. Von derselben Kraft bezwungen, schreie ich laut und rufe. Ich bin meiner selbst nicht mächtig und vermag von den Rufen nicht zu lassen, bis es mir von Gott abgenommen wird.

Zuweilen fasst es mich so kräftig, dass mir davon das rote Blut ausbricht. Dann geschieht mir so weh, dass mich dünkt, ich könnte mit dem Leben nicht mehr davonkommen. Das wäre mir ein großer Trost, in dieser Liebe mein Leben zu geben!

Mein Herr Jesus Christus zeigt sich mir da mit seiner Hilfe gegenwärtig. Beim Vergehen lässt es mich gar fröhlich und mit süßer Gnade zurück. Darin bin ich zwei Tage lang. Diese Zeit bin ich gern allein. Äußeres Gerede höre ich nicht gern. Mit der inneren Eingebung aber ist mir wohl. Ich liege danach gewöhnlich drei Tage oder mehr krank.

Im selben Jahr nach Weihnachten wurde mir gegeben, dass ich nicht mehr wie früher vom heiligen Leiden meines lieben Herrn singen oder lesen hören konnte. Sobald ich es hörte, wurde mir so weh, wie ich zuvor gesagt habe.

In der Fastenzeit wurde es wieder stärker. Als ich die Vesper, worin der Gesang von der Marterwoche anfängt, lesen wollte, da mochte mir niemand helfen. Deshalb las ich sie allein. Danach saß ich mit dem gebundenen Schweigen von der Vesper, bis dass der Konvent vom Tisch kam. Da brach ich mit dem lauten Schreien und Rufen heraus. Das tat ich lang. Es war mir dabei gar weh. In diesem Zustand lag ich die Wochen.

---

[71] Das heilige Leiden wird von ihr mit einem ihr Herz verwundenden Pfeil verglichen. Der Schmerz erfaßte ihren ganzen Körper, bewirkte den Schweigezustand und zuletzt das laute Rufen.

Am Palmtag schrie ich unter den Metten wieder so lang, dass der ganze Konvent an mir verzagte. Sie wähnten, ich wolle sofort sterben. Und ich wähnte es selber auch. An dem Montag geschah es wieder vor den Metten. Es kam davon, dass sich mir das heiligen Leiden meines Herrn Jesu Christi in innerlichem Gesicht gegenwärtig zeigte. Dabei geschah mir gar weh, sodass ich wieder laut schrie. Und das geschieht mir oft auf die bloße innere Vergegenwärtigung hin, selbst zu der Zeit, wo ich es nicht höre und auch nichts davon lese, besonders alle Fasten.

Am Mittwoch, als ich die Vesper gelesen hatte, da kam es mir wieder mit starkem Rufen und Schreien.

Am Donnerstag danach zu den Metten, da wurde ich wieder ergriffen von großem, innigem Mitleid innerlich und äußerlich.

Am Freitag danach, da war es mir beim Brevier-Gebet[72] so lebhaft gegenwärtig, dass ich schrie, wenn ich eine Tageszeit las.

## *Auferstehen*

Ich hatte all die Zeit zu Bett gelegen und war von dem inneren Leiden äußerlich so krank geworden, dass ich von niemand eine Berührung leiden konnte. Nach Beendigung der Matutin-Gesänge am Heiligen Abend wurde ich in die Stube getragen, darin ich gewöhnlich bin. Zur Prim lag ich da noch in großer Krankheit. Beim Beginn des Auferstehungsamtes am Karsamstag wollte ich niemand bei mir lassen. Ich hieß sie alle in den Chor gehen. Ich war allein. Da, unter dem *Gloria in excelsis*, strömte mir die allergrößte Kraft zu mit der süßesten Gnade, und zwar eine innere Gnade, worin ich die vollkommene Gesundheit erhielt. Zugleich wurde mir von der getreuen Hilfe Jesu Christi die Eingebung zuteil: Ich hätte mit ihm gelitten, ich solle nun auch mit ihm fröhlich auferstehen.

---

[72] Stundengebet. (Anm. Frank-Daniel Schulten).

Danach kam eine unserer Frauen, die für mich emsig besorgt war, sie wollte sehen, wie es um mich stünde. Die fand mich in großer Freude und in Gesundheit, und sie war darob hocherfreut und verwundert, weil sie mich in großer Krankheit verlassen hatte. Der bezeichnete ich, dass ich gesund wäre. Die sprach: „Ich habe dich in so großem Weh zwei Wochen lang gesehen, dass ich es nicht glauben kann, ich sehe es denn mit eigenen Augen." Also bat sie mich, durch die Stube zu gehen. Da bot ich ihr die Hand. Sie sprach: „Du musst ohne Hilfe aufstehen." Also stand ich auf mit großer Freude und ohne Schwierigkeit und ging dreimal durch die Stube. Und ich wäre auch überallhin gegangen, wo ich gewollt hätte. Aber ich erregte nicht gern Aufsehen. Als ich am heiligen Ostertag zur Matutin in den Chor ging, da wurde der ganze Konvent erfreut, und alle wunderten sich ob der barmherzigen Werke unseres Herrn. Ich sprach meine Paternoster mit großer Gnade und Süßigkeit und empfing unseren Herrn und ging die Wochen in den Chor mit großen Freuden.

Mir wurde aber da gegeben, dass ich seither die Tageszeiten, die gewöhnlichen vom heiligen Kreuz, die ich mit niemand lesen kann, sowie auch das heilige Kreuz und das heilige Grab und sämtliche Worte, die nicht zu groß sind, nicht mehr ohne besondere Traurigkeit noch ohne eine starke innere Rührung hören kann. Ich vermag auch seither nicht so gut mehr wie vorher länger von unserem Herrn zu reden. Das kommt daher, dass ich von den heiligen Liebeswerken nicht reden kann, in denen und an denen all meine Lust und all mein Verlangen liegen. Auch folgendes drückt mich: Wenn ich mit den Leuten rede, so fürchte ich, dass sie sich mir gegenüber versprechen. Das erfüllt mein Herz recht mit Traurigkeit und hindert mich bei allem Sprechen. So werde ich innerlich davon geängstigt.

Nun weiß das meine Wahrheit Jesus Christus wohl: Weder Lieb noch Leid bleiben seitdem länger in meinem Herzen, als Gott es gibt. Mich beschäftigen allzeit die verborgenen Dinge, die mir von Gott gegeben sind, und die Dinge, die mir noch bevorstehen.

## *In Banden*

In der Osterwoche kam mir zur Komplet am Donnerstag das Schweigen, von dem ich oft geschrieben habe. Darin blieb ich bis nach der Prim. Es mehrte sich an mir von einer Woche zur anderen, sodass es sich allzeit früher einstellte. Um Pfingsten hatte es sich so stark gemehrt, dass ich anfing zu schweigen am Donnerstagmittag; und ich war darin am Freitag. Donnerstags aß ich nur am Morgen, aber nicht zur Nacht. Den Tag blieb ich ohne alle leibliche Speise.

Danach, an Sankt-Laurentius-Abend, der war an einem Donnerstag, da hatte ich es wieder. Und von da an mehrte es sich abermals bis an Sankt-Michaels-Tag. Danach wurde mir der Mittwoch zum Schweigen gegeben, und zwar in der Weise, dass ich von Dienstagabend schweigend verharrte bis Freitagmittag. Ich war währenddessen meiner selbst nicht mächtig und nahm auch weder leibliche Speise noch Trank. Und es hätte auch kein Tropfen Wasser durch meine Kehle dringen können. Ich empfand jedoch innerlich kein Bedürfnis nach Essen oder Trinken. Ich hatte auch kein Verlangen danach. Ich bin auch gern allein. Es verdrießt mich, von irgendwelchen äußeren Dingen zu hören, und ich kann nicht leiden, dass mich jemand anrühre, sei es am Haupt oder an Händen oder an Füßen.

Meine größte Wonne ist in den starken Banden, dass mich darin niemand gefangen und gebunden hat denn mein Herr und mein Gott Jesus Christus. Mir wird auch darin von ihm zugesprochen, dass es ihn mit rechter Liebe nach mir gelüste, und dass er mir etliche meiner Wünsche damit erfüllen wolle. Wenn das Schweigen an mir anfängt, so kommt es zuweilen mit einer Freude und nimmt mit Weinen ein Ende. Zuweilen kommt es mit Traurigkeit und nimmt mit Freuden ein Ende.

Mir wird die Zeit nicht lang; denn zuweilen habe ich süße Gnade mit der Gegenwart Gottes, zuweilen habe ich keinen Trost, ja zuweilen werde ich innerlich verschlossen und gefangen wie äußerlich. Aber einen willigen

Gehorsam kann ich Gott da leisten, und es kommen mir die Worte so kraftvoll in den Sinn: „Lebe ich, so lebe ich dem Herrn; sterbe ich, so sterbe ich dem Herrn“ (Röm. 14, 8). So wird mir gegeben, ohne allen Trost zu leiden, wie er all sein Leiden ohne allen Trost litt. Eine süße Freude gewinne ich aus dem Gedanken, dass ich das leiden soll in und mit dem Leiden meines Herrn. Auf diese Weise nahmen die barmherzigen, süßen Bande an mir zu von Dienstag bis Freitagmittag.

Ich hatte in denselben Tagen oft großes Leiden über Tag und bei Nacht. Das erfasste mich mit so starken Schmerzen, dass es mir zuweilen schien, ich wäre vor Schmerzen gestorben, hätte der Herr es so gewollt.

Nun ist mein Herr Jesus Christus barmherzig und getreu und gut und ist aller Gnaden voll, und daraus spendet er milde. Er sandte mir eine kraftvolle Gnade in seinem lieben Freund (Heinrich von Nördlingen), der ein getreuer Diener der Wahrheit ist. Der kam zu mir und sah mich in den Banden liegen. Und es schien ihm bedeutsam, dass ich so gar ohne alle menschliche Speise lag. Gern hätte er es mir anders geordnet. Aber es war mir von Gott also gegeben.

Als ein getreuer Freund gedachte er, mir unseren Herrn zu geben, wenn ich ihn zu empfangen vermöchte. Da erschrak ich, denn mein Mund und meine Zähne waren mir verschlossen, sodass ich keine Gewalt hatte, weder Mund noch Zähne aufzutun. Dennoch vernahm ich die Worte mit einer großen Freude und mit göttlichem Vertrauen. Ich meinte, ich wollte es versuchen.

Es war Allerheiligentag. Er las die Messe. Von der Güte Gottes und der heiligen Messe wurde mir eine Befreiung. Und in der süßen Gnade Gottes wurde ich vorbereitet zum heiligen Sakrament. Es weiß die Wahrheit selber wohl, dass ich seine göttliche Kraft wunderbar darin erkannt habe. Er gab mir nach der Messe unseren Herrn, den empfing ich so leicht, als ich es je tat. Aber den Trunk aus dem Kelch vermochte ich nicht so gut hinunterzubringen.

Danach am Allerseelentag – es war Freitag – kam ich wieder zu mir mit großer Freude. Ich ging mit in den Chor. Er las die Messe und gab mir wieder unseren Herrn. Dann verabschiedete sich der getreue Freund Gottes von mir an dem Sonntag.

Nun nahmen die starken Bande unseres Herrn an mir kräftig zu, und auch das Weh. Ich lag in den Banden gefangen, wie ich vorher geschrieben, von Montagmittag bis Freitagmittag. Das währte an mir bis Sankt-Nikolaus-Tag. Der war an einem Donnerstag. Da, nach den Metten gegen Morgen, empfand ich eine gewaltige Lösung all der Bande, womit ich in großen verborgenen Leiden gefangen gewesen war. Da wurde mir zuteil die süße Gnade Gottes mit seiner wahren Süßigkeit, und in dem süßen Namen Jesus Christus kam ich mit großer Freude zu mir. Also ging ich zur Prim in den Chor und empfing unseren Herrn; und es sang mein ganzer Konvent: *Te Deum laudamus* vor rechter Freude darüber, dass Gott mich ihnen zurückgegeben hatte.

### *Die häufige Kommunion*

Seither habe ich alle Wochen einmal unseren Herrn empfangen[73]. Es weiß das meine Wahrheit Jesus Christus wohl, dass er mir Allerunwürdigsten von seiner Güte gibt, ihn in inniger Lust meiner Seele, in rechter, süßer Gnade zu empfangen. Zuweilen überkommt mich, weil ich ihn so oft empfange, ein großer Schrecken wegen meiner Unwürdigkeit und wegen seiner Größe. Dann begehre ich von ihm als wahre Weisung, dass es Sein Wille sei, Mehrung der Gnade an jenem Tage. Und das hat er mir in seiner Güte nicht versagt. Er hat mir zuweilen, so ich seinen Leib empfing, gegeben, dass er mich empfing, indem er mir in meinem Mund wurde zu lauter Süßigkeit. Ich kann es nicht beschreiben. Von der Materie der Hostie hatte ich keine Empfindung.

---

[73] Damals war der häufige Empfang der Heiligen Kommunion nicht üblich, nicht einmal in den Klöstern.

Wenn ich unseren Herrn empfange, so nehme ich mir keine bestimmten Gebete vor, noch auch Begierden. Vielmehr bete ich, wie es mir zu der Zeit gegeben wird. Er gibt sich mir dann wunderbar mit seiner Gnade, zu begehren und zu bitten.

Mein Herr Jesus Christus weiß wohl, dass ich allzeit eine innere Lust zu dem Heiligen Sakrament habe, um es zu empfangen mit all denen, die ich ihn empfangen sehe. Und alles dessen verlangt mich, dass ich in christlicher Liebe darin vollbringen könnte. Es ist meine Gewohnheit, ihn an allen Sonntagen zu empfangen. Das wurde mir einst entzogen. Da kam mir das allergrößte Herzeleid mit vielen Tränen. Und das währte den ganzen Tag. Und als ich mich des Nachts niederlegen sollte, da war das schmerzliche Verlangen so groß, dass ich dachte: „Ich kann diese Nacht ohne unseren Herrn nimmer verleben." In dieser Stimmung kam ich am Montag zu den Metten in den Chor. Da empfand ich bei der Nachricht, dass der Priester komme, die allergrößte Freude, die nicht zu beschreiben ist.

Mir wird auch von unserem lieben Herrn gegeben: Wenn ich ihn empfangen will, so wird mir innerlich, ehe dass der Priester kommt, die Gnade in der gleichen Wonne und mit denselben Begierden gegeben, als wenn ich ihn wirklich empfange. An diesem Tag besonders ist mir jede leibliche Speise widerwärtig. Ich gebe auch nicht Acht darauf. Ich bin des Tags auch gern allein und mag mit niemand zu schaffen haben. Als ich von der traurigen Lage der Christenheit hörte und vernahm, dass man die mit Strafen belegen wollte, die unseren Herrn empfangen hätten, da begehrte ich, ihm zu Ehren Wasser und Brot essen zu müssen bis zu meinem Tode. Das wäre mir eine innere Wonne gewesen.

### *Von Leiden verzehrt*

Außerdem: Wenn ich in dem gebundenen Schweigen gefangen liege und dann am Freitag wieder zu mir komme, so habe ich all meine menschliche Kraft ganz und gar verzehrt. Ich denke dann, es könnten mir alle Menschen nicht verdienen, und wären sie auch alle in vollkommenem Leben, dass mein Verlangen, für den Herrn zu leiden, so gänzlich gestillt wäre, dass ich all meine Kraft so gar verzehrt hätte in dem Leiden meines Herrn, wie er litt von Donnerstag bis Samstag. Es wurde mir aber oft von unserem Herrn in wahrer Wonne zugesprochen: Recht vor Liebe verlange er, es mit mir zu wirken.

Samstags war ich das Jahr allzeit in der Süßigkeit und Gnade und Leichtigkeit, wie es mir zuvor an dem Heiligen Abend zu Ostern gegeben wurde.

*Als Liebeszeichen*

Außerdem: In der nächstfolgenden Fastenzeit war ich wieder krank an derselben Krankheit, die ich vorher beschrieben habe, und die ich seither alle Fasten habe. Vierzehn Tage vor Ostern wurde ich wie gewöhnlich bettlägerig. Diese vierzehn Tage liege ich, ohne ein Wort sprechen zu können. Und wäre es selbst, dass ich reden sollte, ich kann es doch nicht. Mein Mund wird mir so verschlossen, dass ich nicht einmal beten kann. Nur allein die Tageszeiten kann ich lesen, und auch nicht mehr. Es überkommt mich zuweilen ein so großes Weh, dass sich die Rede, von der ich vorher geschrieben habe, mit großer Gnade einstellt. Die kann ich wohl mit kräftigen Worten äußern, und ich empfinde währenddessen keine Krankheit. Beim Fortgang lässt sie mich in großer Süßigkeit zurück; aber ich werde alsdann wieder verschlossen, sodass ich kein Wort zu sprechen vermag.

Dieselbe Zeit liegt auf mir anhaltend das große Leiden, das mir Gott in seiner Güte gegeben hat als ein wahres Liebeszeichen seines Leidens, das sind die lauten Schreie und Rufe, die ich habe, wenn ich das heilige Leiden meines geliebten Herrn nennen höre. Dieselbe Zeit vermag ich auch die Zeiten nicht zu lesen, wie man sie im Chor liest. Man muss mir immer andere Antiphonen[74] lesen, als jene, die der Chor hat. Und man muss mir manches beim Lesen ändern, damit ich es ertragen und anhören kann.

---

[74] Liturgische Wechselgesänge. (Anm. Frank-Daniel Schulten).

Ich wähnte auch, es würde mir unmöglich sein zu beichten. Aber am Mittwoch umgab mich Gott mit einer so kräftigen Gnade, dass ich beichten konnte und auch beten.

Die drei folgenden Kar-Tage kann ich nie die rechten Metten lesen. Ich muss andere lesen, weil ich weder das Lesen noch das Anhören der richtigen zu ertragen vermag.

*Durch seine heiligen Liebeswerke*

Am Freitag blieb ich unter dem Amt allein in der Stube. Da gab mir Gott große Gnade und innere Lust zu begehren und zu bitten durch seine heiligen Liebeswerke. Insbesondere gab er mir das Verlangen ein, um eine Person zu bitten, die ein Jahr vorher gestorben war und die großen Trost zu mir hatte in ihren jüngsten Nöten. Und da wurde mir von Gott die Eingebung, sie sollte des Tags im Paradies sein, und da sollte sie bis zum Ostertage die Auferstehung erwarten und dann zu den ewigen Freuden fahren.

Wenn ich danach für sie bitten wollte, so wurde mir gegeben, dass ich nicht anders zu sprechen vermochte denn: „Herr, ich weiß, dass sie in den ewigen Freuden ist."

*Für das Jahr*

Mir wurde auch zu Ostern gegeben, dass ich das *Credo in unum* nicht anhören konnte. Ich musste aus der Messe gehen, wenn man es sang, und gleichfalls so in dem Evangelium das heilige Leiden erwähnt wird.

Ich kann auch nicht ertragen, dass jemand einen von denen beim Namen nennt, die schuldig waren am Leiden meines Herrn. Das Anhören der bösen Namen tut mir weher als alles andere, außer wenn ich das große Leiden meines Herrn Jesu Christi höre. Ich brachte auch aus der Fastenzeit mit das gefangene und gebundene Schweigen für das Jahr. Es begann alle Wochen am Dienstag zur Vesper und währte an mir bis morgens nach der

Prim; ferner am Donnerstag zur Vesper und währte auch bis nach der Prim am Freitag. So kam wieder der Sankt-Nikolaus-Tag. Da wurde es mir abermals mit großer Gnade abgenommen.

### *Das Lachen*

In den nächstfolgenden Fasten wurde mir am Dienstag nach dem Weißen Sonntag die allergrößte Freude gegeben. Und darin kam mir das größte Lachen, dem ich mich nicht zu entziehen vermochte. Ich musste wegen des Lachens aus dem Chor gehen und konnte nichts mehr tun. Und darin wurde mir geoffenbart, dass es mir ein Leiden bedeute. Und das geschah.

In der Nacht begann an mir das gefangene und gebundene Schweigen mit großer Krankheit und bitterem Leiden, innerlich und äußerlich. Und das fing alle Tage nach Mittag an und währte bis am Morgen nach der Prim. Dann las ich erst die Metten. Auch konnte ich die Fastenzeit nicht zur Messe gehen noch sonst irgendwohin. Nur mit Mühe brachte man mich in ein Bett an einem Ort, wo ein Fenster auf den Altar hinabsah. Da erblickte ich alle Tage unseren Herrn.

Ich war die ganze Fastenzeit in schweren Leiden. Namentlich werde ich durch das vorher beschriebene Schweigen innerlich so ganz und gar verschlossen und mit verborgenen Anliegen erfüllt, dass ich danach, wenn ich essen soll, nur mit großer Mühe leibliche Speise genießen kann. Ich werde innerlich von etwas verschlossen, das mir verborgen ist, und wovon ich nicht schreiben kann. Aber mein Herr weiß wohl, dass ich, wie weh mir auch am Leibe geschieht, dann allzeit in meinem Herzen Wonne habe in den wunderbaren Werken unseres Herrn, die niemand glauben oder verstehen kann, als der es empfunden hat.

Nun hat mir Gott in seiner Barmherzigkeit dies gegeben: Ich habe, wie wenig ich auch von leiblicher Speise nehme, und wie viel ich an Leiden und Krankheit zu tragen habe, doch in sechs Jahren nie das Fasten an einem Tag gebrochen, an dem unser Orden und die Christenheit das Fasten verordnet hat. Ich habe die Hilfe von Gott dazu, es tun zu können, ohne selbst zu wissen, wie. Dazu bin ich oft so krank, dass man mich versehen hat.

Also überstand ich die ganze Fastenzeit. In den jüngsten vierzehn Tagen wurde es stärker. Ich verlebte sie, wie ich letztes Jahr von den vierzehn Tagen vor Ostern geschrieben habe, nur dass es wieder gemehrt wurde. Also verbrachte ich die Zeit mit unbekannten Dingen.

### *Das verlorene Paternoster*

Den Ostertag habe ich damals mit großen Freuden über die Auferstehung unseres Herrn begrüßt. Ich ging zu den Metten in den Chor und wollte meine Paternoster sprechen. Aber als ich sie anfangen wollte, da hatte ich sie alle verloren[75]. Ich wusste kein Wort. Als ich sie dennoch anfangen wollte, konnte ich kein Wort sprechen. Ich saß da und schwieg.

Ich hatte die Hoffnung, es würde besser, wenn ich unseren Herrn empfinge. Deshalb kommunizierte ich vor der Prim. Danach saß ich schweigend, weil mir wohl war in der Gegenwart unseres Herrn. Unter der Messe gab mir Gott, dass ich mit großer, süßer Gnade beten konnte, was ich wollte, ausgenommen meine Paternoster.

Ich hatte aber das größte Leid wegen des verlorenen Paternosters. Mir wäre der Tod viel lieber gewesen; denn ich wusste nicht, wie ich meine Zeit Tag und Nacht verbringen sollte. Ich brach in strömende Tränen aus, in ein maßloses Weinen. Besonders überkam mich bei Einbruch der Nacht in dem Gedanken, mein Paternoster nicht sprechen zu können, das allergrößte Leid und ein Jammer mit anhaltendem Weinen. Aber es weiß meine Wahrheit Jesus Christus, dass ich mich mit willigem Gehorsam füge in alles, was er an mir nach seinem liebsten Willen wirkt.

---

[75] Das bedeutet: Sie konnte sich der Geheimnisse, die sie sonst betrachtet hatte, während sie das Vaterunser sprach, nicht mehr erinnern. Da sie mit jedem Vaterunser über ein besonderes Geheimnis meditierte, konnte durch natürliche Müdigkeit leicht Verwirrung entstehen.

Als ich nun sah, dass ich mein Paternoster nicht sprechen konnte, richtete ich mich auf andere Gebete. Ich sprach nach den Metten fünfzig Paternoster allen seinen heiligen Leiden und drückte und schloss mich hinein. Ich sprach dann wieder fünfzig Paternoster seinem wahrhaften heiligen Leben und empfahl alle meine verborgenen Wege darein. Nun weiß meine lebendige Wahrheit Jesus Christus wohl, dass ich innig begehre, meine ganze Zeit und meine ganze Weile an christliche Werke hinzugeben und Gott allein in der Wahrheit zu leben. Aber das muss mich lehren der allersüßeste Meister, aus dessen liebendem Herzen alle Kunst geflossen ist.

### *Das wiedergefundene Paternoster*

Betend und leidend kam ich bis Sonntag nach Ostern. Da erschien mir in der Nacht unser Herr mit größter Süßigkeit und den Geheimnissen der Gnade Gottes. Es stellte sich auch die Rede ein, von der ich oftmals geschrieben habe. Da, als ich nach den Metten in den Chor kam, da wurde mir mein Paternoster wiedergegeben. Aber sie waren mir gar dunkel und gar fremd. Ich erinnerte mich nicht aller Mahnungen und empfand auch nicht das Verlangen, wie ich es vorher empfunden hatte. Das blieb so bis zu der Auffahrt unseres Herrn. Es schwand nicht völlig bis Pfingsten. In dieser Zeit war ich körperlich so schwach, dass ich oft dachte, ich würde sterben. Aber am Himmelfahrtstag wurde es mir gemindert. Und danach auf Pfingsten wurde mir mein Paternoster völlig zurückgegeben mit Mahnungen und mit Begierden und mit süßen Gnaden.

Ich ging da in den Chor mit dem Konvent. Als ich am Montag nach Pfingsten im Chor stand und wir sangen: *Veni creator*, da hörte ich die allersüßesten Stimmen in demselben Ton, wovon ich nicht schreiben kann. Und ich wurde von der Gnade der göttlichen Gegenwart durchflutet, und mir wurde da die Eingebung, es seien die Engel unseres Herrn. Die ganze Festzeit verlebte ich mit großer Gnade.

## *Jesu Beteuerung*

Nach der Festzeit wurde mir das große Schweigen gegeben, von dem ich bereits geschrieben habe. Und genauso, wie ich es das vorige Jahr am Dienstag und am Donnerstag hatte, so hatte ich es jetzt donnerstags und freitags bis zum dritten Tag nach Sankt-Martins-Tag[76].

Und zu jener Zeit wurde mir von Gott mit kraftvoller Gnade diese Eingebung gegeben:

„Du bist der Wahrheit eine Begreiferin, meiner süßen Gnade eine Empfinderin, meiner göttlichen Wonne eine Prüferin und meiner Liebe eine Liebende. Ich bin ein Gemahl deiner Seele. Das ist mir eine wonnevolle Ehre. Ich habe ein minnigliches Werk in dir, das ist mir ein süßes Spiel.

Dazu zwingt mich deine Liebe; dass ich mich lasse finden, sodass es der Seele genug ist, und es der Leib nicht leiden will[77]. Dein süßes Verlangen mich findet; deine innige Begierde mich zwingt; deine brennende Minne mich bindet; deine lautere Wahrheit mich behält; deine ungestüme Liebe mich bewahrt. Ich will dich fröhlich empfangen und liebend umfangen in das einige Eine, das ich bin. Das ist meiner Güte nicht zu viel. Da will ich dir geben der Minne Kuss, der deiner Seele ist eine Lust, ein süßes, inneres Berühren, ein liebevolles Zufügen."

## *Kreislauf*

Ebenso: „Aus der hohen Gottheit fließt aus die Barmherzigkeit, aus dem zarten Menschsein Jesu Christi fließt die Güte, aus den liebenden Werken

---

[76] 11. November. (Anm. Frank-Daniel Schulten).

[77] Die großen seelischen Gnaden sollten mit körperlichen Leiden verbunden sein.

des Heiligen Geistes fließt die Göttliche Liebe. Und die Liebe gibt den Frieden, und von dem Frieden kommt die Gnade, und von der Gnade kommt die Lust, von der Lust die Begierde, von der Begierde das Werk, von dem Werk die Frucht, von der Frucht das ewige Leben."

### *Karfreitag*

Ebenso: Die Fasten danach fing ich an mit dem Vorsatz, alle Tage den Karfreitag mit Begierden und mit der Vergegenwärtigung seines ganzen heiligen Leidens zu begehen. Ich hatte darin alle Tage die Lust und die lebhafte Empfindung der göttlichen Gnade, als ob es wirklich jener Tag gewesen wäre. Das tat ich deshalb, weil ich den Karfreitag nie begehen konnte; denn das weiß mein Herr wohl, dass ich die Gesetze der Christenheit gerne ehre.

### *Der Sonntag*

Nun stellte sich wieder heftig das gebundene Schweigen ein, insbesondere am Sonntag. Sonst war mir der Sonntag allzeit leicht gewesen. Nun geschah es, dass etliche unserer Frauen mit mir unseren Herrn empfangen wollten. Das war an einem Sonntag. Ich wurde gewaltsam gebunden mit dem Schweigen. Als die Zeit nahte, wo sie, wie ich dachte, ihn empfingen, hatte ich das schmerzlichste Verlangen, auch den Leib unseres Herrn zu empfangen. Da kam meine Hilfe Jesus Christus und gab mir befreiende, freudvolle Erleichterung, sodass ich nichts empfand als seine süße Gnade. Ich stand mit Freude auf und ging in den Chor. Als ich ankam, hatten sie ihn schon empfangen. Aber der Kaplan war noch im Chor. Er gab mir unseren Herrn. Nach dem Empfang kam mir das Schweigen so kräftig wie zuvor.

Ich war die Fastenzeit beständig gebunden und gefangen von der getreuen Güte Gottes. Als die vierzehn Tage vor Ostern kamen, wurde ich wieder bettlägerig. Ich verlebte sie wie die zwei Fasten, von denen ich vorher geschrieben habe, mit der Rede und mit dem gebundenen Schweigen und mit den Rufen. Auch konnte ich nicht beten und die Tageszeiten der drei letzten Tage nicht lesen. Aber am Dienstag der letzten Woche wurde mir das Gebet wiedergegeben, sodass ich beten konnte, was ich wollte. Nach Ostern war ich damals gar krank, und am nächsten Freitag stellte sich wieder das gebundene Schweigen ein. Das nahm an mir so zu, dass es auch am Samstag anhielt. Pfingsten war mir die ganze Woche mit der süßen Gnade unseres Herrn gar wohl. Danach nahm das Schweigen weiter zu, sodass ich es oft die ganze Woche hatte, Sonntag ausgenommen. Aber gewöhnlich hatte ich es nur freitags und samstags. Während der ganzen Oktav von Unserer Frauen Assumptio[78] war mir wohl, und ich hatte große Gnade und Süßigkeit.

### *Eingeschlossen*

In derselben Zeit wollte ich an einem Sonntag unseren Herrn empfangen. Willens, meine Paternoster zu beginnen, konnte ich sie doch nicht sprechen. Es kam mir die Rede mit der allerkräftigsten Gnade.

Die Frauen wären gern zu mir gekommen. Aber ich hatte mich eingeschlossen, wie ich es gewöhnlich tue. Da machten sie das schloss auf und kamen zu mir. Als die Rede vorbei war, kam der Kaplan. Er brachte mir unseren Herrn in den Stuhl, und ich empfing ihn da mit großer Gnade.

Mir wurde auch in jenem Jahr dies gegeben: Wenn ich etwas wollte reden oder lesen, worin der Liebeswerke unseres Herrn Erwähnung geschieht, auch wenn ich es mit keinem Worte äußerte, so wurde mein Inneres von einem so großen Schmerz ergriffen, dass ich mich neigen musste auf das Herz. Ich kann dann lange kein Wort sprechen. Und das geschieht mir gar oft. Desgleichen werde ich, wenn ich etwas rede von unserem Herrn, zuweilen innerlich von der Gnade Gottes so gerührt, dass ich wieder schweigen muss und kein Wort sprechen kann. Mein Herr weiß wohl, dass es mich verdrießt, irgendeine Rede zu hören und zu sprechen, nur jene

[78] Die acht Tage, welche direkt auf das Hochfest Mariä Himmelfahrt folgen, bis zum eigentlichen Oktavtag, also dem achten, dem Fest folgenden Tag. (Anm. Frank-Daniel Schulten).

ausgenommen, und dass ich, wo ich mich zu müßiger Rede fortreißen lasse, davon großes Leid und Missvergnügen habe.

*Der Wunsch für den Freund*

In jenem Jahr sandte mir unser lieber Herr seinen geliebten Freund (Heinrich von Nördlingen) mit großem kräftigem Trost und mit besonders großer Gnade, die ich empfing, wenn er mir den heiligen Leib unseres Herrn[79] gab. Er gab ihn mir zweimal in dem gebundenen Schweigen. Da bereitete mich Gott innerlich mit seiner süßen Gnade dazu, dass ich ihn ohne alle Störung in göttlicher Lust empfing. Insbesondere gab er mir am Sankt-Dionysius-Tag[80] den Leib unseres Herrn. Dann verabschiedete er sich von mir. Ich empfand an dem Tag besonders große Gnade. Als ich da wieder zu mir kam, war er von mir geschieden. Aber ich wünschte ihm, dass sich Gott von seiner Seele und von seinem Herzen nimmer scheide.

*Der Binder*

Danach mehrte sich das Schweigen an mir, sodass ich allzeit am Dienstag zur Vesper anfing und in dem Schweigen war die Nacht bis zur Prim. Das ging so die ganze Woche bis Sonntag, ja zuletzt wohl vierzehn Tage lang. Da fasste es mich so heftig, dass ich dachte, es müsse nachlassen, oder ich könne keine vierzehn Tage mehr am Leben bleiben.

Der allersüßeste und allerklügste Binder Jesus Christus band mich in jener Zeit so kräftig, dass mir die Hände schwollen, und dass Totenmale daran erschienen. Es stellte sich auch die Rede bei mir ein in jenen vierzehn Tagen.

So kam der Sankt-Martins-Tag. Als ich zur Zeit der Metten im Bette lag, da schwand es hin mit einer großen Freude, weil ich den Advent immer mit großer kraftvoller Gnade verlebe.

---

[79] Die Hostie. (Anm. Frank-Daniel Schulten).
[80] 9. Oktober. (Anm. Frank-Daniel Schulten).

### *Von Paternoster zu Paternoster*

In jenen Jahren, wovon ich geschrieben habe, mehrten sich meine Paternoster und all meine Begierden von Tag zu Tag. Auch die Gnade unseres Herrn und die Gegenwart Gottes nehmen kräftig darin an mir zu. Was ich begehre zu wissen von der Treue Gottes, das wird mir unter meinen Paternostern von der Wahrheit Gottes beantwortet. Insbesondere wenn ich frage, ob ich eine Sache tun oder lassen soll, und ob er mir seine Gnade darin erzeigen wolle, so wird mir geantwortet: „So wenig sich meine Gottheit vom Menschsein trennen kann, so wenig mag ich mich von dir in dieser oder in einer anderen Sache trennen." Mir wird auch darin gegeben, dass ich um etwas, worum ich gern bäte, nicht bitten kann.

Ebenso wird mir zuweilen wunderbar gegeben, dass mir die Begierden einfallen, woran ich vorher nicht gedacht habe. Dazu wird mir durch die Süßigkeit der Gnade, die ich darin empfinde, zu verstehen gegeben, es sei so der Wille Gottes. Ich habe die kräftigsten und die allersüßesten, verborgensten Gnaden unter meinen Paternostern und unter allen meinen Begierden. Ich kann davon nicht schreiben. Und kein Herz kann es verstehen, es habe dies denn selbst empfunden. Die allerstärkste Liebe entbrennt in meinem Herzen, sodass ich jedes Mal eine süße Wonne empfinde von einem Paternoster zum anderen. Und die Begierden werden mir so stark, dass ich von ganzem Herzen begehre, unter jeglicher Begierde des Paternosters mein Leben hinzugeben um der Liebe willen, die er uns darin gezeigt hat.

### *An Jesu Brust*

Insbesondere ist mir eine gar süße Gabe gegeben von Gott in der Liebe seines allerliebsten Jüngers, meines Herrn Sankt Johannes: Wenn ich zu der Mahnung komme, wie mein Herr Sankt Johannes ruht auf dem süßen Herzen meines Herrn Jesus Christus, dann rührt mich eine so süße Gnade, dass ich das Wort kaum aussprechen kann. Und wenn ich komme zu der Betrachtung des süßen Trankes, den er trank und sog aus der süßen Brust Jesu Christi, so vermag ich wieder das Wort kaum zu sprechen. Ich sitze dann wieder eine Weile und bin in einem Verlangen und in einer Begierde, dass ich vor Liebe gern da stürbe. Und wenn ich dann begehre, dass der Trank mir mit ihm gegeben würde, wie er ihn empfangen hat, so überkommt mich wieder die Rührung. Ich muss dann eine Weile so sitzen. Das wurde mir voriges Jahr im Advent gegeben.

Nun hat sich das heute gemehrt. Wenn ich zu denselben Mahnungen komme und zu den Begierden, so vermag ich die Worte wohl zu sprechen, aber es berührt mich innerlicher, und ich sitze länger. Es gewährt mir eine süße, innige Wonne in Gott und ein kräftiges Begreifen der Wahrheit, wenn mir gar verborgene Dinge, deren ich nicht begehrt habe und nicht begehren kann, gegeben werden; denn ich empfinde in der Fülle der Gnade, dass es niemand geben kann als Gott allein. Es erleuchtet in mir das Licht des wahren christlichen Glaubens, sodass mir alle Dinge, die bei Gott sind und aus Gott fließen, verständlich sind.

Allein meine ganze Kraft und mein ganzes Vermögen ruhen nur in seinem allergenehmsten Menschsein und seinem wahrhaften Leben und seinem heiligen, bitteren Leiden. Und all mein Verlangen zu leben und zu sterben geht auf nichts anderes.

### *Der kluge Liebende*

Ich empfinde oft eine so starke, kräftige Gnade in meinen Begierden, dass ich denke: Ich kann nicht mit dem Leben von einer Begierde zur anderen kommen. Es gehen mir gegen mein Herz die allersüßesten Stöße mit der allerkräftigsten Gnade, und es erhebt sich die allersüßeste Rührung, sodass mich dünkt, von Seiner ungestümen Liebe möchte mein Herz zerspringen und von Seiner Gnade möchte es zerfließen. Aber er tut dann wie ein kluger, wohlerfahrener Liebender und entzieht mir das Ungestüme, sodass es die armselige Menschheit besser ertragen kann.

Mir geschieht zuweilen folgendes: Wenn ich aus Unkenntnis um meine menschlichen Sinne fürchte, so wird mir wieder wie zuvor geantwortet: „Ich bin nicht ein Berauber der Sinne, ich bin ein Erleuchter der Sinne."

## *Offenbarungen über den getreuen Lehrer*

Ich vernahm mit Begierde über den getreuen, wahrhaften Lehrer unseres Herrn, dem ich allzeit begehre, dass ihn Gott in seiner väterlichen Hut habe: „Er ist eine wahre Wonne meiner heiligen Gottheit und ein sicherer Nachfolger meines heiligen Menschseins. Er soll mich genießen mit den Cherubim und soll mich schauen mit den Seraphim."

Ebenso: „Ich will ihm geben mein zartes Menschsein wider alle natürliche Blödigkeit, mein lauteres, klares Leben wider alle dunklen Sinne, die meine göttliche Gnade nicht berührt hat, meine inbrünstige Liebe, von der durch ihn berührt werden sollen alle unverdorbenen Herzen, und zu einer Festigung die lautere Wahrheit, die ihn lehre den Weg, nach dem mich von Liebe zu ihm verlangt, und wo er vollbringen soll meine ewige Ehre. Ich will ihn ziehen in das wilde Ein[81] meiner heiligen Gottheit, worin er selbst von Liebe zu mir soll zerfließen. Und ich will ihn senken in den heiligen Spiegel meiner heiligen Gottheit, wo er meine göttliche Ehre klar soll schauen, in das Bild, woraus seine reine Seele geflossen ist. Und ich will an ihm vollbringen, was da geschrieben steht: Die Niederen sollen erhöht werden. Danach verlange ich für ihn wegen seiner großen Demut."

Ebenso: „In lauterer Wahrheit findet man mich! Mit brennender Liebe bindet man mich! Mit inbrünstiger Begierde zwingt man mich! In rechter Reinheit behält man mich!"

## *Verlangen nach Einsamkeit*

Ebenso: Mich quält das Verlangen, irgendwo zu sein, wo niemand um mich wüsste denn Gott allein. Wenn das der Wille Gottes wäre, wollte ich gern meinen Willen dazu geben. Aber ich begehrte, dass es kein Mensch wisse als mein Beichtvater, und dass ich nach meinem Tode bei meinem Konvent wäre. Denn mein Herr weiß wohl, dass ich gern bei meinem

[81] Mystischer Ausdruck für das Wesen der Gottheit.

Konvent bin, wofern sie mir keine Störung sind[82]. Ich begehre in dem Gesagten nichts anderes als Abgeschiedenheit von allen Dingen, und dass sein allerliebster Wille an mir vollbracht werde und seine ewige Ehre.

Großes Verlangen trage ich danach, bei ihm in den ewigen Freuden zu sein. Ach, dass dieser Tag noch immer nicht kommt! Wäre es der Wille und die Ehre Gottes, ich wollte gerne sterben. Dann wird mir auch wieder eingegeben: „Sollte ich nach dem Willen Gottes und zu seiner Ehre tausend Jahre leben, ich wollte es gern tun und alles, was er mir darin angeordnet hätte."

*Drei innige Bitten*

Ich stand einmal im Chor vor dem Kruzifix und begehrte mit großem Ernst, dass er mich zu sich nähme. Da wurde mir geantwortet: „Ich kann wegen deines ungestümen Gebetes nicht ablassen von den Werken, die ich aus so großer Liebe mit dir zu wirken gedacht habe."

Außerdem: Einmal in der Heiligen Nacht zu Weihnachten wurde mir eingegossen eine so kräftige, große, süße Gnade, dass sie alle meine Glieder durchdrang. Und es wurde mir darin geoffenbart, es sei dies der Zeitpunkt, wo unser Herr geboren wäre.

Außerdem: Ich begehrte eines Tages von Unserer Lieben Frau, mir zu helfen, dass mir die fünf Liebeszeichen eingedrückt würden mit der Empfindung, wie sie dem großen Herrn Sankt Franziskus eingedrückt wurden.

Am selben Tag bat ich sie auch, mir zu helfen, dass ich innewürde, was göttliche Freude wäre mit ihrem lieben Kind. Da wurde mir gar liebevoll von ihr geantwortet: „Du bittest mich um so ungleiche Dinge, dass ich

[82] Wie Margaretas außergewöhnliche Zustände für den Konvent mitunter eine Störung bedeuteten, so wird sie zuweilen durch die menschlichen Schwächen ihrer Mitschwestern gestört worden sein in ihrem Gebetsleben.

nicht weiß, wie ich dir tun soll.“ Die Antwort vernahm ich mit süßer Gnade und mit großer Freude.

### *Lassen um Jesu willen*

Ich habe oft geschrieben von den Gnaden und dem Gutem, die mir Gott getan hat; aber was ich um seiner Liebe willen gelassen und getan, und wie ich inzwischen seiner Gnade entsprechend gelebt habe, das will ich seiner innigen Güte empfehlen; denn in der Wahrheit bekenne ich, dass ich seiner göttlichen Gnade entsprechend nie gelebt habe, wie ich billig sollte. Nur seine große Barmherzigkeit ist da zu erkennen. Er hat mir von seiner Güte gegeben, dass ich alle Dinge, die meinem Leib begehrenswert und belustigend zu sein vermögen, es wäre an Essen oder an Trinken oder an Schlaf oder an anderem Gemach des Leibes, dass ich das wohl lassen kann um seiner Liebe willen. Mich hat oft vom Schlaf aufgeschreckt der Gedanke: „Es ist nicht mehr Bleibens hier in diesem Elend“, sowie das größte Verlangen, das ich hatte, Gott zu dienen in der Zeit, die mir noch verliehen war.

Mir wird oft von seiner Güte gelobt: „Steh auf, ich will dir heute noch besondere Gnade geben.“ Zuweilen: „Steh auf, ich will dir geben, was kein Auge gesehen und kein Ohr gehört und in keines Menschen Herz je kam.“ Und das wird mir alles gar liebevoll gegeben mit dem süßen Namen Jesus Christus.

Aber was mich von der Lust am Essen und Trinken gezogen hat, das ist die große Lust und die große Süßigkeit, die ich aus Gott empfinde, und die ich in christlicher Liebe von ihm erwarte, ewig mit ihm zu genießen in seiner göttlichen Klarheit. Das alles macht mir begreiflich der wahre christliche Glaube, der mir gegeben ist mit einem so wahren Licht, das mir leuchtet zu der Erkenntnis der Wahrheit Gottes, und mich zieht in die Liebe Gottes und mich dann behält dem liebsten Willen Gottes. Und darin ist meine Kraft und all mein Vermögen: das genehmste Menschsein unseres Herrn Jesu Christi und sein wahrhaftes Leben und sein heiliges, liebevolles Leiden, das mich abbrachte von allem Zierat, und mir ihn widerwärtig machte an allen Menschen. Das kam mit dem Gedanken, dass uns nichts vor Gott zieren könnte als ein unschuldiges Leben und die Vollkommenheit der Tugend und ein wahrhaftes Leben.

Aber Unsauberkeit an Gewand oder an Speise oder an Trank, das weiß mein Herr wohl, dass ich das nicht gut leiden mag. Besondere Wonne und Begierde habe ich, weil ich um meines geliebten Jesus Christus willen gelassen habe alles, was da von der Welt an Lust kommen mag. Ich habe wohl dreißig Jahre gelebt, ohne Wein zu trinken und ohne auch ein Bad zu nehmen; ja weder Wasser noch Lauge ist in jenen dreißig Jahren an meinen Leib oder an mein Haupt gekommen. Und das ist mir so wohl bekommen mit der Hilfe Gottes, dass ich nie Ungemach davon hatte. Ich habe auch gelassen Fisch und Fleisch.

Besondere Lust hatte ich zu allem Obst. Da wurde mir mit großer Freude eingegeben: „Ich will es sein lassen um meines Geliebten willen." Und alles Süße habe ich Begierde sein zu lassen um der Süßigkeit willen, die ich aus Gott empfangen habe.

Ich hatte auch das Verlangen, zu ruhen nach der Gewohnheit des Ordens[83]. Nun geschah es, dass sie mir zuweilen wegen Krankheit ein Kissen unterlegten. Als ich danach meine Paternoster sprach, da überkam mich ein großes Leid, und darin vernahm ich von unserem Herrn die Worte: „Soll ein Gemahl Jesu Christi also auf Federn liegen? Und ob sie auch stürbe, so sollte sie nicht auf Federn gefunden werden." Da gelobte ich auf das liebende Herz Jesu Christi, dass ich es nimmermehr tun wollte, ich würde denn gezwungen durch das Gebot meiner Meisterschaft.

Nun begehre ich von ganzem Herzen, dass die lautere Wahrheit, mein Herr Jesus Christus, sei ein Vollbringer und ein Helfer und ein Lehrer meines Lebens.

---

[83] Federbetten waren nach den Ordenssatzungen verboten.

### *Mündliches Gebet*

Mir wurde vorgelesen, wie lang unser Herr auf Erden war, das machte 12412 Tage. Und da kam mir ein inniges Verlangen, für jeden Tag ein Paternoster zu sprechen seinem wahrhaften Leben für mich und für die, denen ich es begehrte wie mir selbst, auf dass uns all das, wo wir nicht unserem christlichen Leben und dem geistlichen Leben entsprechend gelebt haben in der Wahrheit, vergeben werde in seinem wahrhaften Leben. Und ich spreche zu je fünfzig das Gebet: *Anima Christi sanctifica me*[84], und begehre da aus seinem heiligen Leiden eine Kraft, in der wir widerstehen können allem Übel in Gedanken, in Worten und in Werken, und ich begehre dann eine kräftige Hilfe, in der wir der lauteren Wahrheit leben, und die Wahrheit in uns lebe. Ich habe auch ein inniges Verlangen, all die Be-gierden zu schreiben, die mir in Kraft und Wahrheit von der Treue Gottes gegeben sind. Die fangen also an: „Ich bitte Dich, allergütigstes, liebenswürdigstes Menschsein Jesu Christi, dass Du uns gebest aus der Kraft Deines heiligen Leidens und in der Liebe Deines heiligen Todes und aus der Kraft Deines heiligen Sakramentes und aus Deinem heiligen, süßen Namen Jesu Christi und aus Deinem lauteren wahrhaften Leben ein lauteres, wahrhaftes, demütiges Leben und ein Liebessterben etc."

### *Sechs Betrachtungspunkte*

Außerdem: Ich habe sechs Betrachtungspunkte lange Zeit in Liebe überdacht und besonders geehrt, weil Gott sich uns da in besonderer Weise gegeben hat.

Der erste ist, wie er vom Himmel auf die Erde kam in Unserer Frauen Schoß und darin wohnte vierzig Wochen lang.

---

[84] *„Die Seele Christi heilige mich."* Hier wird, so viel bis jetzt bekannt ist, dieses schöne Gebet, das fälschlich dem heiligen Ignatius als Verfasser zugeschrieben wurde, zum ersten Mal erwähnt.

Der zweite, wie er natürlich geboren wurde und sich dadurch so wahrlich zu uns gesellte und danach aus Liebe zu uns 33 Jahre auf Erden in einem so wahrhaften Leben wohnte.

Der dritte, wie ihn die Liebe zu uns zwang an das heilige Kreuz und in alle seine Liebeswerke.

Der vierte, wie er sich uns gab und alle Tage gibt im heiligen Sakrament.

Der fünfte, wie er sich aus göttlicher Lust allen lauteren, reinen Herzen und Seelen gegeben hat und täglich gibt.

Der sechste, wie er in Liebe gewirkt hat und täglich wirkt mit allen Menschen aus großer Güte, aus Liebe und aus Barmherzigkeit und niemand davon ausschließt, wie er so oft gezeigt hat und alle Tage zeigt.

### *Tischgebet*

Außerdem: Ich habe auch die Gewohnheit, dass ich spreche, bevor ich zu Tisch gehe, vor dem heiligen Sakrament diese Worte: „Ich bitte Dich, mein Herr, dass Du mich speisest mit Deinen süßen Gnaden und mich kräftigst mit Deiner lauteren Liebe und umgibst mit Deiner unergründlichen Barmherzigkeit und umfängst mit der lauteren Wahrheit, die uns bewahre all Deine Gnaden, dass sie allzeit an uns zunehmen und uns nimmer benommen werden bis in das ewige Leben."

### *Drei Dinge, die Kraft geben*

Außerdem: Mir ist auch von drei Dingen eine sehr große Kraft und Hilfe gegeben worden mit großer Gnade in die getreue Wahrheit Gottes:

Zuerst hatte ich großes Verlangen und Neigung zu den Armen Seelen. Das machte mich empfänglich für Gott und das ewige Leben. Ich habe oft gewünscht, dass es alle Menschen empfänden, sowohl damit die Armen

Seelen mehr Hilfe von den Menschen hätten als auch, weil sie der Anfang all des Guten gewesen sind, das Gott an mir gewirkt hat. Aber mein ganzes Leben, mein Vermögen und meine ganze Kraft, das alles ist mir aus dem liebenden Verlangen und den lustvollen Liebeswerken meines Herrn Jesus Christus gegeben worden, und zwar mit so großen, kräftigen Gaben und mit so süßen Gnaden, dass ich es wegen der geheimnisvollen Größe der Gnade nicht in Worte fassen kann, weder beim Schreiben noch mit Reden. Es geht eben über mein menschliches Verständnis. Und ich begehre von ganzem Herzen, dass alle Menschen ihre Lust und ihr Verlangen und all ihr Vermögen dahinein legten und senkten.

Als drittes hat mich die starke Kraft des hochwürdigen Leidens meines geliebten Herrn gar liebevoll gezogen in eine innige Wonne und ein süßes Verlangen nach dem heiligen Leib unseres Herrn, der sich mir zu empfinden gibt mit süßen Gnaden in christlicher Liebe in der Kraft seiner wahren Gegenwart.

### *Gebet*

Außerdem: Ich kam eines Tages in großes Leid meiner täglichen Nachlässigkeit halber. Da wurde mir mit großer Wonne in meinen Begierden eingegeben, fünf Miserere[85] den fünf Liebeszeichen[86] zu sprechen und zu jedem Miserere *„Anima Christi sanctifica me"*. Und das fange ich also an: „Herr[87], in Deine allerhöchste Liebe und Deine allergrößte und süßeste Barmherzigkeit, wie sie von Deiner ewigen Gottheit je niederfloss vom Himmel auf die Erde, empfehle ich Dir, zu behüten in Lauterkeit unsere Seelen, in Reinheit unsere Herzen, in wahrer Unschuld unser Leben und in lauterer Wahrheit all unsere Begierden und all unsere Meinungen und unser ganzes Leben. Dazu möge uns, Jesus Christus, Deine grundlose Barmherzigkeit vorbereiten, und Deine vollkommene Liebe zwingen, auf dass wir Deinem allerliebsten Willen in Wahrheit leben. Und ich bitte Dich, mein

---

[85] Der 51. Psalm (Bußpsalm). (Anm. Frank-Daniel Schulten).

[86] Gemeint sind die Wundmale Christi. (Anm. Frank-Daniel Schulten).

[87] So fängt das als *„Margaretas Paternoster"* bezeichnete Gebet an, dessen verschiedene Versionen den Offenbarungen folgen.

Herr, dass Du uns in Deinem heiligen Leiden vergibst alles, was wir Übles getan haben mit Gedanken, mit Worten, mit Werken und mit aller Nachlässigkeit unseres Lebens. Und es möge uns die Kraft gegeben werden, mit zunehmender, herzlicher Liebe zu Dir alles menschliche Übel zu überwinden. Ich begehre auch, dass uns aus der Kraft Deiner heiligen fünf Wunden gegeben werde die lautere Wahrheit, auf dass sie in uns gedrückt werde, und wir in sie gezogen werden, dass sie lebe in uns, und wir in ihr."

*Die Schreiberin*

Es weiß mein Herr wohl, dass mir kein Ding begehrenswerter und wonnevoller wäre zu schreiben als die Mahnungen und die Begierden meiner Paternoster wegen der großen Gnade, die ich daraus empfangen und empfunden habe.

Außerdem: Ich wurde gebeten von dem wahrhaften Freund Gottes, den er mir für mein ganzes Leben zu großem Trost gegeben hat, dass ich ihm schreibe, was mir Gott gäbe[88].

Da war meine Meinung, dass er selber den Schreiber machen würde. Aber das konnte nicht sein. Da sprach er, ich solle es anfangen und schreiben, was mir Gott gäbe. Das war mir schwer, und ich fing es ungern an. Als ich es anfangen wollte, hatte ich Furcht und Schrecken davor. Da rief ich die barmherzige Hilfe Gottes an und bat seinen geliebten Schreiber, meinen Herrn Sankt Johannes, dass er mir behilflich sei zu schreiben aus der Wahrheit, die er trank aus dem süßen Herzen Jesu Christi. Ich fing es an in der Zeit des Advents vor der Ankunft unseres lieben Herrn Jesus Christus, wo mir die süße Gnade unseres Herrn reichlicher verliehen wird als sonst während des ganzen Jahres. Nun war mein Wille und mein Verlangen, dass ich vollbrächte den liebsten Willen Gottes und seine Ehre, und dass ich auch darin gehorsam sei dem, der mich darum bat zur Ehre Gottes. Meine getreue Hilfe Jesus Christus war meine Kraft dabei. Ja, er gelobte, mir deshalb viel Gutes zu tun, und er sprach, er wolle es von mir nicht missen,

---

[88] Es handelt sich um die Abfassung der hier vorliegenden Offenbarungen.

und er gab mir als Gewähr, dass er mir in der heiligen Zeit seiner Geburt mehr Gnaden geben wolle, als er es vorher getan hatte.

Die Wahrheit Jesus Christus vollbrachte es an mir und gab mir große Gnade in vielen Weisen, und besonders wurde ich mit süßen Gnaden beglückt durch seine heiligen Liebeswerke und auch von der gegenwärtigen Weihnachtszeit und mit einer gar liebesreichen Gnade aus dem süßen Namen Jesu Christi.

Ich hatte den Gnadentrieb, am Tage meines Herrn Sankt Johannes wiederum unseren Herrn zu empfangen. Und das tat ich, und da empfand ich große Gnade in der Gegenwart unseres Herrn.

Am Tag der Unschuldigen Kinder hatte ich vor der Vesper die allersüßesten Gnaden. Ich sprach inzwischen die Paternoster, von denen ich vorher geschrieben habe, dem wahrhaften Leben Jesu Christi. Nun habe ich die Gewohnheit zu allen Paternostern zu sprechen:

*Jesu, via veritatis,*
*Fons immensae pietatis,*
*Per quem vivunt omnia,*
*Tibi laus et gloria.*[89]

Als ich nun sprechen wollte „*Jesu, via*“, da erfasste es mich so kraftvoll und mit so großer Gnade, dass mir die Rede kam mit Gottes Gegenwart, wie ich es zuvor geschrieben habe. Und darin wurde mir gegeben ein sichtbares Licht. Das drang mit unermesslicher Süßigkeit in mich ein und ergoss sich in alle meine Glieder und ergriff mich so stark, dass ich mich lange nicht zu regen vermochte. Und wann ich an jenem Tag zu reden gehabt hatte, so konnte ich doch kein Wort sprechen. Ich musste mich des Nachts niederlegen ohne Vesper und ohne Komplet. Die las ich erst zur Matutin. Auf diese Weise wurden mir von unserem Herrn seine Gelübde in Treue so liebes-

[89] „*Jesu, Weg der Wahrheit, Quelle unermeßlicher Güte, durch den alles lebt, Dir sei Ruhm und Lob.*“ (Aus einem alten Hymnus auf den Namen Jesus).

reich erfüllt, dass ich mich fürderhin mit Wonne gern in seine Wahrheit ergeben will und mit Verlangen in all seine Gaben, bekannte und unbekannte, weil ich die Wahrheit an ihm erkenne und die Wahrheit aus ihm empfunden habe. Das bringt mir einen süßen Trost, dass er allein mein ganzes Leben kennt und mir in allem hilft. Ich begehre auch von der lebendigen Wahrheit Jesu Christi, dass er mir helfe, wie er sich hier mir zu empfinden gegeben hat in seiner süßen Gnade, und wie er mir ein wahres Vertrauen zu sich verliehen hat und darin mich mit liebendem christlichen Glauben versehen hat –, dass er mir dort gebe, sich selbst zu genießen aus seiner göttlichen Klarheit, und dass da gelobt werde mein Leben von der göttlichen Wahrheit. Ohne dieses Lob hat kein Lob Geltung, bis wir die wahre Sicherheit empfangen von dem ewigen Wort Gottes.

Nun bin ich also zum Schreiben gezwungen vom Willen und vom Gebote Gottes und von den getreuen Verheißungen, die er mir gelobte: Er wolle mir seine Gnade mehren hier und dort in all der Gnade, in der er sich mir gegeben hat. Ich habe es nämlich lang verschoben, weil ich es nie schreiben konnte.

Während ich dann das Büchlein schrieb, befiel mich die allergrößte Freude an der Kindheit unseres Herrn mit der allersüßesten Gnade. Auch die Freude an seinen heiligen Liebeswerken wurde mir damit gekräftigt. Ich wurde von seiner Liebe und von seiner Gegenwart leidenschaftlich gezwungen, die Freude zu offenbaren. Aber ich war unverständig und furchtsam in der Gnade. Da wurde mir von meinem Herrn und Gott wegen der Unverständigkeit geantwortet: „Nun war meine Mutter die allerreinste und lauterste Magd. Sie verlangt es von dir, da du deine ganze Reinheit aus meinem ganzen Leiden empfangen hast.“ Ich antwortete bei mir selbst, es wäre niemand würdiger denn seine zarte Mutter. Da wurde mir von meinem geliebten Herrn geantwortet: „Wer den Willen meines Vaters tut, der ist mir Vater und Mutter“.[90]

[90] Von hier an werden in den Offenbarungen leichte Kürzungen vorgenommen.

## *Die Wiener Krippe*

An Sankt-Stephans-Tag[91] schickte mir mein Herr eine begehrte, liebevolle Gabe: Mir wurde von Wien gesandt ein herrliches Bildwerk, Jesus in einer Krippe darstellend, von vier goldenen Engeln umgeben. Dieses Kind sah ich einst in der Nacht in einer Eingebung fröhlich und lebhaft in der Wiege spielen. Da sprach ich zu ihm: „Warum bist du nicht sittsam und still und lässt mich nicht schlafen? Ich habe dich doch gut gebettet." Da sprach das Kind: „Ich will dich nicht schlafen lassen, du musst mich zu dir nehmen." Also nahm ich es voll Verlangen und Freuden aus der Wiege und stellte es auf meinen Schoß. Es war ein liebes Kind. Ich sprach: „Küsse mich, so will ich vergessen, dass du mich beunruhigt hast." Da fiel es um mich mit seinen Ärmchen und halste mich und küsste mich. Danach wünschte ich von ihm Mitteilung über die heilige Beschneidung. Das wurde mir nicht von ihm zuteil. Von diesem Gesicht empfing ich große Gnade und Süßigkeit.

## *Ein adeliger Freund*

Ich hatte einen adeligen Freund. Der kam zu mir und begehrte von mir Rat und auch Hilfe. Nun erkannte ich wohl, dass er der Barmherzigkeit Gottes bedurfte, weil ich ihn in Sünden wusste. Ich hätte gern mit großem Verlangen für ihn gebetet. Aber ich vermochte kein Gebet für ihn zu verrichten. Wenn ich ihn zu allen Todsündern nahm und gern ein Kreuzzeichen über ihn gemacht hätte, so konnte ich die Hand überhaupt nicht regen. Mir wurde aber von der Güte Gottes geoffenbart, dass er ihn nicht verlassen wolle. Er wollte mir bloß seinen üblen Zustand damit zeigen. Ich ließ aber nicht ab. Als ich an dem Sonntag darauf unseren Herrn empfing, da wurde mir eine kraftvolle Begierde für ihn gegeben. Das nahm ich in großer Freude von unserem lieben Herrn an, wie ich vorher von den Seelen geschrieben habe. Es wird mir auch mit kräftiger Gnade gemehrt von den milden Gaben Jesu Christi mit einer wahren Erkenntnis der großen Barmherzigkeit Gottes, wie ich zuvor geschrieben habe.

---

[91] 26. Dezember. (Anm. Frank-Daniel Schulten).

Zuweilen, wenn ich für eine Seele bitten will, vermag ich es nicht zu tun. Zuweilen sind die Seelen mir so schwer, dass ich sie kaum zu erheben vermag. Später werden sie mir leicht gegeben und dann fröhlich. Danach werden sie mir mit einer süßen Lust gegeben, worin ich merke, wenn sie mir genommen werden. Wenn das geschieht, werde ich in große Freude und starke Verwunderung versetzt und empfinde himmlische Wonne. Und ich kann fürderhin für sie kein Gebet sprechen, außer dass ich denen, die mir so abgenommen sind, von seiner Barmherzigkeit und von seiner Gewalt wünsche, dass sie ihn dort genießen in der lauteren Wahrheit und göttlichen Klarheit mit seinen auserwählten Freunden.

### *Frage und Antwort*

Wie ich zuvor geschrieben habe, liegt mir die Kindheit unseres lieben Herrn Jesus Christus sehr am Herzen. Und das immer mehr und immer mehr auf alle Weise, wie ich vorher geschrieben habe. Mir wird aus der Kindheit unseres Herrn Jesus Christus beständig süße, kräftige Gnade und wahre, liebesreiche Antwort zuteil. Alle meine Fragen wurden von ihm beantwortet, so: Mit welch großer Liebe er vom Himmel auf die Erde gestiegen sei, und mit welcher Kleinheit und Zierlichkeit sein Leib in Unserer Frauen Schoß gebildet worden sei. Und er sprach: „Hättest du mich auf einer Nadel gehabt, du hättest mich nicht zu sehen vermocht; und ich hatte doch alle meine Glieder. Mit großer Lust und Liebe besaß ich ihr Inneres. Mit dem ganzen Überfluss süßer Gnade durchströmte ich ihr Herz und alle ihre Glieder. Sie trug mich mit großer Freude ohne alle Beschwerde." Ich sprach: „Mein allerliebstes Kind, wie vermochte sie diese großen Gnaden nur die ganze Zeit zu haben und zu ertragen im menschlichen Leibe?" Da sprach es: „Der Heilige Geist wird über dich kommen", usw.

Ich begehrte etwas von seiner Geburt zu hören. Da antwortete es und sagte mir: „Ich wurde geboren in ganzer Reinheit, ohne allen Schmerz. Und meine Geburt war so wunderbar, wie es die Heilige Schrift berichtet und wie es auch die Mutter der heiligen Christenheit[92] hält."

[92] Gemeint ist die Kirche.

Es sagte mir auch, dass es des Nachts von starkem Frost gelitten habe. Ich sprach: „Mein Kind, sie sprechen, Du wärst so arm gewesen. Ist das wahr?“ Es sprach: „Es ist wahr. Es musste an mir vollbracht werden um des Heils der Menschen willen.“

„Mein Kind, ist das auch wahr, dass Dich Josef hüllte in seine Gamaschen? Daran habe ich immer Anstoß genommen.“ Es sprach: „Er hüllte mich in das, was ihm gerade zur Hand war. Etwas Passendes und Würdiges konnte er nicht haben.“

Ich trug auch lange Begierde und Verlangen etwas zu erfahren bezüglich seiner heiligen Beschneidung wegen der großen Liebe und Demut, die er da uns zuliebe geübt hat, und weil uns der süße und heilsame Name Jesus da gegeben wurde, der unserer Seele Lust ist und unseres Herzens Kraft und unseres ganzen Lebens Hilfe. Denn ich spreche es in der Wahrheit, die mein Herr Jesus ist, dass ohne den Namen Jesus und ohne sein heiliges Leiden niemals etwas Gutes vollbracht werden kann. Ich habe auch das volle Vertrauen und den festen Glauben, dass derjenige, der damit von der milden Güte Gottes gezogen wird, in ihm die lautere Wahrheit erfasst habe.

Meine Frage war, wie die heilige Beschneidung vollbracht worden wäre. Es sprach: „Josef hob mich, weil meine Mutter es nicht zu tun vermochte vor Weh, das sie empfand. Sie weinte auch bitterlich, und ich weinte auch und erduldete großen Schmerz und vergoss auch viel Blut. Danach nahm mich meine Mutter zu sich mit großer Liebe und beschwichtigte meine Kindheit.“

Es sagte auch, mein Heil Jesus, dass Unsere Frau nie etwas Unsauberes von ihm erduldete; nur dass es in seiner natürlichen Schwäche gewesen wäre in Lieb und Leid, wie ein anderes Kind.

Ich fragte weiter, ob es mit seiner Mutter etwas in menschlichen Worten geredet habe, ehe es auf natürliche Weise anfing zu reden. Es sprach:

„Nichts. Ich redete nur zu ihr in einem Empfinden süßer Gnade, die aus mir in sie floss."

Außerdem: Es sprach: „Mit großer Liebe und mit starkem Glauben suchten mich die Drei Könige; sie fanden mich mit großer Freude und brachten mir auch würdige Gaben, innerlich und äußerlich." Ich sprach: „Mein Herr Jesu, griffst Du dem einen ins Haar?" Es sprach: „Ja."

Danach sprach ich: „Mein Heil Jesu, wo kam das große Gut hin, das Dir gegeben wurde, da Du doch so arm bliebst?" Es antwortete: „Das geringste Gut passt nicht zu dem größten und höchsten Gut. Ich war nicht deshalb vom Himmel gestiegen, um mich irdischen Reichtums zu erfreuen. Meine Mutter gab es armen Leuten."

Außerdem: Ich fragte, ob Unsere Frau alle ihre Begierden mit Küssen und anderem Liebeserweis an ihm stillen konnte. Da sprach mein süßer Jesus: „Sie hatte allzeit bei ihrer Liebe große Scheu und Ehrfurcht infolge der großen Kraft, die sie aus mir empfand und in mir erkannte." Und es gab mir dies zu einem Exempel dafür, dass weder ich noch ein anderes liebendes Herz so großes Verlangen haben kann nach seinem Leibe, dass wir nicht zugleich Scheu und Ehrfurcht davor empfinden müssten.

Außerdem sprach es: „Mich erkannte kein Mensch nach der bloßen Wahrheit, meine heilige Gottheit und mein wahres Menschsein, außer meine Mutter und Johannes der Täufer." Da war ich in Unruhe wegen meines Herrn Sankt Johannes. Mein geliebtes Kind Jesus sprach: „Meine Mutter und Johannes waren dazu vorbereitet im Mutterschoß; aber mein geliebter Johannes trank und sog es mit süßer Gnade aus meinem Herzen. Ihm wurde aber das volle Verständnis gegeben am heiligen Pfingsttag, als er den Heiligen Geist empfing. Und Herr Simeon wurde erleuchtet mit meiner göttlichen Gnade, als er mich in seine Arme nahm, sodass er erkannte, dass ich das Licht war, das die ganze Welt erleuchtet hätte, und auf welche Weise er sein Leben beenden sollte, wie er auch zu meiner Mutter sagte."

Weder dies kann ich beschreiben noch irgendetwas, was Beziehung hat zu seinem Leiden. Aber ich kann danach mit großem Verlangen fragen und mit starker Liebe von ihm die Antwort empfangen. All sein heiliges Leiden beginne ich dann zu empfinden mit Süßigkeit und auch mit bitterem Schmerz, sodass ich oft bei dem Kind weine, wenn es mir so getreulich davon erzählt, wie es die Heilige Schrift hat. Und es wird mir so gegenwärtig wie sonst nie. Wäre es der Wille Gottes, ich schriebe davon lieber als von irgendeinem anderen Ding, weil es mir viel davon erzählte.

Ich habe auch oft großes Verlangen gehabt, den Willen Gottes zu erkennen bezüglich der Verwirrung in der Christenheit. Darüber wird mir aber nichts anderes geantwortet, als dass es die Gebrechen und Sünden der Menschen verursachten. Diesbezüglich wurde mir auch eingegeben, wer darin die Heilige Kommunion unterließe aus rechter Liebe und Furcht göttlicher Liebe, der täte gut; und wer den heiligen Leib empfinge in rechter Liebe und ganzem Vertrauen, dem wolle er sich auch in rechter Liebe geben, weil er allein die ganze Wahrheit recht erkennt.

Ich hatte auch Verlangen, etwas zu erfahren über den Herrn[93], der eine Ursache jener Verwirrung ist, und der mir vor anderen Menschen gegeben ist von Gott. Da sprach mein geliebtes Kind Jesus Christus: „Ich will ihn nimmer verlassen, weder hier noch dort; denn er trägt Liebe zu mir, die niemand kennt als ich allein."

Es spricht auch oft zu mir, wenn ich für einen Menschen oder um eine andere Sache bitte: „Wer dir lieb ist, den habe ich auch lieb, und was du meinst, das meine ich auch." Außerdem: Ich habe Verlangen, etwas zu erfahren über den Freund unseres Herrn, der mir von Gott gegeben ist[94]. Der war in leiblicher Krankheit. Da sprach das liebenswürdige Kind Jesus Christus: „Ich will ihn und habe ihn gesund gemacht an Seele und Leib. Und ich habe noch viel für ihn erdacht, das er vollbringen soll um meiner

---

93 Ludwig der Bayer.

94 Heinrich von Nördlingen.

Ehre willen, weil ich ihn mir auserkoren habe, dass ich meine Lust an ihm vollbringe.“

Ich fragte auch oft nach den Freunden unseres Herrn, die mir bekannt sind. Dann spricht es: „Sie sind mir lieb um der Liebe willen, die sie zu dir haben.“

Ich frage auch nach denen, die ich besonders treu und innig liebe. Dann wird mir zuweilen gütig von ihm geantwortet und barmherzig; aber auch zuweilen streng und bestimmt, sodass ich erschrecke. Und dennoch sind alle seine Worte derart, dass ich die Barmherzigkeit darin anerkennen muss. Ich habe auch oft großes Verlangen, etwas bezüglich meines Konventes zu erfahren. Es spricht: „O dass sie sich mir nur ergäben, so wollte ich mich ihnen gerne geben.“

Außerdem: Ich begehrte auch etwas zu wissen von den Vollkommenheitsgraden der Heiligen und von ihrer Würdigkeit. Da sprach das liebliche Kind Jesus Christus: „Johannes der Täufer und mein geliebter Johannes sind in dem gleichen Grade der Vollkommenheit vor mir. Danach begehrte ich zu wissen, ob das wahr wäre, dass Santa Maria Magdalena und Sankt Petrus der Jungfrauen Lohn empfangen hätten. Da sprach es: „Ja, denn ihre große Liebe hat sie dazu gebracht.“

Und es sagte mir auch von vielen Heiligen, in welch großer Vollkommenheit und Würde sie seien. Sonderlich fragte ich nach Sankt Bernhard, weil er da schreibt vom Gottschauen der Seele nach diesem Leben und nach diesem Elend. Da sprach es: „Was Bernardus geschrieben hat, das hat er recht in göttlicher Liebe geschrieben. Und er war mit einer so großen Lust in mich gezogen, dass er meinte, es sollten alle Menschen in der Wahrheit verstehen, wie er es hatte, weil ich die lautere Wahrheit bin, die durch ihn geschrieben und geredet hat.“

Außerdem: Ich begehrte etwas zu wissen von dem lauteren Wesen Gottes und von dem Wirken Gottes nach außen in allen Kreaturen und auch in der Ordnung im Himmel. Aber das sanfte Kind Jesus Christus sprach gütig zu mir und gab mir auch mit großer Gnade ein: „Wie möchte dein Herz empfangen, was kein Herz zu begreifen vermag, und von dem keine Zunge reden kann?"

Außerdem: Ich hatte großes Verlangen, dass es mit menschlichen, sinnfällig hörbaren Worten mit mir rede. Da wurde mir geantwortet: „Ist dir nicht süßer und empfindlicher, was in deiner Seele und in deinem Herzen ist, und was du wahrlich erkennst, als was dir ins Ohr geredet wird?"

Ich sprach zuweilen zu ihm: „Mein allerliebstes Kind Jesus, willst Du mir morgen etwas gütlich tun?" Dann spricht es: „Ich will dir besondere Gnade geben." Und das bricht meine Wahrheit Jesus Christus niemals. Und das geschieht mir besonders, wenn ich unseren Herrn empfangen will.

### *Geistige und sakramentale Kommunion*

Mir ist in jenem Jahr zu zwei Malen, als ich unseren Herrn empfangen wollte, folgendes geschehen: Wie ich zur Mette in den Chor kam und meine Paternoster sprechen wollte, stellte sich die Rede ein, von der ich viel geschrieben habe, mit der allerkräftigsten Gnade und Süßigkeit. Sie währte lang. Und man musste mir unseren Herrn in die Stube bringen, worin ich gewöhnlich bete. Und ich saß dann bis zur Prim unfähig, irgendetwas zu beten oder zu tun. Aber große Gnade hatte ich und Süßigkeit, wie mir alle Zeit geschieht von der Güte Gottes, wenn mir die Rede gegeben wird.

Besonders große Gnade wurde mir am Sankt-Augustinus-Tag[95] gegeben. Und es kam mir wieder die Rede, und ich empfing unseren Herrn. Und es wurde mir gegeben die große Gnade und Gabe, dass ich seither die Materie des Brotes in dem Sakrament nicht wahrnehme. Ich empfinde nur große Süßigkeit und wunderbare Wohlgerüche, womit er in mein Herz und meine Seele dringt!

---

95 28. August. (Anm. Frank-Daniel Schulten).

Die bloße Wahrheit, in der er sein heiliges Blut und Fleisch uns gegeben hat, empfand und fühlte ich in einer Weise, als ob ich es leiblich sähe und äße und tränke ganz in der Weise, wie es uns der heilige christliche Glaube lehrt. Und das ist mir so passend und noch viel begehrenswerter als im Empfinden der Materie des Brotes, denn das gibt mir eine so starke Kräftigung in dem wahren christlichen Glauben. Dazu fühlte ich mich von der Gnade gedrängt, mit meinem Konvent unseren Herrn zu empfangen, denn dann empfinde ich alle Zeit besondere Gnaden.

### *Wünsche der Nächstenliebe*

Ich sehe auch nie einen Menschen unseren Herrn empfangen, ohne dass ich Verlangen habe, ihn gemeinsam mit ihm zu empfangen. Ich sehe auch nie einen Menschen in Krankheit oder in anderer Trübsal, ohne dass ich begehre, dass er unseren Herrn empfange, denn dann dünkt mich, ihm wäre geholfen in allen Dingen. Auch wünsche ich mir, wenn ich einen Menschen in großer Krankheit und Schmerz oder auch Verschmähung gewahre, es ebenfalls in echter Liebe zu leiden und um der Ehre Gottes willen. Mich dünkt nämlich, dass mir kein Ding zu groß sei, es ihm zuliebe zu leiden. Auch sehe ich niemals einen Menschen von dieser Welt scheiden, ohne dass ich begehre, mit ihm zu fahren zu den ewigen Freuden.

Mir wurde auch, als ich einen Menschen in Todesnot liegen sah, gegeben, dass ich für ihn nicht eher zu bitten vermochte, wie oft ich es versuchte, bis dass er gebeichtet hatte.

Ich wurde von einer unserer Konventsfrauen gemahnt, unseres Stifters[96] zu gedenken, dessen Jahresgedächtnis war, und Gott für ihn zu bitten. Das übernahm ich mit süßem Trost, in dem mir offenbart wurde, dass Gott meine Gebete für ihn erhören wollte. Also betete ich für ihn ein ganzes Jahr mit all dem Ernst, wie ich mich bei Gott in meinem unwürdigen Leben

[96] Hartmann IV., Graf von Dillingen, stiftete im Jahre 1246 das Kloster Medingen. Sein Todestag ist der 11. Dezember 1258.

abmühte. Und am Sankt-Andreas-Tag[97] wurde er mir mit voller Freude genommen.

Wie die Freude, wenn mir eine Seele abgenommen wird, beschaffen ist, kann ich nicht beschreiben; nur soviel kann ich sagen, dass es mir eine sichere Erkenntnis gibt der süßen Wonne der ewigen Freude und einen kräftigen Weg der bloßen, lauteren Wahrheit. Sie werden mir abgenommen an großen, hohen Tagen oder an jenem Tag der Heiligen, die ihnen lieb gewesen sind.

Mir wird auch zuweilen gegeben, dass ich für einen Menschen, der in Gebrechen und in Sünden lebt, und über den ich gern Barmherzigkeit und Verlangen äußerte, nicht zu bitten vermag, außer dass ich sprechen muss: „Herr, erbarme Dich über alle Sünder." Was Gott damit beabsichtigt, dass empfehle ich der lauteren Wahrheit Jesu Christi.

### *Der sichere Weg ins ewige Leben*

Mein geliebtes Kind Jesus Christus hatte mir an dem Festtag[98] gesagt, dass ich großes Leiden haben müsse, dass ich und alle, die bei mir wären, an meinem Leben verzagen würden. Da fragte ich, ob ich sterben oder genesen sollte. Da sprach er: „Das überlasse meiner Güte." Und das wurde an mir vollbracht.

Als man das Halleluja fortließ[99], begann ich alle Tage gegen Mittag mit dem gebundenen Schweigen und erduldete großes Weh. Das dauerte dann bis zu den Metten.

Am Mittwoch nach Fastnacht fing ich wieder an, das Essen mit so großem Leiden zu nehmen, wie ich zuvor geschrieben habe.

---

97 30. November. (Anm. Frank-Daniel Schulten).

98 Mariä Reinigung (2. Februar) 1346.

99 Septuagesima, der neunte Sonntag vor Ostern. (Anm. Frank-Daniel Schulten).

Dazu sprach ich alle Tage nach den Metten meine Paternoster, war aber meiner ganzen Kraft beraubt von den Metten bis Mittag, sodass ich oft glaubte, mein Leben gehe zu Ende. Trotzdem vermochte ich all mein Gebet zu verrichten mit der Hilfe Gottes. Ich fastete auch alle Tage. Aber allzeit stellte sich nach Mittag das gebundene Schweigen mit großem Weh und Leiden ein. Das währte die ganze Fastenzeit. Insbesondere erfasste, als ich am Mittwoch nach Lätare[100] zu den Metten in den Chor kam und die Antiphon zum Benediktus singen hörte, das Leiden unseres Herrn so kräftig mein Herz, dass sich die lauten Rufe einstellten, zuweilen siebenmal und zuweilen sechsmal. Und das währte bis an den Palmabend. Und in den Rufen wurde ich so heiser, dass ich keine Stimme mehr hatte. Und das tat mir so gar weh, und ich nahm es doch mit großer Lust hin. In welcher Liebe Gott es mir gab, das werde ich noch schreiben. Die Heiserkeit wurde mir nach drei Tagen abgenommen. Es stellte sich allzeit nach den Rufen die gewöhnliche Rede mit einer süßen Kraft ein.

Ich war diese Zeit so elend, dass ich nichts zu beten und auch keine Tageszeit zu lesen vermochte. Und ich konnte unmöglich eine Betrachtung oder auch nur einen Gedanken haben über das Leiden unseres Herrn. Aber der Name Jesus Christus wurde mir kraftvoll gegeben, sodass ich ihn emsig anrief mit süßer Herzenslust. Weil ich nun weder eine Betrachtung noch einen Gedanken zu haben vermochte über das Leiden meines Gottes, wandte ich mich mit dem Namen Jesus Christus dem Leiden zu und sprach etwa fünfmal zu Ehren der fünf Wundmale:

*„Jesus Christus, meine herzliche Liebe, erbarme Dich über mich/*
*Jesus Christus, Du lautere Wahrheit, lehre mich die Wahrheit/*
*Jesus Christus, du süße Liebe, lehre mich die Liebe/*
*Jesus Christus, du grundlose Barmherzigkeit, komme mir zu Hilfe!“,*
und solcher Worte viel und die denen gleich sind.

Mir wurde auch von der Güte Gottes gegeben ein so sicherer Weg in das ewige Leben, so ganz und gar ohne Schrecken und Furcht in den Tod zu

[100] Der vierte Fastensonntag im Frühjahr. (Anm. Frank-Daniel Schulten).

gehen wie ins Bett. So großes, starkes, göttliches Vertrauen hatte ich auf die Barmherzigkeit Gottes, und so süßes Verlangen, in die ewigen Freuden zu kommen.

Am Montag nach dem Palmtag begann ich wieder meine Tageszeiten zu lesen und zu beten, jedoch von anderen Gebeten nur die Paternoster und Ave Maria. Das vermochte ich vor Mittag zu tun. Nachmittags lag ich wieder in dem gebundenen Schweigen bis zu den Metten.

### *Im Krankendienst*

Außerdem: Im folgenden Advent (1346) kam mir wieder die Gnade wie zu anderen Adventszeiten, dass ich Gott mit aller Lust und mit allen Freuden zu dienen vermochte an allen Orten. Ich empfand besondere Gnade aus allen Dingen, die ich tat, und große körperliche Erleichterung, sodass ich mich jede Nacht in echter, göttlicher Freude niederlegte und dann in rechten Freuden aufstand in einer süßen Lust, dass ich Gott dienen sollte. Und ich verrichtete unserem Herrn dann in rechter, süßer Gnade meine Paternoster und die anderen Dienstleistungen.

Insbesondere ging ich alle Tage im Advent zu einer siechen, elenden Schwester, und zwar so, als ob ich zu unserem lieben Herrn ging. Dieses Verlangen und diese Meinung habe ich allzeit, wenn ich zu den Siechen gehe. Und ich empfinde ihretwegen große Gnade im Herzen und einen Drang, mit ihnen zu reden. Und wenn ich sie in großen Leiden sehe, so freue ich mich sehr, denn ich sehe darin eine Vorbereitung auf ihre ewige Seligkeit und ein Nahen dem ewigen Leben. Ich sandte ihnen auch mit Vorliebe, was sie gern essen, wenn ich es hatte oder erlangen konnte, in der Liebe und Meinung, dass sie gesund würden an Seele und Leib.

## *Bei einer Sterbenden*

Außerdem: Zu dieser Zeit[101] lag eine von unseren Schwestern im Sterben. Sie hatte Gott mit Ernst gedient in Elend und Armut. Und da sie bis zum vierten Tag schon ohne zu essen lag, ging ich zu ihr. Ich sprach zu ihr, ich merke, dass sie vor mir zu Gott fahren wolle. Da schlug sie vor Freuden die Hände zusammen und lachte, dass man es überall in der Stube hörte. Der Schwestern eine sprach zu ihr: „Du tust wie eine, die von einer Hochzeit kommt.“ Ich sprach: „Du tust wie eine, die zu einer Hochzeit fahren will.“ Da lachte sie so gar innig und laut, und ich merkte, dass ihr Gott besondere Gnade erwiesen hatte. Sie bedeutete mir, das wäre wahr. Und hierüber lachte ich wie sie. Ja, ich wurde so fröhlich, dass ich die Nacht nicht viel zu schlafen vermochte vor inniger Herzensfreude über die ewige Freude, dahin sie wollte.

## *Der Hostienraub*

Im Sommer vorher geschah ein gar klägliches Ding. Eine Frau vom Dorfe Medingen kam auf den Rat des Bösen Feindes und infolge eines verkehrten christlichen Herzens in eine unserer Kirchen, wo sich Unsere Frau besonders gnädig erzeigt. Die Kirche heißt *„zu Stetten“*. Die Frau nahm aus der Büchse zwei ungeweihte Oblaten und trug sie in eine Stadt nahe bei unserem Kloster, die Lauingen heißt, und bot sie den Juden zum Kauf oder als Pfand einer Geldanleihe an. Das sah eine christliche Frau. Und da der Jude nichts dafür geben wollte, meldete sie die Diebin dem Gericht. Das fing die Schuldige. Und als sie zum Tode verurteilt wurde, schnitt man vorher ein Kind von ihr. Das wurde getauft. Dann verbrannte man sie.

Wegen der dadurch Gott zugefügten Entweihung geriet ich in eine solch große Traurigkeit, dass ich nicht mehr durch meine Gebetsfenster zu der Stelle hinzusehen vermochte, wo das geschehen war. Den ganzen Sommer konnte ich weder etwas anhören noch davon sprechen. Ich konnte auch nicht gut leiden, dass jemand Mitleid mit ihr hatte. Denn ich dachte, der,

---

[101] Neujahr 1347.

dem man seinen lieben Freund also entehrt hätte, vermöge sich nicht über den Entehrenden zu erbarmen. Ich versuchte oft mit Fleiß für sie zu beten, aber ich konnte nimmer eine Begierde zu Gott für sie haben[102].

### *Ursachen des Schweigens*

Außerdem: Diese nachfolgenden Dinge sind Ursache meines Schweigens. In ihnen wird mir mit Gewalt die Rede genommen. Das erste: Wenn ich von Gott reden will oder von ihm schön reden höre, das berührt mich innerlich im Herzen so angenehm und fängt und bindet mich so kräftig, dass ich dann nicht zu reden vermag.

Das andere: Wenn ich gern von unserem Herrn redete, so fürchte ich, dass man mir antworte und sonst vor mir oder zu mir rede, was ich nicht zu ertragen vermöchte. Das ist das heilige Leiden unseres Herrn. Von dem kann ich nun schon lange Zeit weder selber reden noch andere reden hören. Mir geschah sonst wunderlich weh, wie ich zuvor geschrieben habe. Also zwingt mich die Furcht, zu schweigen.

Das dritte sind die heiligen Liebeswerke. Und Insbesondere das schmerzhafte und das liebevolle Leiden meines herzlieben Herrn bindet mich und fängt mich mal mit empfindlichen Schmerzen, mal mit unaussprechlicher Liebe, in der es für uns vollbracht worden ist. Dann vermag ich wiederum nicht zu reden.

Das vierte: Wenn ich sage oder weitersagen will, was weder nützlich noch nötig ist, so werde ich innerlich gezwungen, zu schweigen, sodass ich nicht mehr davon zu reden vermag, weil mein Herr Jesus Christus wohl weiß, dass mir zuwider ist und gar verdrießlich zu reden und zu hören irgendetwas, das Jesus Christus nicht ist.

---

102 Margareta urteilte über das Vergehen und die Strafe nach den damaligen Rechtsanschauungen. Daß sie dabei die Liebe nicht verletzte, zeigt der beharrliche Versuch, für die Frau zu beten.

Eines Nachts[103], versetzte mich mein Herr Jesus Christus vor den Metten in eine so gar unaussprechliche, elende Verlassenheit, als ob ich niemals im Leben die Gnade unseres Herrn empfunden hätte. Ich hatte das ganze Vertrauen in seine Barmherzigkeit verloren.[104] Was ich gehabt hatte, war mir ganz und gar genommen. Der wahre christliche Glaube, der alle Zeit in mir ist, wurde gar dunkel. Und das, was mir weher tat als alles, was ich vorher je gelitten hatte, weher auch als alle bittere Todesmarter, das waren Zweifel, die mir wider all meinen Willen kamen, und Gedanken, ob er und seine Werke es wären oder nicht, die in mir wirkten. Doch blieb mir der Wille, es ergeben und geduldig um seinetwillen zu leiden. Und das schien mir geziemend in wahrer Schuldigkeit. Und hier empfand ich eine innere, tiefe Demut. Und aus dieser Tiefe schrie ich auf zum Herrn. Und ich begehrte, dass er mir in seiner Barmherzigkeit, die er mir vorher so liebevoll erwiesen hatte, mit wahrer Beglaubigung zeige, ob er es wäre und seine Werke. Da sein Geist unserem Geist Zeugnis gibt, dass wir Kinder Gottes seien, so ist mein Herr gut und barmherzig und kann sich den Begierden der Armen und der Demütigen nicht entziehen. Er kam nach den Metten wie ein Freund (nota: das war am Samstag) und offenbarte mir seine treue Hilfe. Denn es ist meines Herrn natürliche Art: Wem er Leiden und Schmerzen gibt, den tröstet er, und wen er betrübt, den erfreut er.

Und er gab mir in seinem heiligen Leiden die allersüßeste Wonne und auch den größten Schmerz und das ärgste Leid, dem alles Leid in dieser Zeit nicht zu vergleichen ist. Und mir wurde sein Leiden in der Empfindung so gegenwärtig, als ob es an jenem Tag vor meinen Augen geschehen wäre. Und da brach ich, von der in mir wirkenden Gewalt Gottes bezwungen, in gar kläglicher Weise aus und sprach mit jammernder Stimme und unter vielen Tränen: „O weh, mein Herr Jesus Christus, o weh, mein Herr Jesus Christus!“ Und das sprach ich lang und gar oft. Ich konnte nur das und

103 16. März 1347.

104 Margareta erduldete hier das schwerste Leid, womit Gott seine bevorzugten Freunde prüft. Sie hatte alles Gefühl des Vertrauens, nicht aber das Vertrauen selbst verloren.

nichts anderes tun von herzlichem Leid, das so groß war, dass ich sicher tot wäre, hätte Gott es von mir haben wollen, weil es zum Tode genug wäre gewesen. Als dies mich schließlich verließ, da wurde mir in einer süßen Gnade gegeben, dass ich in der Wahrheit ohne allen Zweifel erkannte, er wäre es allein, der in mir seine barmherzigen Werke wirke. Was ich vorher in dem Leiden begehrt hatte, dessen hatte er mich nun versichert. Hier wurde ich so voll göttlicher Gnade und Freude, wie ich vorher voll war von der elenden Verlassenheit. In dieser süßen Gnade wurde mir gegeben eine große Lust und Begierde nach dem heiligen Gottesleib. Und als ich den empfing, da kam die gewöhnliche Rede mit großer Gnade, in der ich große, süße Kraft empfand.

### *Viermal eingedrückt*

Ich empfinde gar wohl in der Wahrheit, dass der süße Name Jesus Christus eine besondere Stätte in meinem Herzen hat. Die hat er sich selber in mir mit seinen Gnaden bereitet, als er sich so barmherzig zu vier Malen, soviel ich mich nun zu erinnern vermag, in das Innere meines Herzens drückte in besonderer Weise und in der neuen Gnade einer inneren Rührung. Wenn ich mich auf diese Stelle lege oder mit der Hand sie berühre oder etwas darauf lege oder drücke, so empfinde ich eine so gar süße Gnade, dass sie mir in alle meine Glieder dringt. Es wird mir dann auch so eng ums Herz, dass ich kaum Atem holen kann, und ein süßer Geschmack steigt mir innen auf, durch die Kehle in den Mund.

Zum ersten Mal geschah das an einem Ostertag, als ich seinen heiligen Leib empfangen hatte und vom Altar ging. Vorher war ich in großer Härte und Trockenheit gewesen.

Zum zweiten Mal geschah es mir an einem Freitag, als ich nach der Vesper von den Gräbern weg in den Chor ging. Als ich unter die Chortür kam, empfand ich einen süßen Duft, wovon der Chor voll war, wie mir schien. Damit wurde mir der süße Name Jesus Christus ins Herz gedrückt, sodass er es in ganzer Kraft erfüllte und mit Gewalt besaß. Und von der reichen Fülle seiner überfließenden Gnade empfand ich eine wunderbare, durchdringende, süße und schmelzende Kraft in allen meinen Gliedern.

Zum dritten Mal wurde er mir nach den Metten vor unseres Herren Leib gegeben, wieder mit einer großen Süßigkeit und mit neuer Berührung innerer Gnade. Darin wurden mir viele neue Gaben zuteil, vermöge deren ich verstehen, reden und schreiben konnte, was ich vorher nicht vermochte. Insbesondere wurde mir neues Verständnis der Wahrheit gegeben, worin ich oft merke, wenn man Unwahres von mir redet. Dem vermag ich dann nichts zu antworten, außer dass ich oft sprechen muss: „Ich wähne, dass das nicht wahr sei." Zuweilen merke ich, dass man die Dinge anders im Herzen meint, als die Worte im Munde lauten. Dann antworte ich der Meinung und nicht den Worten. Von wem ich wahre Worte höre, von dem empfinde ich eine süße Kraft der Wahrheit in meinem Herzen, gerade als ob ich ein großes andächtiges Werk von ihm sähe.

Zum vierten Male wurde er mir gegeben nach den großen Begierden, die ich hegte, dass Gott mir einen Minnegriff ins Herz täte. Und als mich Gott einst im Schlaf bewährte, wie ich vorher geschrieben habe, als er mir den Griff zu empfinden gab, wobei mir war, als ob mir, wie mir vorher auch schon einmal geschehen war, das Herz genommen wäre, da wurde wieder der Name Jesus Christus kräftig in mein Herz gedrückt mit neuer Gnade und mit einem übersüßen Empfinden seiner Gegenwart, die sich in diesem Namen offenbart, und die ich noch lange danach empfand, sodass mir als ein Nichts erschien, was ich vorher gesehen oder gehört hatte. Ich schreibe sonst von keinem Traum etwas, außer wenn ich lange danach noch große Gnade empfinde[105].

Mit diesen vier Gaben sind mir zugleich mit dem Namen Jesus die Begierden gegeben worden, die ich beschrieben habe, und auch die

---

105 Pummerer bemerkt dazu: „Margareta stellt damit ein ganz richtiges Kriterium auf, das bloße Traumspiel einer frommen Phantasie von göttlichen Gnadenerweisen zu unterscheiden. Es ist ein Attribut göttlicher Macht und Herrschaft, nachhaltige, dauernde Wirkungen in der Seele hervorzubringen, und erst durch diese vermag ein Traum zu einem hervorragenden Gnadenerweis zu werden." (*Stimmen aus Maria-Laach*, LXXXI, 1911, S. 192).

Begierden, die ich bei meinen Paternostern habe. Und die vier Eindrücke des Namens Jesus Christus wurden mir nacheinander gegeben in einem Zeitabschnitt, der wenig mehr als ein Jahr umfasste.

### *Die neue Weise zu reden*

Am Palmtag[106] stellten sich die Rufe ein und die Rede, vor dem Essen schon zu drei Malen; Insbesondere geschah mir gar weh unter der Passion, obwohl ich nicht wusste, dass man sie zur selben Stunde las. Am Mittwoch kamen mit großen Schmerzen die Rufe und die Rede wieder, und auch wieder mit besonderer Steigerung, als man die Passion las. Und am Hohen Donnerstag[107], als ich unseren Herrn empfing, sah ich so viel Spezereien im Ziborium[108] (denn der Konvent hatte da noch nicht unseren Herrn empfangen), dass ich die größte Gnade empfand, in der mir eine längere Rede kam mit süßer Lust. Und wenn ich hernach an das Geschehene dachte, so empfand ich neue Süßigkeit.

Es begann da in mir eine Weise zu reden mit geschlossenem Mund und mit inneren Worten, die niemand verstand noch bemerkte als ich. Und diese Worte bildete eine süße, unartikulierte Stimme in meinem Munde: *„Ego vox clamantis in deserto*[109] *etc." Iterum: „Fac me audire vocem tuam, vox tua dulcis"*[110] *etc.*

Das geschah mir oft danach in jenem Jahr. Dann wird mir der Mund mit Gewalt geschlossen, dass ich kein Wort zu sprechen vermag, sollte ich auch sterben. Diese innere Rede, von der ich viel geschrieben habe, vergeht mir mit einer fröhlichen Erleichterung des Herzens, wie sie auch da anfängt. In gleicher Weise, wie man ein süßes, aus meisterhaft gefügten Tönen komponiertes Saitenspiel mit einem süßen Vorspiel anfängt und mit einem süßen Nachspiel beendet. Es ist mir dieweil so übernatürlich wohl zumute:

---

106 Der Sonntag vor Ostern. (Anm. Frank-Daniel Schulten).

107 Gründonnerstag. (Anm. Frank-Daniel Schulten).

108 Der Hostienkelch. (Anm. Frank-Daniel Schulten).

109 „Ich bin die Stimme des Rufenden in der Wüste." (Jes. 40, 3).

110 Hl. 2, 14. „Laß deine Stimme in meine Ohren klingen, denn deine Stimme ist süß", ist hier nicht wörtlich zitiert, sondern sinngemäß.

Wäre kein anderes Himmelreich, ich glaube, ich hätte immer genug, und alle Kreaturen vermöchten mich für diese Zeit von Gott um kein Haarbreit abzuziehen.

### *Der geschwinde Schuss*

Als ich danach entschlief, da weckte mich das liebevolle Leiden meines Herrn mit einem geschwinden Schuss (*sagitta acuta*) seines Liebespfeiles, der mit großem Schmerz mein Herz traf. Und da verstand ich im Wissen und Empfinden seiner Gnaden, dass es die Stunde war, wo meines allerliebsten Herrn Leiden auf dem Berg im Gebet anfing, als er schwitzte den blutigen Schweiß. Das war mir im vorigen Jahr um dieselbe Zeit auch in derselben Weise gegeben worden. Schon die vierzehn Tage vorher empfand ich es in meinem Herzen mit großen Schmerzen zu derselben Stunde, ohne von der Stunde zu wissen; doch hatte ich eine Ahnung, es wäre jene Stunde. Aber das wahre Wissen ist mir nun zu dieser Stunde zum zweiten Mal gegeben worden, wie ich soeben geschrieben habe. Auf gleiche Weise wurde mir auch gegeben zu wissen und zu empfinden die Stunde seiner menschlichen Geburt zu Weihnachten in übersüßer Freude, wie ich vorher geschrieben habe. Auch zu dieser Stunde hatte ich vorher oft eine Empfindung, ehe dass ich deutlich wahrnahm und erkannte, dass sie es wäre. Ich werde auch sonst noch aus dem Schlaf geweckt, und dann erschrecke ich zuerst wegen der großen Gnade und unaussprechlichen Freude, die mein Herz empfindet in jenen Stunden.

### *Elfmal*

An Sankt-Alexius-Abend[111] sandte mir Gott in seiner Güte seinen würdigen Freund[112], durch dessen Vermittlung ich viel empfangen habe. Da wurde ich von dem gebundenen Schweigen ergriffen. Das hörte in der Nacht zuweilen auf, kam dann aber wieder. Später war ich in Furcht. Hätte ich mir in inniger Lust und Liebe den Mut genommen, seinen heiligen Leib

[111] 17. Juli. (Anm. Frank-Daniel Schulten).
[112] Heinrich von Nördlingen.

zu empfangen, es wäre mir gänzlich vergangen. Jener Freund Gottes und der meine las an dem Tag die Messe an meinem Altar. Er hätte mir gern unseren Herrn gegeben; aber ich weigerte mich, weil ich die ganze Nacht gelegen hatte ohne das Lob Gottes, wie das war, wenn er mich in seinen barmherzigen Banden hielt. Und ich wurde doch innerlich mit der Gnade unseres Herrn unter seiner Messe vorbereitet, wie mir gewöhnlich geschieht, wenn ich den Leib unseres Herrn empfangen will. Aber ich wagte es doch nicht, um die Kommunion zu bitten, weil ich mich vorher geweigert hatte.

Nun hatte ich ein großes, inniges Verlangen, der lebendige Gott möge mir helfen, ihn zu empfangen alldieweil, da der Freund bei mir sei. Menschlich gesprochen fürchtete ich, es könne nicht alle Tage sein. Mein Herr jedoch ist übergütig. Er vermag sich in seiner Barmherzigkeit niemandem zu entziehen. Er erfüllte mir meine Begierde, ja er gab mehr, als ich begehren konnte. Er half mir, dass ich seinen heiligen Leib zu elf Malen von der Hand seines Freundes empfing mit großen Gnaden. Und ich fühlte mich all die Tage an Herz und Leib so leicht und hatte große Gnade in dem Lob unseres Herrn und eine süße Wonne in allen Dingen, die ich tat. Mir war gerade so, wie mir sonst immer zur Adventszeit gegeben wird. Davon habe ich viel geschrieben. Insbesondere empfand ich es während all seiner Messen.

### *Der Himmel auf Erden*

Außerdem: Am Freitag nach Sankt-Jakobs-Tag[113] ging ich in den Chor. Ich fing meine Paternoster an. Da überkam mich die allergrößte Gnade, und ich wusste nicht, wie es ein Ende nehmen würde. Ich empfand nur, dass die Gnade so groß war, dass ich nicht durch die Paternoster kommen konnte. Mein Herz war von solch süßen Gnaden umfangen und fühlte sich so leicht, dass ich nicht mehr zu beten vermochte. Ich trug den Namen Jesus Christus mit einer kraftvollen Liebe in mir und empfand daraus wunderbare, süße Düfte, die in mir aufstiegen. Auch wurde mir da gegeben

---

[113] 25. Juli. (Anm. Frank-Daniel Schulten).

ein wunderbares Verlangen nach süßen Gnaden und besonders, aus Gott und in Gott die lauteren Wahrheiten zu begreifen. In dieser Zeit hatte ich eine solche Empfindung und ein solches Verständnis von der Gegenwart Gottes und der Wahrheit, die der Herr selber ist, besäße ich es alle Zeit, ich hielt es für den Himmel auf Erden. Mir wurde auch in rechter Liebe gegeben, zu begehren und zu verlangen nach vielen großen Geheimnissen. Geantwortet wurde mir dann: „Ich habe mich dir gegeben und werde mich dir ewiglich nicht nehmen. Ich bin es allein, der wahre Gott, der dein Herz besitzen soll. All deine Lust ist in mir, und all meine Lust ist in deiner Seele und in deinem Herzen. Du bist mein Lieb, und ich bin dein Lieb. Es ist meine lautere Liebe, aus der dir gegeben wird, dass du dich selber nicht verstehst. Leide mich um meiner Liebe willen, weil ich es von dir nicht wissen kann. Ich bin es allein, die lautere Wahrheit, die in dir lebt und aus dir wirkt, und ich habe dich mit meiner Barmherzigkeit umgeben. Freue dich, dass in dir wohnt der wahre Gott, und dass dich meine Güte nimmer verlassen will in Zeit und in Ewigkeit. Ich bin deine süße Wonne auf Erden, und du bist meine Freude im Himmel. Ich habe dich mir auserwählt, um an dir noch viel zu wirken hier und dort, meine ewige Ehre, dazu mich meine große Liebe zwingt. Ich bin es allein, dein Herr und dein Gott und dein einzig Geliebter, der an dir Großes vollbringt."

Diese Worte und noch viele, die denen gleich sind, werden mir mit sanfter Kraft da zugesprochen, desgleichen steigen süße Wohlgerüche innerlich in mir auf. Und darin finde ich wunderbare Freude. Äußerlich aber werden mir alle Glieder gebunden, und mein Mund wird geschlossen und auch meine Augen. Das währt an mir von den Metten bis zur Prim. Dann verschwindet es mit Freuden, sodass ich beten kann. Doch werde ich so schwach, dass ich es in der Woche kaum überwinde.

Als es zu tagen begann und der Freund unseres Herrn kam, um mir bei seiner Messe unseren Herrn zu geben, da wurde mir von der Güte Gottes zugesprochen: „Ich bin dein Herr und dein Gott und will heute in deine Seele und in dein Herz kommen mit meiner ganzen Kraft in der Wahrheit meines heiligen Sakramentes. Deine Seele trägt Verlangen nach mir, und ich trage Verlangen nach ihr."

Darin werde ich innerlich befähigt, zu denken und zu begehren alles, was ich zu anderer Zeit beim Empfang unseres Herrn empfinde, nur mit viel mehr Gnaden. Darin vertritt mich die große Güte unseres Herrn, weil ich mir äußerlich nicht zu helfen vermag. Wenn ich dann zur Primzeit wieder zu mir komme, so wird mir ein gar großes Verlangen nach den Liebeswerken unseres Herrn Jesus Christus gegeben, und zugleich fühle ich mich unglücklich, weil ich meine Paternoster an dem Tag nicht gesprochen habe. Ich berge mich dann den Tag in die heiligen Liebeswerke unseres Herrn mit allem, was ich tue.

### *Von Gott und aus Gott und mit Gott*

Am Samstag danach schied der Freund unseres Herrn von mir nach der Messe, und ich empfand hernach eine große Verlassenheit und eine Sehnsucht nach dem heiligen Sakrament und nach den vielen anderen Gnaden, die Gott mir mit seiner Gegenwart gegeben hatte.

Am Sonntag darauf empfing ich unseren Herrn von unserem Kaplan. Gegen Abend dieses Tages kam mir wieder das gewöhnliche, gebundene Schweigen, wie ich es vorher hatte, und wie ich es seither gehabt habe, jene Tage ausgenommen, wo ich unseren Herrn empfangen will. Nun habe ich seither auf den Rat des Freundes unseres Herrn und mit der barmherzigen Hilfe Gottes zweimal in der Woche unseren Herrn empfangen. Und das passt mir gar wohl wie all die Dinge, die mir von Gott und aus Gott und mit Gott gegeben werden. Denn er ist der einzige, der sich allen Begierden überfließend gibt, weil er sich aus Liebe wegen seines großen Reichtums niemandem versagt, und weil er sich selbst aus Liebe als Gabe gibt, ja weil er aus inniger Lust der Geber und die Gabe ist. Ich bezeuge das meinem Herrn und meinem Gott, dass er sich mit großen, kraftvollen Gaben gibt, und dass er der wahre Freund in der Not ist, der keinen verlassen kann noch will. Er ist das wahre Licht, das uns leuchtet in die Wahrheit. Er ist die süße Lust, die uns zieht in die Wahrheit[114], und er ist die lautere Liebe, die

[114] Als Wahrheit erleuchtet er uns, als Güte weckt er unser Verlangen.

uns lehrt die Wahrheit, und er ist die grundlose Güte, die uns behütet in der Wahrheit.

Außerdem: Als ich mich eines Tages zu Mittag etwas hingelegt hatte, da wurde mir zugesprochen: „Steh auf, und lobe deinen Herrn und deinen Gott!“ Das nahm ich mit großer Freude an, und ich hatte den ganzen Tag viel Gnade und Freude. Ich ging in den Chor an den Platz, wo ich gewöhnlich bete. Ich hatte viele Wünsche, namentlich bezüglich des Freundes, den Gott mir in seiner Güte gegeben hat, wegen einer Sache, die auf ihm lastete. Da wurde mir von der Treue Gottes geantwortet: „Meine inbrünstige Liebe zieht ihn, meine göttliche Lust treibt ihn, meine süße Gnade kräftigt ihn, meine lautere Wahrheit lehrt ihn, meine wahrhaft göttliche Barmherzigkeit behütet ihn. Aus ihm leuchtet mein Licht. Durch ihn wirkt meine Kraft. Er führt das wahre Leben, das meine Ehre sicher behütet.“

### *Freude und Liebe im Himmel*

Am Freitag in der Oktav des Heiligen Dominikus[115] lag ich in der Nacht im gebundenen Schweigen. Ich war so krank, dass ich wenig schlief. Unter den Metten jedoch schlief ich ein, und es war mir, als ob es vor den Metten wäre, und ich im Chor eingeschlossen sei. Der Chor war hell erleuchtet. Und es schien mir, ich stände vor dem Tabernakel, worin unseres Herrn Leib ist. Ich wollte da um Erlaubnis fragen, aus dem Chor zu gehen, wie ich es gewöhnlich tue. Nun blickte ich mich um und sah, dass jemand auf mich wartete. Ich erschrak, aber ich hatte so große Gnade, dass ich mich nicht fürchten konnte. Als ich zum Weihbrunnen kam, sah ich hinter den Stühlen viele Leute, die waren alle weiß gekleidet. Ich wollte sie aus dem Weihbrunnen besprengen, um zu sehen, was sie dazu tun würden. Da kamen sie alle mit großer Freude auf mich zugelaufen. Ich war gar froh und dachte, ich wollte sprechen: „Jesus Christus“, um zu sehen, wie sie den aufnehmen würden. Und ich sprach da: „Jesus Christus.“ Da fielen sie auf die Knie und

---

[115] Die acht Tage, welche dem 4. August folgen, dem Tag des Heiligen Dominikus. (Anm. Frank-Daniel Schulten).

sprachen mir mit großer Begierde nach: „Jesus Christus." Nun erfasste mich so große Gnade und Freude, dass ich den süßen Namen Jesus Christus zu singen begann, und sie sangen mir nach. Und ich sprach: „Wir sollen tanzen." Da antworteten sie: „Wir werden tanzen und essen und trinken miteinander."

Da schien es mir, dass eine der Frauen käme und den Chor aufschloss. Das war ihnen und mir leid, weil wir gestört wurden, denn ich wäre gerne immer bei ihnen geblieben. Also erwachte ich. All meine Krankheit war verschwunden. Ich war in Freude und Gnade versetzt, die ich lange empfand. Nun hatte ich großes Verlangen zu wissen, wer sie wären. Ich fragte mein Jesuskind nach ihnen. Das sprach: „Dir ist damit gezeigt worden die Freude im Himmel und die Liebe, die da herrscht."

### *Barmherzigkeit*

Außerdem: Auf Mariä Himmelfahrt hatte ich große, göttliche Gnade. Als ich zu Tisch kam, wurde mir gesagt, dass ein ganz armer Mensch, der verschmäht und verlassen war von allen Menschen, gekommen wäre zu unserem Kloster. Das vernahm ich mit großer Freude. Ich dankte Gott, dass er ihn uns gesandt hätte, damit wir ihm in diesem Menschen dienen sollten. Ich empfand auch große Lust und Begierde, dass ich meinem Gott zuliebe so große Schmähungen mit bitterem Schmerz und elendem Leiden tragen könnte und sollte wie jener Mensch.

Nun las man in derselben Zeit das Evangelium von dem Menschen, der unter die Räuber fiel, und wie der Samariter die Barmherzigkeit vollbrachte, und wie unser lieber Herr zu dem Meister sprach: „Also tue, dann wirst du gerettet.[116] Das beschäftigte mich fortwährend.

Nun weiß mein Herr Jesus Christus wohl, dass ich gern jedem, den ich in Leiden sehe oder weiß, zu Hilfe käme, soviel ich vermöchte. Aber dass ich

[116] Bei Luk. 10, 37 steht: „Gehe hin, und tue desgleichen."

es in der Wahrheit vollbracht habe, das weiß ich leider nicht. Die Barmherzigkeit Gottes mag es wissen.

Zur selben Zeit sah ich in einem Traum, dass unser ganzes Kloster gar hell erleuchtet war von einer strahlenden Sonne. Als ich zur Prim kam, da wurde mir gesagt, der arme Mensch werde sterben. Das nahm ich als Deutung der Sonne, die ich gesehen hatte. Nun begehrte ich von meinem Kind Jesus, dass der Mensch nach diesem Leben zum ewigen Leben fahre. Da wurde mir geantwortet von ihm: „Lasse mich seine grobe Gesinnung vorher besser durchleuchten."

Am Sonntag darauf kam ich in den Chor. Ich fing meine Paternoster an, weil ich unseren Herrn empfangen wollte. Da wurde ich wie am Freitag nach Sankt-Jakobs-Tag, wovon ich vorher geschrieben habe, von der Gnade gehindert. Der arme Mensch war vier Tage tot. Mein Verlangen ging dahin, dass mir an jenem Tag die Seele gegeben würde. Als ich anfing zu beten – es sollte für ihn sein – da wurde er mir mit großer Freude genommen, und ich vermochte fürderhin kein Gebet für ihn zu verrichten. Ich konnte Gott nur loben um der großen Gnade willen, die er mit ihm gewirkt hatte. Ich fragte mein Kind Jesus, ob er zum Himmel wäre. Es antwortete: „Ja, und lobe mich um der großen Werke willen, die ich gewirkt habe an einer so groben Gesinnung."

### *Bei der Wandlung*

Mich verlangt, die Worte niederzuschreiben, die ich spreche, wenn man unseren Herrn aufhebt während der Messe: „Herr, ich lobe Dich, wahrer Gott und wahrer Mensch, und bitte Dich, mein Herr Jesus Christus, dass Du uns alle unsere Sünden vergebest und uns mit Deiner Liebe alle natürlichen Gebrechen nehmest und Dich uns mit voller Gnade schenkest, womit Du in uns und an uns wirkest Deine ewige Ehre, Dir zum ewigen Lobe hier und dort." Das spreche ich, wenn ihn der Priester in den Händen hält. Wenn er ihn dann aufhebt, dann spreche ich: „Ich grüße Dich, Herr der ganzen Welt, einziges Wort des Vaters vom Himmel, einziges, wahres Opfer und einzig lebendiges Fleisch und einzig ganze Gottheit und wahres

Menschsein, gib uns Liebe zu Dir, wahre Hoffnung und vollkommene Liebe und starken, festen christlichen Glauben im Leben und im Sterben."

Wenn er den Kelch aufhebt, so spreche ich: „Ich danke Dir, Herr Jesus Christus, dass Du Brot und Wein verwandelt hast in Deinen heiligen Leib und in Dein heiliges Blut, dass Du von Liebe geruht hast, dass Dich der Priester Deinem Vater geopfert hat, Dir, Herr Jesus Christus, zu ewigem Lob und uns zum Trost und zur Hilfe und zur Seligkeit, uns und der ganzen Christenheit, Lebenden und Toten. Nun opfere Dich heute, Herr, für all das Üble, das wir wider Dich getan haben, und für all das Gute, das wir je versäumt haben. Ach, gib Dich uns zu einer sicheren Hilfe im Leben und im Sterben, zu einer wahren Kraft, mit der wir zu widerstehen vermögen allem menschlichen Übel zur Vermehrung Deiner heiligen Liebe."

### *Jesus, die Wahrheit und die Liebe*

Außerdem: Auf Mariä Geburt[117] ging ich zu den Metten in den Chor. Ich wollte meine Paternoster sprechen. Als ich sie anfing, überkam mich so große Freude und Gnade, dass ich nicht mehr zu beten vermochte. Ich wurde auch äußerlich gebunden, sodass ich mich nicht mehr in der Gewalt hatte. Da richtete ich innerlich meine Aufmerksamkeit ganz auf die Begierde, die ich gewöhnlich habe, wenn es so um mich steht, und die ich dann allzeit fünfmal spreche. Danach wurde mir barmherzig, geantwortet: „Bin ich dein Lieb, so bist du mein Lieb. Ist deine Lust in mir, da bin ich mit all meiner Kraft in dir, und ich will nimmer aus deiner Seele und aus deinem Herzen scheiden, sondern ich geleite deine Seele in das ewige Leben." Ich sprach: „Jesus, Du lautere Wahrheit, lehre mich die Wahrheit." Er antwortete: „Ich bin die Wahrheit, die in dir lebt und aus dir wirkt, und ich will noch viel mit dir wirken zu meiner ewigen Ehre." Und ich: „Jesus Christus, Du grundlose Barmherzigkeit, erbarme Dich über mich, und komme mir zu Hilfe." Und er: „Ich habe dir geholfen, und die Hilfe wird dir von mir nimmer genommen werden." Und der Reden viel führten wir, die ich nicht alle schreiben kann.

---

117 8. September. (Anm. Frank-Daniel Schulten).

Außerdem: Am Fest der Engel[118] saß ich wieder mit derselben Gnade, und es war mein Verlangen, dass ich bei meinem Herrn in all den Liebeswerken seines heiligen Leidens säße, und dass ich all das Leiden meines geliebten Herrn in rechter Minne für ihn auf mich nähme, wie er es aus rechter Liebe gelitten hat um unserer Liebe willen. Da wurde mir zugesprochen: „Meine starke Liebe ist dein Trost, meine süße Gnade ist deine Kraft, meine göttliche Wonne ist dein Heil, meine göttliche Barmherzigkeit ist deine Hilfe, und meine lautere Wahrheit deine Lehre." Und der Worte viele sprach er, die ich vergessen habe, und deren ich mich nicht mehr erinnern kann.

*Kaiser Ludwigs Schicksal*

Außerdem: Mir wurde eines Tages ein großes Verlangen eingegeben, Jesus, mein Kind, zu fragen nach Kaiser Ludwig, weil er vom König[119]arg bedrängt war. Da wurde mir geantwortet: „Ich will ihn nimmer verlassen, weder hier noch dort, denn er hat die Liebe zu mir, die niemand weiß, als ich und er. Und das entbiete ihm von mir." Das tat ich nicht. Ich unterließ es aus Furcht, er würde inne, dass ich es wäre.

Danach wurde mir mit großer Lust und Freude offenbart, dass er seine Feinde überwinden werde. Zur selben Zeit wurde mir gesagt, er sei tot.[120] Da deutete ich es mit großer Freude dahin, dass es die Feinde seiner Seele wären, die er überwunden hätte.

Nun war der Freund unseres Herrn und mein Freund[121] gerade in jener Zeit bei mir. Der wünschte mit großem Ernst, dass ich Gott für den Kaiser bäte, denn er sorgte sich darum, was Gott mit ihm gewirkt hätte in einer so kurzen Todesfrist, die er gehabt hatte. Da begehrte ich von Jesus, meinem Kind, zu wissen, wie es ihm ergangen wäre. Es antwortete: „Ich habe ihm

---

118 29. September. (Anm. Frank-Daniel Schulten).

119 Karl IV.

120 Ludwig starb plötzlich am 11. Oktober 1347 bei Indersdorf.

121 Heinrich von Nördlingen.

die Sicherheit gegeben des ewigen Lebens.“ Da begehrte ich zu wissen, womit er das verdient habe. Es sprach: „Er hat mich lieb gehabt, denn menschliches Urteil wird oft betrogen.“

Das vernahm ich mit großen Freuden, und die Freude währte in mir von Freitag bis Sonntag zu den Metten. Da ging ich in den Chor mit großer Wonne. Ich empfand wohl, dass ich nicht zu beten vermöchte. Ich saß wieder mit großer Gnade, stellte viele Fragen und erhielt Antwort, wovon ich jedoch nicht schreiben kann. Insbesondere hatte ich beim Empfang unseres Herrn heftiges Verlangen, etwas zu erfahren bezüglich der Seele jenes Herrn. Da wurde mir geantwortet: „Lobe mich um der Großtat willen, die ich mit ihm gewirkt habe in der kurzen Frist seines Todes.“ Ich begehrte da von unserem Herrn, dass er mir einen rechten Ernst gebe, für seine Seele zu bitten, bis dass er mir abgenommen würde und eingehe in das ewige Leben.

Außerdem: In jener Nacht wachte ich lang, und da geschah mir vor den Metten, wie mir sonst nur nach den Metten geschieht, wenn mir gnadenvoll zugesprochen wird: „Komm zu mir, ich will dir gütlich tun, aber du kannst deine Paternoster nicht sprechen.“

Auf Allerheiligen kam ich nach den Metten in den Chor. Ich saß in großer Gnade und Freude, und es wurden mir viele Fragen und Antworten eingegeben, wovon ich nicht der lauteren Wahrheit entsprechend schreiben kann, denn je größer die Gnade ist, umso weniger kann ich sie beschreiben. Wenn ich in meinen Begierden etwas gefragt habe, was sich auf Lebende und Tote bezieht, so wird mir so gar wahr und klar geantwortet, dass ich in eine große, wunderbare Gnade versetzt werde. Es werden mir da auch die Worte zugesprochen: „Freue dich, dass dein Herr und dein Gott deiner Seele so nahe ist, denn du bist mein Gemahl, und ich bin dein Lieb. Du bist meine Freude, und ich bin deine Freude. Du bist meine Wonne, und ich bin deine Wonne. Deine Wohnung ist in mir, und meine Wohnung ist in dir. Leide mich durch meine Liebe, ich will dir lohnen mit mir selber und will alle deine Begierden mit mir erfüllen, und ich will dir geben, was kein Auge gesehen, kein Ohr gehört, und was in keines Menschen Herz gedrungen ist, und ich will dir meine heilige Gottheit geben zu ewigem Genuss." Dieses und dergleichen Worte viele wurden mir zuteil.

Am selben Tag erhielt ich großen Trost von drei Seelen. Die eine war eine Schwester unseres Konvents. Die wurde mir mit großer Freude abgenommen, sodass ich nicht mehr für sie beten konnte, denn sie ging ein in das ewige Leben.

Die andere war eine Frau, die zu unserem Kloster gehörte. Deren hatte ich vor dem Tod, beim Tod und auch nach dem Tode nicht zu gedenken vermocht. An diesem Tag nun wurde sie mir übergeben, sodass ich ihrer gedenken konnte. Das vernahm ich mit großen Freuden.

Die dritte Seele war der von Schlüsselberg[122], für den ich nie zu beten vermag. Bezüglich seiner wurde mir eingegeben, dass ihm die ewige Seligkeit zugesichert sei. „Aber er ist so tief, dass du ihn mit deinen Begierden wahrhaft nicht zu erreichen vermagst." Als ich zu mir selber kam, war ich gar froh. Ich sprach: *„Te Deum laudamus"*, wie ich es seither gewöhnlich getan habe.

Außerdem: Am Tag des heiligen Martinus saß ich wieder in derselben Gnade mit vielem Verlangen wegen einer Seele. Aber es wurde mir geantwortet: „Lasse meine Gerechtigkeit ihre Schuld bessern." Ich verlangte da auf das dringendste etwas zu wissen von dem barmherzigen Werk, das Gott gewirkt hatte an Kaiser Ludwig. Es wurde mir geantwortet: „Er hat mich getragen in seinem Herzen, deshalb habe ich ihn umgeben mit meiner Barmherzigkeit. Und ich will ihn nimmer daraus entlassen, bis dass ich ihn bereitet habe für das ewige Leben."

Ich wurde von einem wahrhaft geistlichen Freund unseres Herrn gebeten, dass ich Weiteres bezüglich des Kaisers zu wissen begehre, denn ihm hatte ein wahrhaftiger Freund Gottes gesagt, er hätte länger leben sollen. Mir

---

[122] Konrad von Schlüsselberg war der treueste Helfer Ludwigs des Bayern gewesen.

wurde diesbezüglich geantwortet: „Das ist wahr, aber das ist geschehen, er ist so früh gestorben, wegen der Sünden der Menschen.“

### *Heimweh*

Außerdem: Ich vernehme oft eine Stimme, die in mir schreit und oft nacheinander spricht:
„Ich will heim.“
„Wohin?“
„In das ewige Leben.“
Und der kann ich nicht widerstehen wegen der großen Gnade, die mir dabei gegeben wird.

### *Gewohnte Gnaden*

Außerdem: Das gebundene Schweigen, von dem ich bereits geschrieben habe, das ich mit großer Schwäche aus den Fasten brachte, und das ich alle Tage, die ich nicht ausgenommen habe, erduldete, das währte an mir bis zum Fest des heiligen Andreas. Da verging es mir mit großer Freude, sodass ich Gott mit Freuden und mit Leichtigkeit dienen konnte Tag und Nacht.

Außerdem: Am Tag des heiligen Nikolaus hatte ich große Gnade. Ich ging mit großer Freude in den Chor und wollte unseren Herrn empfangen und sprach meine Paternoster mit ganzer Lust und besonders den Namen Jesus Christus. Den nannte ich oft mit süßer Lust, wie mir im Advent gewöhnlich geschieht. Nun wurde der Priester verhindert, so zeitig wie an anderen Tagen zu kommen. Mir aber wurde das größte Verlangen nach dem Heiligen Sakrament gegeben. Ich begehrte, ihn zu empfangen, so wahrlich mir es der heilige christliche Glaube sagt, die ganze Gottheit und das wahre Menschsein, sein heiliges Fleisch und Blut. Und doch war mir nicht, als ob der Priester mir unseren Herrn geben wollte im Sakrament. Mir war, als ob der Herr mit dem Priester kommen wollte in menschlicher Gestalt, wie er auf Erden umhergegangen war, wahrer Gott und wahrer Mensch. So war es mir möglich, seinen ganzen Leib gegenwärtig zu genießen, wie es mir sonst nur möglich war, wenn ich ihn im heiligen Sakrament empfing.

Die Ankunft des Priesters verzögerte sich nun so lang, dass ich vor rechtem Jammer anfing zu weinen, und ich dachte, ob ich selber vielleicht ein Hindernis wäre. Da wurde mir geantwortet: „Ich hatte mich dir vorher nicht gegeben, weil ich dein Jammern begehrte." Danach kam der Priester. Mit welcher Gnade mir aber das heilige Sakrament gegeben wurde, das habe ich zuvor geschrieben. Also verlebte ich den Advent mit Gnaden und Freuden, wie es mir jeden Advent ist.

Außerdem: Am heiligen Weihnachtstag erwachte ich vor den Metten mit großer Gnade. Ich stand auf mit großer Freude, die mir oft an diesem Tag gegeben wird. An jenem Tag und in der ganzen Woche empfand ich große Gnade und Freude.

Außerdem: Danach, am Tag der Beschneidung[123] (1348), kam ich zu den Metten in den Chor. Ich fing in süßer Wonne mit dem Namen Jesus meine Paternoster an. Da wurde ich wieder gebunden mit der allersüßesten Lust und mit kräftiger, göttlicher Gnade, die mir so gar kraftvoll Herz und Seele umgibt, dass ich ganz unfähig bin, eine andere Begierde zu hegen als die, welche mir gegeben wird mit Jesus und aus Jesus. Und die Gnade ist so kräftig, und das Binden ist so sanft, dass ich es mit Worten nicht ausdrücken kann. Allein, ich begehre, dass es alle Menschen empfinden möchten! Mir wird auch vieles geantwortet auf all die Dinge, die ich begehre, und die ich da geschrieben habe. Also geschah es mir am Fest der Drei Könige[124] und auch an Unserer Frauen Tag Purificatio[125].

### *Ehrfurcht vor den Oberen*

Außerdem: Danach, zur selben Zeit, starb eine weltliche Frau. Die wurde frevelhaft in unserer Kirche begraben, obwohl das der Bischof verboten hatte. Als ich des anderen Tages in die Kirche kam und beten wollte, da

---

[123] 1. Januar. (Anm. Frank-Daniel Schulten).
[124] 6. Januar. (Anm. Frank-Daniel Schulten).
[125] Lichtmess, 2. Februar. (Anm. Frank-Daniel Schulten).

konnte ich gleich anfangs kein Wort sprechen. Ich musste aus dem Chor gehen. Und wie oft ich versuchte zu beten, ich konnte kein Wort sprechen, und ich vermochte auch unseren Herrn im Chor nicht zu empfangen. Als ich aber den Chor verließ, konnte ich gut beten, ja ich betete, was ich wollte. Und das tat ich drei Wochen. Da kam einer unserer Vorgesetzten zu unserem Kloster und visitierte. Den baten die Schwestern, die es wussten, dass er mir im Gehorsam gebiete, in den Chor zu gehen und mein Gebet dort zu sprechen und auch unseren Herrn zu empfangen. Also gab der mir das Gebot. Nun weiß das mein Herr Jesus Christus wohl, dass ich im selben Augenblick, als mir das Gebot gegeben wurde, eine Befreiung von großer Bedrängnis empfand, mit einer großen Freude und Leichtigkeit. Ich ging sofort in den Chor, ich vermochte da zu beten, was ich wollte wie zuvor. Und es weiß das mein Herr Jesus Christus wohl, dass ich seither mehr Verlangen nach meinen Vorgesetzten empfunden habe und auch größere Ehrfurcht vor ihren Geboten als zuvor.

### *Alte Leiden*

Die Gnade und Freude, die ich vorher beschrieben habe, und auch die Gesundheit, deren ich mich in jedem Advent erfreue, die währten an mir bis zum Tag der Flucht nach Ägypten[126]. Da fing ich an zu kränkeln. Gegen Abend fühlte ich mich nicht so wohl wie vorher. Nach Dreikönig fing ich mit dem gebundenen Schweigen an, wie ich vorher geschrieben habe. Das nahm an mir zu mit heftigem Weh und Leiden. Am Fastnachtsmontag begann das Leid mit dem Essen samt all den Leiden, wie ich von den früheren Fasten geschrieben habe, und mehr. Und da, am Montag nach Lätare, stellte sich die Rede mit Macht bei mir ein, und am Dienstag die lauten Rufe. Das währte an mir bis zum Karsamstag. Die Rufe waren lauter und länger und auch stärker als in den anderen Fastenzeiten. Aber in der Rede, die den lauten Rufen folgte, hatte ich auch mehr Gnade und Süßigkeit als während der früheren Fasten. Auch quälte mich heftiger als während der anderen Fasten ein unbekanntes Leiden. Als mir das zustieß vor der Komplet, da fasste es mich so kräftig, dass keine Kraft zu leben in mir zu

---

[126] 15. September. (Anm. Frank-Daniel Schulten).

bleiben schien. Ich vermochte kein Zeichen zu geben. Nur den Morgen hoffte ich noch zu erleben, um unseren Herrn zu empfangen und dann zu sterben. Danach trug ich großes Verlangen.

Später wiederholte sich dieser Anfall noch oft. Ich gewöhnte mich daran. Am Samstag nach Lätare wurde mir ein so lebhaftes Empfinden des heiligen Leidens meines Herrn Jesus Christus gegeben, als ob ich es vor meinen Augen gegenwärtig sähe. Das habe ich auch von den früheren Fasten geschrieben.

Wenn ich unseren Herrn empfing, dann unterblieben die lauten Rufe bis zur Komplet. Den Ablasstag verlebte ich wieder wie das vorige Jahr. Morgens am Karfreitag konnte ich den Psalter, und was ich sonst wollte, gut lesen, die Metten ausgenommen. Das hatte ich die früheren Jahre nicht tun können. Nun hatte ich in meinen Leiden das Verlangen, wenn ich sterben müsste, an eben diesem Tage zu sterben aufgrund so schmerzlich empfundenen Mitleidens. Allein mir wurde nicht mehr Leid zuteil als vorher. Wohl wurden mir mehr Gnade und Süßigkeit gegeben als zuvor. Unter dem Amt wurden mir zwei Seelen, deren ich vorher nicht gedenken konnte, so gegeben, dass ich an sie zu denken vermochte, und eine andere wurde mir auf dem Weg zum ewigen Leben gezeigt. Deren konnte ich seither nicht anders gedenken, als dass ich um ihretwillen Gott lobte.

Am Osterabend legte sich mir das Weh wie zu anderen Jahren bis in die Nacht. Dann erfasste mich aber das allerärgste Weh, und es wurde so gar leidig, dass ich weder äußerlich noch innerlich irgendeine Gnade zu empfinden vermochte. Ich musste den Ostertag ohne unseren Herrn sein. Dies Leiden währte bis Freitag. Da verschwand es. Nun weiß mein Herr Jesus Christus wohl, dass für mich eine große Wonne und Tröstung darin liegt, dass der Spender und Kenner meines ganzen Lebens und verborgenen Leidens und der Gaben und Gnaden niemand anders ist als mein Herr Jesus Christus. Er weiß auch, dass seine Gnade und seine wunderbare Gabe mich innerlich so unermesslich erfüllen, dass ich von äußeren Dingen weder Lieb noch Leid erfahren kann. Aber was wider die Liebe und wider die Wahrheit und wider den Frieden ist, das bringt mir Mißstimmung.

Außerdem: Als ich am Pfingsttag zu den Metten in den Chor kam, da wurde ich wieder gebunden. Ich saß da in großer, süßer Gnade, von der ich nicht zu schreiben vermag. Besonders wurde mir die Eingebung, dass Gott all jene Menschen, die sich mir empfohlen hatten, nimmer verlassen wolle, weder hier noch dort. Er gelobte mir auch, dass er selber bei meinem Tode sein wolle mit seiner Mutter und meinem Herrn Sankt Johannes. Nun weiß mein Herr Jesus Christus wohl, dass mir zur selben Zeit so wohl war, dass ich mich fragte, wie die Jünger unseres Herrn den Heiligen Geist überhaupt zu ertragen vermochten. All jene drei Tage war ich beständig in großen Gnaden.

Am Mittwoch stellte sich dann das Weh wieder ein, von dem ich oben geschrieben habe. Es war mit heftigen Schmerzen verbunden und währte wohl manchen Tag. Es zog sich hin bis zum Sonnenwend-Abend[127]. Da wurde es wieder stärker. Ich war missgestimmt, weil ich ohne unseren Herrn sollte sein; denn, wenn es kam, so vermochte ich unseren Herrn nicht zu empfangen. In dem Weh entschlief ich. Beim Erwachen empfand ich das allerheftigste Verlangen nach dem Leib unseres Herrn mit gar süßer Gnade. Ich weckte alle, die bei mir lagen, damit sie mir zur Kommunion behilflich seien. Also wurde mir der heilige Leib unseres Herrn gebracht. Den empfing ich mit großer Gnade. Das Weh verließ mich aber jenes Jahr niemals gänzlich. Ein Ende nahm es damit, dass die Rede sich mit großer, süßer Gnade einstellte. Die währte drei Tage und Nächte.

Außerdem: Am Himmelfahrtstag der seligsten Jungfrau Maria[128] saß ich wieder im gebundenen Schweigen mit all der Gnade, wie ich vorher geschrieben habe, aber mit mehr Rede und Antwort. Und mit derselben Gnade saß ich am Tag Mariä Geburt[129].

---

127 21. Juni. (Anm. Frank-Daniel Schulten).
128 15. August. (Anm. Frank-Daniel Schulten).
129 8. September. (Anm. Frank-Daniel Schulten).

Außerdem: Am Oktavtag des heiligen Augustinus[130] wollte ich unseren Herrn empfangen. In der Nacht wurde ich gar liebevoll gebunden mit einem sanften, süßen Band der Gnade unseres Herrn, und ich vermochte mir äußerlich nicht zu helfen. Und darin empfing ich unseren Herrn, weil ich, obwohl noch so fest gebunden war, nicht gehindert wurde am Empfang des heiligen Leibes unseres Herrn. Also lag ich bis Mittag, dass ich meiner selbst nicht mächtig war.

### *Neue Tröstungen*

Außerdem: Am Fest Allerheiligen saß ich wieder im Chor mit der Gnade, die ich vorher beschrieben habe. Ich trug Verlangen um Tote und Lebendige und besonders wegen der Bedrängnisse, die auf der Christenheit lasten infolge des allgemeinen Sterbens, und ich begehrte zu wissen, ob die Juden daran schuld wären. Da wurde mir geantwortet, es sei wahr, aber Gott hätte es verhängt wegen der großen Mängel und Sünden der Christenheit. Und das wird mir allzeit zu verstehen gegeben, wenn ich etwas davon zu wissen wünsche. Ich trage oft Verlangen wegen etlicher Personen. Darüber wird mir geantwortet: „Ich lebe in ihnen, deshalb leben sie in mir."

Desgleichen wird mir von etlichen offenbart: „Ich will sie nimmer verlassen, weder hier noch dort." Und auch von etlichen: „Lebten sie für mich, so täte ich, was sie wollten." Ich wurde von einem geistlichen Mann[131] – dem machte ein Amt viele Sorgen –, gefragt, ob es der Wille Gottes sei, dass er davon zurückträte. Da wurde mir geantwortet: „Nein, denn er lebt mir in Liebe und Demut und in Wahrheit."

Außerdem: Ich hatte wieder eines Tages Wünsche bezüglich der Seele Kaiser Ludwigs von Bayern. Da wurde mir geantwortet, er sei in großer Qual, „aber er wird das ewige Leben nicht lange mehr entbehren nach der Größe der Qual."

---

130 Der achte Tag nach dem 28. August, dem Tag des Heiligen Augustinus. (Anm. Frank-Daniel Schulten).

131 Strauch schreibt: „Wer gemeint ist, bleibt unklar." Vielleicht ist dies das Anliegen des Abtes Ulrich, das er im Brief II. und III. berührt.

Außerdem: Ich trug auch Verlangen wegen zweier Seelen. Da wurde mir geantwortet: „So wenig Luzifer je aus der Hölle kommt, so wenig kommen sie heraus.“ Schon vorher vermochte ich nicht für sie zu bitten.

Außerdem: Mir war am Allerseelentag im Schlaf, als wenn ich an eine unbekannte Stätte käme. Da fand ich mancherlei Leute, die ich kannte. Sie waren tot. Die baten mich mit heißem Verlangen, dass ich Gott für sie bäte. Danach kam ich an eine schöne Stätte, die war grün. Da standen hohe Bäume, und von den Bäumen fielen schöne Äpfel. Nun sah ich da Leute, die ich gut kannte, und von denen ich fest glaube und vertraute, dass sie im ewigen Leben seien. Nun kamen zwei zu mir. Das waren Schwestern unseres Konvents. Sie gaben mir zwei von den Äpfeln. Davon war einer sauer, der andere süß. Sie baten mich, sie zu essen. Ich nahm die Äpfel und biss hinein. Da empfand ich so große Gnade aus den Äpfeln, dass ich sprach: „Kein Mensch auf Erden vermag sie beide zu essen.“ Sie sprachen: „Wenn du sie nicht magst, so gib sie uns wieder.“ Da erwachte ich beim Essen, und die Gnade war so süß und so stark, dass ich kein Wort zu sprechen vermochte und keinen Atem bekommen konnte, und ich war körperlich recht ohne alle Besinnung. Das währte lang an mir, und danach las ich die Metten ohne alles Verständnis.

Außerdem: In der Sankt-Martins-Nacht träumte mir, der Bischof[132] sei in unserem Kloster mit einem großen Gefolge. Ich hatte großes Verlangen und fühlte Hinneigung zum Bischof und zu seinen Dienern und besonders zu einem. Ich ging ihnen immer nach. Der Bischof saß unter dem Volk und reichte ihnen aus einem Kelch einen trüben Trank. Ich saß neben dem Bischof, und es saß der Diener hinter mir, der mir lieb war. Zu dem sprach der Bischof: „Reiche dieser einen Trunk!“ Und der bot mir da in einem Glas einen gar lauteren Trank. Als ich getrunken hatte, reichte ich es ihm zurück. Da sprach er: „Merke dir, was mich der Bischof geheißen, und was er dir entboten hat: Wenn du in Gedanken mit ihm in seinem Tode seiest, so wolle er bei dir sein in deinem Sterben.“

---

132 Der Bischof ist Christus; der Diener ist der Evangelist Johannes.

Also schied der Bischof von dannen mit seinem Gefolge. Und ich erwachte, und mein Herz und meine Seele waren erfüllt mit der allersüßesten Gnade, wovon ich nicht zu schreiben vermag. Und ich begann meine gewöhnliche Rede mit der kräftigen, süßen Gnade, die mir aus dem Trank gegeben wurde, und die ich von der Gegenwart des Bischofs und der Diener empfangen hatte. Mein Herr Jesus weiß wohl, dass ich die Gnade, die mir aus dem Essen und in dem Trinken zuteil wurde, in süßer Wonne immer mehr empfunden habe. Insbesondere, wenn ich meine Paternoster spreche und wenn ich zum Paternoster meines Herrn Sankt Johannes komme, so empfinde ich mit der allersüßesten Gnade, wer der ist, der mir den Trank gereicht hat.

Außerdem: Am dritten Tag vor dem Fest des heiligen Andreas wurde ich von all jenen Banden, womit ich gebunden gewesen war das ganze Jahr, befreit mit einer so süßen Gnade, als ob mir jedes Glied besonders freigemacht sei. Aber mein Herr Jesus Christus weiß wohl, dass ich von der kraftvollen großen Adventsgnade nicht reden und auch nicht schreiben kann. Ebenfalls weiß mein Herr wohl, dass mir von seiner barmherzigen Güte viel gegeben wird an Antwort und auch an Gnadenempfindungen, wovon ich nicht schreiben kann. Ich unterlasse es oft wegen der beständigen Schwäche, die mich drückt, und auch aus Furcht, von der Gnade zu reden, die zwischen mir und meinem Herrn und Gott ist, der da ist das Licht der lauteren Wahrheit, denn er weiß wohl, dass ich seine Gaben und Gnaden empfange und trage mit richtiger Furcht wegen meiner tiefen Unwürdigkeit.

Außerdem: Der Name Jesus Christus, das weiß die Wahrheit wohl, der blüht in der Zeit des Advents in mir mit besonders süßer Gnade, und ich vermag nichts, außer was mir mit Jesus und aus Jesus und in Jesus gegeben wird.

## *Margaretas Gebete, Meditationen und Andachtsübungen*

### *Margaretas erstes Paternoster*

Herr, in Deiner höchsten Liebe und in Deiner allergrößten und süßen Erbarmung, wie sie jemals aus Deiner ewigen Gottheit vom Himmel auf die Erde floss, empfehle ich Dir in Lauterkeit unsere Seelen, in Reinheit unsere Herzen, in wahrer Unschuld unser ganzes Leben und in lauterer Wahrheit all unsere Begierden und alle unsere Meinungen. Deine unergründliche Erbarmung, Jesus Christus, möge uns dazu vorbereiten und Deine vollkommene Liebe uns dazu drängen, dass wir die allersüßeste Gnade und die allwahrhaftigste Liebe erlangen, wozu Du Deine allerliebsten Freunde erwählt hast im Leben und im Sterben und in Ewigkeit.

Ich bitte Dich, mein Herr, dass Du uns in Deiner lauteren Liebe gebest eine sichere Vereinigung mit dem höchsten Gut, das Du, Gott, selber bist. Und ich bitte Dich, mein Herr, um der kräftigen Hilfe willen, die Du uns in Deinem heiligen menschlichen Leben mit allen Deinen Liebeswerken gegeben hast: Lasse uns innewerden Deine Gegenwart sichtbar und unsichtbar, mit einer süßen Berührung. Lasse uns innewerden, was rechte, herzliche Liebe zu Dir sei, lasse uns an nichts anderem Lust haben als an Deinem heiligen Leiden und an Deinen heiligen Sakramenten, gib uns eine wahre Lossagung von dieser ganzen Welt und einen vollen Verzicht auf uns selbst, eine reine Erkenntnis unserer Sünden, um sie aus rechter Liebe zu bereuen und zu verlassen, und gib uns einen bitteren Schmerz um all unsere verlorene Zeit in Gedanken, in Worten, in Werken und in aller Versäumung Deiner süßen Gnade.

Gib uns, mein Herr, eine stete Wahrung unserer selbst in Deiner herzlichen Liebe und einen kräftigen Sieg über alles Übel. Und gib uns, mein Herr, die lautere Wahrheit, in der wir Dich erkennen und lieben werden, gib uns auch Deine unergründliche Barmherzigkeit, in der wir geläutert und gereinigt werden von allen unseren Schulden, damit wir so lauter erscheinen vor dem lichten Spiegel Deines göttlichen Antlitzes wie damals, als unsere Seele unserem Leibe eingegossen wurde und unser Leib aus der Taufe gehoben wurde.

Ich bitte Dich, mein Herr Jesus Christus, durch Deine vollkommene Gnade, dass Du uns helfest, in allen Dingen Deinem Willen zu folgen, es geschehe uns Lieb oder Leid. Deine gewaltige Macht binde uns dazu und Deine süße Liebe zwinge uns dazu, damit wir kein bloß natürliches Leben in uns haben, sondern dass Du, Jesus Christus, in uns lebest mit aller Deiner Gnade, und dass wir Dir allein leben in der rechten Wahrheit, und ich bitte Dich, Du wollest kraftvoll in uns wirken die allersüßesten Werke, die Du aus innerer Lust in Deinen auserwählten Freunden gewirkt hast, bis dass wir innewerden, was rechte Liebe zu Dir sei, und damit wir, wenn der letzte Augenblick unseres Lebens kommt, in den himmlischen Freuden innewerden, was eine reine Vereinigung sei zwischen Dir und einer darbenden Seele, die Du mit Deiner Gottheit geziert hast und in die Du Dich klar gesenkt hast mit allem göttlichen Adel und in die Du Dich liebevoll eingedrückt hast in göttlicher Kraft, sodass sie außer Dir nichts ist, dass aber an ihr erscheint das Bild Deiner Heiligen Dreifaltigkeit in göttlicher Klarheit.

Ich bitte Dich, mein Herr, dass Du uns durchbohrest mit den Schmerzen Deines Herzens, auf dass sie so in uns eingeprägt werden zu einem wahren Liebeszeichen Deiner herzlichen Liebe, wie Du es aus rechter, liebender Lust noch keinem Herzen je wahrhaft getan hast.

Gib uns, mein Herr, ein inniges, süßes Verlangen aus einem reinen Herzen nach der lebendigen Speise Deines heiligen Leibes und einen Liebesdurst, worin wir Dich empfangen dürfen nach Deiner innersten Barmherzigkeit. Und nimm ein barmherziges Werk an uns vor, mit Süßigkeit und mit vollen Gnaden, auf dass wir die in Deinen heiligen Sakramenten verborgene Kraft wahrlich an uns empfinden, mit Fortschritt in den Tugenden und mit Zunahme an Gnaden.

Und ich bitte Dich, mein Herr, Du wollest uns heute speisen im Verein mit dem allerwürdigsten Priester, der Dich auf Erden heute empfängt, damit wir mit allen den Gnaden dieses heiligen Sakramentes so wahrlich erfüllt werden, als ob wir Dich empfingen gegenwärtig von seinen Händen und in gleicher Würdigkeit des Verlangens wie er. Lasse uns gnädig wegen der Verwirrung in der Christenheit der Gnade Deiner Gegenwart nicht beraubt werden und lasse uns ferner niemals irgendwelchen Schaden leiden an der lauteren Wahrheit, die Du, Gott, selber bist, in dem alle Wahrheit geschaut wird. Lasse uns vor Deinem göttlichen Antlitz erscheinen, frei von dieser Schuld und von aller Schuld, und wohlgeschmückt mit der Vollkommenheit aller Gnaden. Kräftige uns mit Deiner lebendigen Speise, auf dass wir zunehmen in feuriger Liebe, und dass Du uns dann umgebest mit Deiner unergründlichen Barmherzigkeit wider alles Übel und umfangest mit Deiner lauteren Wahrheit.

Alle Deine Gnaden mögen uns umschließen und sich nun alle Zeit in uns mehren, auf dass sie uns nimmermehr genommen werden und uns im ewigen Leben seien vor Dir ein ewiger Lohn und eine ewige Freude und eine ewige Wonne in Dir ewiglich. Hilf uns, mein Herr, dass wir aus lauter Liebe sterben und dass uns gegeben werde von der Liebe, die Dich aus Liebe zu uns sterben ließ am heiligen Kreuz, damit wir, derweilen wir noch wähnen, in diesem Leben zu sein, schon in den ewigen Freuden seien bei Dir.

Hilf uns, dass wir dieses Elend mit rechten Freuden verlassen und dass unsere Seele nach diesem Elend keine Traurigkeit mehr empfinde noch auch Schrecken, und dass wir Deiner niemals entbehren und dass uns von der tiefsten Güte Deiner unergründlichen Barmherzigkeit nichts anderes bei Dir möge werden als eine ewige Wonne in Dir und eine ewige Freude bei Dir und ewiger Lohn, womit wir ausgezeichnet werden zu genießen Deine heilige Gottheit in der allerlautersten Klarheit, wie Du Dich Deinen allerliebsten Freunden gibst.

Nun bitte ich Dich, mein Herr, durch die kräftige Hilfe, die Du uns in Deinem heiligen Menschsein und in Deinem heiligen, kräftigen Leiden gegeben hast, dass Du Dich uns liebend und barmherzig allem unserem Verlangen gibst.

Ich bitte Dich, mein Herr, dass Du Dich uns gebest mit der allersüßesten Gnade, in der Du Dich Deinen liebsten Freunden gegeben hast, und dass Du uns mit Dir abnehmest alles Übel. Was ist übel? Alles, mein Herr, was Du nicht bist.

Und gib uns den Kuss Deines ewigen Friedens durch das Herz in die Seele mit der allersüßesten Empfindung, womit Deine lautere Seele in rechter, liebender Lust den allersüßesten Kuss eines reinen Herzens je empfunden oder empfangen hat. Gib uns den Kuss als Pfand Deiner feurigen Liebe, als Hilfe Deiner unergründlichen Barmherzigkeit zur Stärkung in der lauteren Wahrheit, zur Unterweisung im wahren christlichen Glauben für Leben und Sterben, zur Festigung rechter, wahrer Hoffnung.

Mein Herr, Dein verklärtes, wohlgeziertes Menschsein Jesus Christus, das möge meine innerste Kraft sein und eine Reinigung meines ganzen Lebens und eine Erleuchtung all meine Sinne zur Erkenntnis der rechten, lauteren Wahrheit. Der nächste Weg zu Dir, mein Herr, auf dem Weg der rechten Wahrheit muss uns sein: das wahre Licht Deines lauteren dreiunddreißigjährigen Lebens auf Erden, Deine demütigen Werke, Dein sanftmütiger Wandel, Dein kraftvolles Leiden, Dein liebevoller Tod, Deine wahrhaften Worte.

Mein Herr, gib mir eine süße Heilssicherung mit der Fülle der Gnaden, ein urinnigliches Ende in rechter Gesinnung, ein ewiges Genießen der lauteren Liebe, wo Du, mein Herr, allein der Herr bist und niemand sonst, wo Deine Ehre unsere ewige Speise ist und Deine Gewalt unsere ewige Freude, wo Dein klarer Anblick unsere ewige Lebensregel ist, wo alle Traurigkeit ein Ende hat und alle Freude gesichert ist aus dem Quell des lebendigen Brunnens. Von woher kommt er geflossen? Aus des Vaters Herz, das ewige Wort, aus Liebe zu uns eingeschlossen in einer Jungfrauen Schoß in lauter Reinheit.

Maria, Gottes Mutter, Deine Reinheit und Deine reine Geburt mögen uns reinigen, Deine mütterliche Hilfe möge uns mit der Hilfe aller Deiner Heiligen und aller Deiner Engel erschließen den Brunnen aller Barmherzigkeit, aus dem niemals einem Menschen verweigert wurde zu schöpfen – auf dass Du, mein Herr, Dich ergießest in uns und über uns mit reichen Gaben in vollen Gnaden. Reinige uns, und wasche uns mit dem heiligen Blut Deiner heiligen Wunden von all unserer Schuld, und tränke uns, mein Herr, mit dem Wasser, von dem Du, ewige Weisheit und Wahrheit, gesagt hast, dass wer davon trinkt, nimmermehr dürste. Daraus möge unsere Seele schier mit Klarheit getränkt werden.

Dass Deine liebende Lust an uns erfüllt werde, dass Dein Lob durch uns gemehrt werde, mein Herr, in Deinen ewigen Freuden; das gib uns, Jesus, aus der Kraft Deiner innigsten Liebe, aus der uns all unsere ewige Seligkeit geflossen ist. Aus der überfließenden Kraft Deines heiligen Leidens werde uns gegeben Deine unergründliche Barmherzigkeit, in der Du uns mit aller Gnade bereitest für Deinen liebsten Willen, besonders dass Du uns zierest mit Gnaden rechter lauterer Reinheit und mit der lauteren, bloßen Wahrheit, mit starker, brennender Liebe, mit einem wahren Frieden, innerlich und äußerlich, mit wahrer Demut, mit einem wahren, leuchtenden Licht des wahren christlichen Glaubens. Gib uns, mein Herr, ein wahres Zunehmen in all Deinen Gnaden, bis wir dazu kommen, dass uns Deine göttliche Gnade sei eine ewige Freude und ein ewiger Lohn. *Amen. Deo gratias.*

## *Margaretas zweites Paternoster*[133]

### I.

Mein Herr, ich gedenke des Abendmahls, das Du mit Deinen Jüngern gefeiert hast, als Du sprachst: „Mit Sehnsucht habe ich verlangt, die Ostern mit euch zu essen, ehe denn ich leide." Ich erinnere Dich, Herr Jesu Christe, an die Liebe, die da brannte in Deinem Herzen, als Du sprachst: „Nehmet

---

[133] Nach der Biographie von Eustachius Eysenhuet, *Kurtzer Begriff deß wunderlichen Lebens (…) der seeligen Jungfrauen Margarethae Ebnerin* (Augsburg 1688).

hin, dies ist mein Leib." Ich bitte Dich, mein Herr, dass Du Dich uns gebest durch die Liebe, in der Du es selber gesetzt und angeordnet hast, und durch die Liebe Deines heiligen Leidens. Hilf uns, o Herr, dass Du allzeit von uns würdig, andächtig und christlich empfangen werdest. Sei unsere letzte Speise in diesem Elend, und gib uns, o Herr Jesu Christe, ein sicheres und wahres Geleit in das ewige Leben.

II.

Ich erinnere Dich, o Herr, an das Zittern und den bitteren Schrecken Deines lieben Herzens, als Judas von Dir ausging zu den Juden und Dich in den Tod gab. Ich bitte Dich, o Herr, Du wollest uns behüten vor dem Zittern und dem Schrecken, das jene haben, die sich beim Ausgang ihrer Seele von Dir scheiden müssen.

III.

Ich gedenke, mein Herr, dass Du Dich neigtest bis auf die Erde und Deinen lieben Jüngern die Füße wuschest. Ich bitte Dich, mein Herr, Du wollest Dich barmherzig neigen in unsere Herzen und unsere Seelen und uns reinigen und läutern von all unseren Sünden.

IV.

Ich mahne Dich, o Herr, an all die süßen, barmherzigen und väterlichen Reden, die Du mit Deinen Jüngern je geredet hast. Besonders gedenke ich, dass Du gesprochen hast: „Ich will euch nicht als Waisen zurücklassen." „Ich will zu euch kommen." Eja[134], mein Herr! Sei heute zu uns geladen in unser Herz und in unsere Seele; komm und bring uns mit Dir alles, von dem Du weißt, dass es uns not tut zu unserer ewigen Seligkeit.

V.

Ich gedenke, o Herr, der süßen Ruhe meines Herrn Sankt Johannis auf Deinem liebenden Herzen und lobe Dich um all des Guten willen, das

---

[134] Es handelt es sich hierbei um ein Kosewort. Eja bzw. Eja-eja wurde beim Wiegen der Weihnachtskrippe gesungen. Es taucht auch in späteren Weihnachtsliedern auf. (Anm. Frank-Daniel Schulten).

daraus fließet und geflossen ist, und ich begehre daraus der allersüßesten Gnade und der allerkräftigsten Hilfe des göttlichen Trostes, der je aus Deinem liebenden Herzen geflossen ist. Ich schließe darein mein Leben und Sterben und begehre mir und all den Meinen und allen gläubigen Seelen die süße Gnade, die je aus Deinem liebenden Herzen geflossen ist und in irgendein reines Herz oder eine reine Seele je gegeben wurde, und bitte Dich, mein Herr Sankt Johannes, dass du uns erlangest Vergebung all unserer Sünden, und alles, von dem Du weißt, dass wir dessen bedürfen zu unserer ewigen Seligkeit.

VI.

Ich gedenke, mein Herr, dass Du sprachst: „Stehet auf, lasset uns gehen." Hilf uns, o Herr, dass wir aufstehen von allem menschlichen Übel und von all unsern natürlichen Schwachheiten, und dass wir Dir, dem wahren, lebendigen Gott, nachfolgen in der ganzen, reinen Wahrheit, die Du, Gott, selber bist.

VII.

Ich gedenke, o Herr, der Worte, die Du sprachst beim Eintritt in den Garten Gethsemane: „Meine Seele ist betrübt." Hilf uns, o Herr, dass wir aus Liebe und rechter Begierde Deines heiligen Leidens sprechen: „Mein Gedächtnis wird immer eingedenk sein, und meine Seele wird in mir verschmachten."

VIII.

Ich gedenke, o Herr, dass Du uns geboten hast, zu wachen und zu beten. Hilf uns, o Herr, dass wir weise wachen mit den klugen Jungfrauen, damit das Feuer Deiner göttlichen Liebe und das Licht Deiner göttlichen Gnade in uns nimmer erlösche.

IX.

Ich gedenke, o Herr, des allerheiligsten Gebetes, das Du verrichtet hast, als Du sprachest: „Vater, wenn es möglich ist, so gehe dieser Kelch an mir vorüber; aber nicht mein, sondern Dein Wille geschehe." Ich bitte Dich, mein Herr, durch dieses Dein heiliges Gebet, Du wollest uns alles vergeben, was wir je wider Dich getan haben in Gedanken, Worten und Werken. Hilf uns, o Herr, dass wir nach allem Deinem Willen werden; er geschehe an uns in Lieb oder mit Leid —, aber in Deiner Barmherzigkeit.

X.

Ich gedenke, o Herr, dass der Engel Dich stärkte in Deinem heiligen angstvollen Gebet auf dem Ölberg, als Dein Schweiß in Blutstropfen auf die Erde rann. Ich bitte Dich, mein Herr, Du wollest unsere Kraft und Hilfe sein in allem Leiden. Reinige und läutere uns durch Dein heiliges, vor Liebe wallendes rosenfarbenes Blut.

XI.

O Herr, ich gedenke des Schreckens, den Dein liebendes Herz empfand, als die greuliche Schar kam. Du erzeigtest Deine göttliche Macht, und die ganze Menge stürzte zu Boden. Ich bitte Dich, o Herr, Du wollest uns behüten, dass wir niemals von Deinem Zorn und Deiner göttlichen Gewalt daniedergeschlagen werden, und wollest uns bewahren vor allem, was uns vor Dir und den Menschen zur Schande und Schaden gereicht. Ich mahne Dich auch, o Herr, an die Barmherzigkeit, die Du erzeigt hast, als Du dem Knecht das Ohr heiltest. Ich bitte Dich, mein Herr Jesu Christe, dass Du barmherziglich die Wunden unserer Seele heilest und allzeit barmherzig mit uns wirkest, innerlich und äußerlich.

XII.

Ich gedenke, mein Herr, dass Du dem Judas Deinen Kuss gestattet und ihn Deinen Freund geheißen hast. Gib uns, o Herr, den Kuss des ewigen Friedens durch das Herz in die Seele, wie nur je ein reines und liebendes Herz ihn empfunden oder empfangen hat, und hilf uns, mein Herr, dass wir Deine Freunde sind und heißen.

XIII.

Ich gedenke, o Herr, dass Deine Jünger geflohen sind und Dich verlassen haben, und bitte Dich, Du wollest uns nimmer verlassen, weder hier noch dort.

XIV.

Ich gedenke, o Herr, dass Dich die Juden gefangen und gebunden haben. Ich bitte Dich, Du wollest uns entbinden von den Banden all unserer Schuld und uns zwingen mit den starken Banden Deiner göttlichen Liebe.

XV.

Ich gedenke, o Herr, Deiner bescheidenen Worte und Deiner sanftmütigen Haltung bei der unwürdigen Aufnahme, die Dir allerorts widerfuhr. Ich bitte Dich, o Herr, Du wollest uns barmherziglich empfangen aus diesem Elend in das ewige Leben.

XVI.

Ich gedenke, mein Herr, dass Du zur Zeit der Mette von allen Deinen Freunden verlassen warst und von allen Deinen Feinden umgeben wurdest. Ich bitte Dich, mein Herr, Du wollest uns nimmer verlassen, weder hier noch dort, und uns behüten vor allen unsern Feinden; auch allzeit barmherzig mit uns sein im Leben und im Sterben.

XVII.

Ich gedenke, mein Herr, dass Dir die Juden Deine schönen Augen verbunden und Deinen heiligen Nacken geschlagen haben. Ich bitte Dich, o Herr, dass Du unser Herz und unsere Seele erleuchtest mit der Klarheit Deines heiligen Leidens.

XVIII.

Ich gedenke, o Herr, dass Dich Dein Jünger Sankt Petrus verleugnet, und dass Du ihn mit den Augen Deiner unergründlichen Barmherzigkeit angeschaut hast. Sieh auf mich, und erbarme Dich meiner nach dem Urteil derer, die Deinen Namen lieben. Ich bitte Dich, o Herr, dass Du uns ansehest mit den Augen Deiner unerschöpflichen Barmherzigkeit. Vergib uns, mein Herr, wenn wir Dich je verleugnet haben in Gedanken, Worten oder Werken. Ich bitte auch dich, mein Herr Sankt Petrus, durch alle Liebe, die du je zu Gott und seinem heiligen Leiden gewannst, Du wollest uns erlangen Nachlass unserer Sünden und alles, von dem Du weißt, dass wir dessen bedürfen zu unserer ewigen Seligkeit.

XIX.

Ich gedenke, mein Herr, all des Übels und Elends, das Du in Deinem heiligen Leiden gelitten und hingenommen hast. Ich bitte Dich, o Herr, Du wollest uns nimmer verlassen mit Deiner göttlichen Gnade und Deiner kräftigen Hilfe und Deinem göttlichen Trost, weder hier noch dort ewiglich.

XX.

Ich gedenke, mein Herr, dass Du zur Primzeit dem verworfenen Richter Pilatus übergeben wurdest, ich bitte Dich, mein gewaltiger Richter im Himmel und auf Erden, Du wollest all unser Leben richten in Deinen liebsten Willen und uns barmherzig empfangen in Deinem göttlichen Gericht. Senke, o mein Herr, einen barmherzigen, kräftigen Blick in unsere Seele, durch den wir befestigt und gestärkt werden. Ich bitte Dich, Herr, dass Du uns richtest in der Fülle Deiner unergründlichen Barmherzigkeit. Setze alsdann zwischen unsere Seele und Dein göttliches Gericht Dein heiliges Leiden und Deinen bitteren Tod und Deine zarte Mutter und alle Deine göttlichen Liebeswerke und Deine unerschöpfliche Barmherzigkeit.

XXI.

Ich gedenke, o Herr, dass zur Terzzeit[135] erfüllt wurde, was Du gesprochen hast durch den Propheten: „Mein Antlitz gab ich hin den Schlagenden etc." Ich bitte Dich, mein Herr, Du wollest die Klarheit Deines göttlichen Antlitzes, das von den Juden jämmerlich verspieen wurde, leuchten lassen über dem Angesicht unserer Seele.

XXII.

Ich gedenke, o Herr, Deiner zarten Mutter. Wohin sie kam, da fand sie Dich im allerbittersten Leiden. Ich mahne Dich, mein Herr und Gott, an die trostlosen Blicke, die ihr gegeneinander gerichtet habt. Ich bitte Dich, mein Herr, Du wollest uns barmherzig ansehen in all unseren Gebrechen, auch uns in keinem Leiden verlassen, weder hier noch dort.

---

[135] Die dritte Stunde. (Anm. Frank-Daniel Schulten).

XXIII.

Ich gedenke, mein Herr, dass Du zu Herodes gesandt wurdest mit dem gottlosen Heer, das Dir folgte, und erinnere Dich, mein Herr Jesu Christe, dass Dich Herodes verschmäht, verspottet, Dich mit einem weißen Kleid bekleiden ließ und Dich zu Pilatus zurücksandte. Ich bitte Dich, barmherziger Herr und Gott, Du wollest uns helfen, dass wir von Dir nimmermehr verschmäht werden.

XXIV.

Ich gedenke, o Herr, dass erfüllt wurde, was mein Herr Sankt Johannes gesprochen hat: „Da nahm Pilatus Jesum und ließ ihn geißeln." Ich erinnere Dich, o Herr, an all die Wunden, die Du empfingst und an all den Schrecken, den Du je empfandest, und an all das heilige Blut, das Du an der Säule vergossen hast, und an all die Liebe, in der Du warst und gelitten hast. Ich bitte Dich, Du wollest heilen die Wunden unserer Schuld und versöhnen unsere Herzen in Deinen heiligen Schmerzen. Ich bitte Dich auch, mein Herr, Du wollest reinigen, tränken und zieren unsere Seele mit Deinem rosenfarbenen Blut und entzünden unsern Geist und alle unsere Sinne in Deiner göttlichen Liebe und besänftigen all unsere Leiden in Deinem heiligen Leiden.

XXV.

Ich gedenke, o mein Herr, dass die schändlichen Juden Dir das rote Kleid anlegten und Dir eine Dornenkrone in Dein heiliges Haupt drückten, dass sie vor Dir niederknieten und Dich spottweise anbeteten und sprachen: „Sei gegrüßt, König der Juden." Ach, mein Herr, ich bete Dich, den wahren, lebendigen Gott, Jesum Christum an, in der Ehre Deines heiligen Leidens und Deines rosenfarbenen Blutes. Ich bitte Dich, mein Herr, dass Du uns dadurch reinigest und läuterst und dass wir dadurch geziert und verklärt werden. Hilf uns, wenn wir von diesem Elend scheiden, dass wir dahin kommen, wo Du bist, unser ewiger Lohn und unsere wohlgezierte Krone im ewigen Leben.

XXVI.

Ich gedenke, o Herr, des Schreckens, den Dein Herz empfand, als das gottlose Urteil über Dich gesprochen wurde, und bitte Dich, o Herr, dass Du uns gebest vollkommene Liebe zu Dir, dem wahren, lebendigen Gott, die Dir in uns genüge.

XXVII.

Ich gedenke, o Herr, dass Du, unter dem Kreuze gebeugt, aus der Stadt Jerusalem gingst, und bitte Dich, Du wollest Dich neigen in unsere Herzen und in unsere Seele und uns vergeben all unsere Sünden.

XXVIII.

Ich gedenke, o Herr, dass ein sterblicher Mensch Dir half, das Kreuz zu tragen, dass Dir Deine zarte Mutter und Deine andern guten Freunde nachfolgten, Dich beklagten und beweinten, und dass Du Dich zu ihnen wandtest und sprachst: „Ihr Töchter Jerusalems, weinet nicht über mich, sondern über euch selbst und über eure Kinder." Ich bitte Dich, o Herr, Du wollest uns helfen, dass wir Dir nachfolgen in Deinem heiligen Leiden mit den allerliebsten Freunden, die Du auf Erden hast.

XXIX.

Ich gedenke, o Herr, dass Du Deiner lieben Mutter danktest für all das Gute, das sie Dir getan hat. Ich sage Dir, o Herr, heute von ganzem Herzen, von ganzer Seele und aus allen Kräften Dank für all das Gute, das Du mir getan hast und gegenwärtig tust und ewiglich tun willst.

XXX.

Ich gedenke, o Herr, dass Du bei der Ankunft auf Kalvaria[136] Deine menschliche Kraft ganz verzehrt hattest. Hilf uns nun, o Herr, all unser Leben in Deinem göttlichen Dienst zu verzehren.

---

[136] Golgatha. (Anm. Frank-Daniel Schulten).

XXXI.

Ich gedenke, o Herr, dass zur Sextzeit[137] erfüllt wurde, was Du durch den Propheten gesprochen hast: „Sie haben meine Hände durchbohrt." O Herr, aus all Deinen blutenden Wunden begehre ich Nachlass unserer Sünden und alles, von dem Du weißt, dass es uns not tut. Ziehe uns auch, o Herr, zu unserer ewigen Seligkeit.

XXXII.

Ich gedenke, mein Herr, dass die Juden das heilige Kreuz erhoben. Ich erinnere Dich, meine lautere Wahrheit, dass Du selbst sprachest: „Wenn ich erhöht werde, will ich alles an mich ziehen." Ich bitte Dich, mein barmherziger Herr und Gott, durch die Liebe, die Dich am heiligen Kreuz erhöht hat, Du wollest unsere Herzen und unsere Seele und all unsere Begierden ziehen in Dich, den wahren, lebendigen Gott.

XXXIII.

Ich gedenke, o Herr, dass die Juden unter dem heiligen Kreuz vorübergingen, Dich schalten und zum Spott ihre Häupter schüttelten.

XXXIV.

Ich gedenke, o Herr, dass Du sprachst: „Vater, vergib ihnen, denn sie wissen nicht, was sie tun." Ich bitte Dich, mein Herr, dass Du uns vergebest, was wir je wider Dich begangen haben in Gedanken, Worten und Werken.

XXXV.

Ich gedenke, o Herr, des süßen Amen, das Du dem Schächer gabst am Kreuze, als er sprach: „Herr, gedenke meiner, wenn Du in Dein Reich kommst." Ich erinnere Dich, o Herr, dass Du gesprochen hast: „Wahrlich, heute noch wirst du mit mir im Paradiese sein." Mit aller Inbrunst meines Herzens begehre ich und bitte Dich durch die Liebe Deines heiligen Todes und durch die Kraft Deines heiligen, liebewallenden Blutes, dass Du gebest

137 Die sechste Stunde. (Anm. Frank-Daniel Schulten).

Sicherheit des ewigen Lebens mir und all den Meinen und allen betrübten gläubigen Seelen.

XXXVI.

Ich gedenke, o Herr, Deiner zarten Mutter, und erinnere Dich an das bittere Leiden, das sie mit Dir empfunden hat. Ich bitte Dich, o Herr, durch das schneidende Schwert, das durch ihr Herz in ihre Seele ging: Ach, Herr, ich bitte Dich durch alles Leiden, das Du um unserwillen je erduldet hast, Du wollest uns nimmer verlassen, in keinem Leid, weder hier noch dort.

XXXVII.

Ich gedenke, o Herr, dass Du zu Deiner Mutter sprachst: „Weib, siehe deinen Sohn!" Und zu dem geliebten Jünger: „Siehe deine Mutter!" Ich empfehle mich in die Treue und in die Wahrheit und die Liebe Deiner zarten Mutter und Deines geliebten Jüngers Sankt Johannes.

XXXVIII.

Ich gedenke, o Herr, dass Du am heiligen Kreuze ausriefst: „Mein Gott, mein Gott, warum hast Du mich verlassen!" Du zeigtest da die Bitterkeit und Schwere Deines heiligen Leidens. Ich bitte Dich, o Herr, Du wollest uns in keinem Leid verlassen, weder hier noch dort.

XXXIX.

Ich gedenke, mein Herr, dass Du sprachst: „Mich dürstet." Da mischten sie Essig und Galle und boten es Deinem heiligen Mund. Ich bitte Dich, mein Herr, Du wollest uns alles vergeben, was wir wider Dich im Essen und Trinken je begangen haben.

XL.

Ich gedenke, o Herr, dass Du zur Nonzeit[138] dem Tode nahtest und Dein liebreiches Antlitz gar entstellt war. Ich erinnere Dich, o Herr, an all die Wunden, die Du empfangen hast, und an all das Blut, das Du vergossen hast, an all den Schmerz, den Du erlitten und empfunden hast und an all die

[138] Die neunte Stunde. (Anm. Frank-Daniel Schulten).

Liebe, die Dich beseelte. Ich bitte Dich, o Herr, Du wollest heilen die Wunden all unserer Sünden und unsere Herzen verwunden in Deinen heiligen Schmerzen, Du wollest reinigen, tränken und schmücken unsere Seele mit Deinem heiligen rosenfarbenen Blut, und entzünden unseren Geist und alle unsere Sinne in Deiner göttlichen Liebe, und besänftigen all unser Leid in Deinem heiligen Leiden.

XLI.

Ich gedenke, mein Herr, dass Du starbst mit geneigtem Haupt, und bitte Dich, mein barmherziger Herr und Gott, Du wollest Dich neigen in unsere Herzen und in unsere Seele und uns vergeben alle unsere Sünde und Missetat.

XLII.

Ich gedenke, o Herr, Deines letzten Atemzugs. Hilf uns, mein Herr, dass unser letzter Seufzer auch sei unser letztes Weh.

LXIII.

Ich erinnere Dich, mein Herr, an die Liebe, die da brannte in Deinem Herzen, und bitte Dich, mein Herr, Du wollest unsere Herzen an Deinem vor Liebe brennenden Herzen entzünden.

XLIV.

Ich erinnere Dich, o Herr, dass Du gesprochen hast: „Es ist vollbracht." Da hattest Du gelitten, bis Deine Gottheit nimmer wollte und Deine Menschheit nimmer konnte. Ich bitte Dich, o Herr, Du wollest uns helfen, dass Dein liebster Wille an uns vollbracht werde, und Deine höchste Ehre und Dein höchstes Lob durch uns gemehrt werde hier und dort.

XLV.

Ich gedenke, o Herr, dass Du sprachst: „In Deine Hände, o Herr, empfehle ich meinen Geist." Dir empfehle ich meine Seele und meine Ehre und alle, die mir je Gutes getan haben. Ich sage Dir Dank, Herr Jesu Christe, für Dein heiliges Leiden und Deinen Tod und für Dein in Liebe wallendes Blut. Ich bitte Dich, o Herr, durch die Liebe, in der Du Dein Leben im Tode hingegeben hast, Du wollest all unser Leben umwandeln in Deine vollkommene, süße Liebe.

## XLVI.

Ich gedenke, o Herr, der Zeichen, die da geschahen, und bitte Dich, Du wollest unsere Herzen spalten mit dem schneidenden Schwert Deines heiligen Leidens, uns erleuchten mit dem Licht Deiner göttlichen Gnade, uns geben eine wahre Gottesfurcht, und uns helfen, dass wir erstehen aus dem Grab unserer Sündenschuld.

## XLVII.

Ich gedenke, o Herr, dass Dir Longinus Deine heilige Seite mit einem scharfen Speer geöffnet hat, und dass sogleich Blut und Wasser hervorquollen. Ach, mein Herr, ich preise Dich um all des Guten willen, das aus Deinem getreuen Herzen fließt und geflossen ist, und begehre aus Deinem väterlichen Herzen die allersüßeste Gnade und Barmherzigkeit und die allersüßeste Wonne, die je ein Herz empfunden und empfangen hat. Ich schließe darin mein Leben und mein Sterben und begehre für mich und die Meinen und für alle bedrängten gläubigen Seelen die allersüßeste Gnade und die kräftigste Hilfe des göttlichen Trostes.

## XLVIII.

Ich gedenke, o Herr, an die Sehnsucht, die Deine zarte Mutter hatte nach Deinem heiligen Leib, und an die Erfüllung dieser Sehnsucht durch Joseph von Arimathäa. Ich bitte Dich, mein Herr, Du wollest all unser Sehnen erfüllen in Dir und durch Dich, den wahren, lebendigen Gott.

## XLIX.

Ich gedenke, o mein Gott und Herr, der Inbrunst, mit der Joseph Deinen heiligen Leichnam umfing und vom heiligen Kreuz abnahm. Ich bitte Dich, o Herr, Du wollest all unsere Begierden erfüllen mit Dir, dem wahren lebendigen Gott.

L.

Ich erinnere auch dich, o Maria, Gottesmutter, an die Zärtlichkeit, mit der du den toten Mund und die heiligen Wunden deines Kindes geküsst und mit deinen mütterlichen Zähren benetzt hast. Ich bitte dich, o Gottesmutter, du wollest uns daraus erwerben Nachlass all unserer Sünden und alles, von dem dein mütterliches Herz weiß, dass wir seiner bedürfen zu unserer Seligkeit.

LI.

Ich gedenke, mein Herr, dass Dich Joseph mit den kostbaren Spezereien in seinem neuen Grab bestattete, allwo Deine göttliche Gottheit und Deine heilige tote Menschlichkeit im Frieden Deines himmlischen Vaters ruhte bis zum dritten Tage. Ich bitte Dich, o Herr, Du wollest einkehren in unsere Herzen und unsere Seele und uns wahren inneren und äußeren Frieden schenken.

LII.

Ich gedenke, o Herr, der Klarheit, womit Deine heilige Gottheit und Deine verklärte Menschlichkeit die Vorhölle erleuchtete.

LIII.

Ich gedenke, o Herr, wie gewaltig Du die Hölle beraubt hast. Ich bitte Dich, o Herr, Du wollest unser Herz und unsere Seele in Besitz nehmen, und uns alles entziehen, was uns in Deiner Liebe hindern kann. Ich bitte Dich auch, o Herr, dass Du unser Herz und unsere Seele allzeit erleuchten wollest.

LIV.

Ich gedenke, mein Herr, dass Du am dritten Tag aus eigener Kraft erstanden bist. Ich bitte Dich, mein Herr und Gott, Du wollest die Klarheit Deiner heiligen Auferstehung ergießen über das Antlitz unserer Seele und über die heilige Christenheit und über alle armen, gläubigen Seelen. Durch Deine heilige Auferstehung begehre ich auch neue Gnade und Tugend und rechte Sanftmut in aller Widerwärtigkeit.

LV.

Ich gedenke, mein Herr, der Freude Deiner zarten Mutter, als Du ihr erschienst nach der Auferstehung. Ich bitte Dich, sie möge uns die Gnade erwerben, dass unser letzter Blick Dich fröhlich schaue, und dass wir froh von Dir empfangen werden.

LVI.

Ich gedenke, o Herr, der Freude Santa Maria Magdalenas, der Heiligen Petrus, Johannes und anderer Jünger. Ich bitte Dich durch Deine heilige Auferstehung, Du wollest uns erkennen lassen, was rechte Liebe und geistlicher Trost seien.

LVII.

Ich gedenke, o Herr, dass Du am vierzigsten Tage aus eigener Kraft mit der Schar der heiligen Engel und der gerechten Seelen aufgefahren bist. Ich bitte Dich, o Herr, durch Deine heilige Himmelfahrt, Du wollest unsere Herzen und Seelen und all unsere Begierden emporziehen zu Deiner göttlichen Liebe und uns dorthin verhelfen, wo wir Dich, den wahren, lebendigen Gott schauen und genießen werden in der lauteren Wahrheit, die Du, Gott, selber bist.

LVIII.

Ich gedenke, o Herr, an die Glorie, mit der Du geziert bist und glänzest vor dem ganzen himmlischen Hof, jener Glorie, die da leuchtet aus Deinem liebenden Leiden und Deinen liebenden Zeichen[139]. Ich bitte Dich, mein Herr, Du wollest mit Deiner Glorie erleuchten das Antlitz unserer Seele und die heilige Christenheit und alle elenden, gläubigen Seelen.

LIX.

Ich gedenke, o Herr, an die vollkommene Gnade und Gabe, die Du uns vom Himmel auf die Erde gesandt hast, nämlich: die Liebe des Heiligen Geistes. Ich bitte Dich, mein Herr, Du wollest uns geben vollkommene Liebe zu Dir, dem wahren, lebendigen Gott, die Dir und uns genüge.

---

[139] Die Wundmale.

LX.

Ich gedenke, mein Herr, all des Guten, das Du, Gott, selber bist, und das in Deiner Mutter und Deinen auserwählten Freunden ist. Ich begehre daraus der allersüßesten Gnade und kräftigsten Hilfe, die aus Dir und Deiner reinen, zarten Mutter und aus Deinen auserwählten Freunden je geflossen ist.

LXI.

Ich gedenke, o Herr, an Deine Gottheit und heilige Dreifaltigkeit und bitte Dich, mein Herr, Du wollest in der Klarheit Deiner heiligen Gottheit erleuchten die heilige Christenheit und alle gläubigen Seelen.

LXII.

Ich sage Dir Dank, mein Herr Jesu Christe, für Deine unergründliche Liebe, in der Du Dein heiliges Leiden für uns beschlossen, und der unermesslichen Liebe, in der Du es so väterlich und barmherzig vollbracht hast. Hilf uns, o Herr, dahin zu gelangen, wo wir die Frucht Deines heiligen Leidens, das ist das ewige Leben genießen werden. Amen.

## *Margaretas drittes Paternoster*[140]

O Herr, in Deine höchste Liebe und mildeste Barmherzigkeit, die sich allzeit aus dem Schoße Deiner Gottheit vom Himmel auf die Erde ergießt, empfehle ich die Lauterkeit unserer Seele und die Reinheit unseres Herzens, damit unser Lebenswandel schuldlos werde, und all unser Sinnen und Trachten aufrichtig sei. O Herr Jesu Christe, Deine unendliche Barmherzigkeit allein vermag uns zu bereiten und Deine vollkommene Liebe uns zu bewegen, damit wir jene süße Gnade erlangen, die Du Deinen auserwählten

[140] Hier eine andere Version, die sich ebenfalls am Ende verschiedener Abschriften der Offenbarungen findet unter der Überschrift: *„Hier hebt an der Ebnerin Pater noster"*.

Freunden mitteilen willst im Leben und im Tode und durch die ganze Ewigkeit.

Möge Deine reine Liebe, o Herr, uns unzertrennlich vereinen mit der wesentlichen Güte, die Du, Gott, selber bist. O Herr, in Deinem heiligsten, gottmenschlichen Leben und in Deinen Liebeswerken hast Du uns die allerkräftigste Hilfe geschenkt. Rühre nun auch unsere Herzen mit Deiner Gnade, auf dass wir Deine Gegenwart empfinden und erkennen, was aufrichtige Liebe zu Dir sei, dass wir keine Freude mehr finden als in Deinem heiligen Leiden und in den heiligen Sakramenten. Gewähre uns in ihnen eine wahre Losschälung von der Welt, einen ernstlichen Verzicht auf uns selbst und eine klare Erkenntnis unserer Sünden, eine wahre Liebesreue und einen ernstlichen Vorsatz, sowie ein schmerzliches Bedauern um so viele verlorene Zeit und müßige Gedanken, Worte und Werke, und um unsere Saumseligkeit in Benutzung Deiner zuvorkommenden Gnade.

Gib uns, o Herr, die Gnade, uns eifrig in Deiner Liebe zu erhalten und allem Bösen standhaft zu widerstehen. Schenke uns die lautere Wahrheit, damit wir Dich erkennen und lieben. Erzeige an uns die Fülle Deiner Erbarmungen, in der wir gereinigt werden von aller Schuld, damit wir vor Deinem göttlichen Angesicht makellos erscheinen, wie unsere Seele aus Deiner Hand hervorgegangen ist, und wie sie abermals hervorging aus dem Bad der heiligen Taufe.

O Herr Jesu Christe, möge die Fülle Deiner Gnade uns beistehen, damit wir nach Deinem Willen umgeschaffen werden durch Freud oder Leid. Binde uns mit starkem Arm und zwinge uns durch die Macht Deiner Liebe, dass wir nicht leben nach unsern natürlichen Neigungen, sondern dass Du, o Herr, in uns lebst mit aller Deiner Gnade, und wir in Dir im Geiste der Wahrheit. Wirke in uns mit jener Kraft, mit der Du Deine Auserwählten durchdrungen hast, dass wir Deine Liebe mehr und mehr erkennen und schließlich nach diesem Leben zu den himmlischen Freuden gelangen, um dort die ungetrübte Vereinigung der Gottheit mit unserer armen Seele zu erfahren. Wenn Du sie alsdann mit allen göttlichen Gaben geschmückt und sie ganz in Dich umgewandelt und mit innigster Liebe fest umfangen hast, so wird vergehen ihre eigene Nichtigkeit und in ihr erglänzen das Abbild Deiner heiligsten Dreifaltigkeit in göttlicher Klarheit.

Durchdringe uns, o Herr, mit den Schmerzen Deines Herzens, und präge sie tief in unsere Seele als Pfand Deiner göttlichen Liebe, so innig und liebevoll, wie dies nur jemals einem wahrhaft liebenden Herzen zuteil ward.

Verleihe uns, o Herr, das innige Verlangen eines reinen Herzens nach der lebendigen Speise Deines heiligen Leibes und einen liebevollen Durst, Dich darin zu empfangen, um einzugehen in das Mark Deiner Barmherzigkeit. Lass uns die Fülle Deiner süßen Erbarmungen gnädig erfahren, damit die verborgene Kraft Deiner heiligen Sakramente an uns offenbar werde durch Wachstum in der Tugend und Zunahme der Gnade.

Auch bitte ich Dich, o Herr, Du wollest mit dem allerwürdigsten unter den Priestern, die Dich heute auf Erden empfangen, auch uns heute gnädig speisen, damit wir die Früchte Deines allerheiligsten Sakramentes ebenso wahrhaft heute genießen, als ob wir in der Tat Dich aus den Händen des Priesters empfingen mit der würdigen Sehnsucht seines Herzens. Lass uns wegen der Gebrechen der Christenheit der Gnade Deiner Gegenwart nimmer entbehren.

O Gott, der Du bist die lautere Wahrheit, in der alle Wahrheit sichtbar erkannt wird, lasse nicht zu, dass unsere Sünden der reinen Wahrheit Abtrag tun. Reinige uns von aller Schuld, damit wir schuldlos und wohl geschmückt mit vollkommener Gnade vor Dir erscheinen.

Stärke uns mit Deinem lebendigen Brot, und entflamme unsere Liebe. Beschirme und umfange uns mit Deiner unermeßlichen Barmherzigkeit wider alles Übel, und umgib uns mit dem Lichte Deiner Wahrheit. Schließe uns ein in Deine Gnade, und lasse sie von nun an allzeit in uns gemehrt werden bis zum ewigen Leben, damit sie uns dort gereiche zum ewigen Lohn und zur ewigen Freude und Wonne in Dir, auf immer und allzeit. Lasse uns sterben, o Herr, aus Liebe zu Dir, und verleihe uns um der Liebe willen, die Dich für unser Heil zum bitteren Tod am Kreuze drängte, dass wir alle, die wir glauben, das Leben zu besitzen, in die ewigen Freuden zu Dir gelangen. Hilf uns, freudig dieses Elend zu verlassen, und gib alsdann, dass unsere Seele aller Furcht und Trauer ledig werde. Erbarme Dich unser nach Deiner unendlichen Güte, auf dass wir nimmermehr von Dir geschieden werden, und bei Dir und in Dir finden unsere Wonne und Freude und unseren ewigen Lohn, der uns befähigt, Deine heilige Gottheit zu genießen in der lautersten Klarheit, in der Du Dich Deinen liebsten Freunden schenkst.

O Herr, durch die kräftige Hilfe, die Du uns in Deinem heiligen Menschsei und Deinem bitteren Leiden gewährt hast, bitte ich Dich, gib Dich liebevoll und erbarmend unsern sehnenden Herzen.

Ich bitte Dich, o Herr, dass Du Dich uns gebest mit der allersüßesten Gnade, in der Du Dich Deinen liebsten Freunden gegeben hast, und uns frei machst von allem Übel. Was ist Übel? O Herr, alles, was nicht Du bist.

Gib uns den Kuss des ewigen Friedens ins Herz, und lasse unsere Seele alle Süßigkeit verkosten, mit welcher Dein allerheiligstes Herz jemals eine liebende Seele in süßestem Kuss umfangen hat. Möge diese heilige, süße Empfindung zu einigem Ersatz für Deine flammende Liebe gereichen und uns die Hilfe Deiner Barmherzigkeit erwirken, uns stärken in der lauteren Wahrheit, uns erleuchten im wahren christlichen Glauben für Leben und Sterben und uns befestigen im wahren, rechten Handeln.

Mein Herr Jesu Christe, Dein so erhaben ausgestattetes Menschsein muss meine innerste Kraft sein und eine Reinigung meines Lebens und eine Erleuchtung meiner Sinne zum Bekenntnis der rechten, lauteren Wahrheit.

Der nächste Weg zu Dir, o Herr, muss sein der Weg der Wahrheit und das wahre Licht Deines lauteren Lebens, das du dreiunddreißig Jahre auf Erden geführt hast, Deine demütigen Werke, Dein sanftmütiger Wandel, Dein kräftiges Leiden, Dein liebender Tod, Deine wahrhaften Worte.

O Herr, bewahre mich in der süßen Fülle der Gnaden. Gib mir ein minnigliches Ende in rechter Gesinnung und den ewigen Genuss der reinen Liebe; denn Du, o Herr, bist allein Herr und niemand außer Dir. Deine Ehre ist unsere ewige Speise und Deine Gewalt unsere ewige Freude, Deine klare Anschauung unsere ewige Kraft, in der alle Traurigkeit vergeht und alle Freude aus dem Urquell des lebendigen Brunnens entspringt. Von woher fließt dieser Quell? Es ist das ewige Wort, aus Liebe zu uns aus dem Vaterherzen hinabgesenkt in den Schoß der reinsten Jungfrau.

O Maria, Mutter Gottes, deine Reinheit und fleckenlose Geburt möge uns reinigen, deine mütterliche Hilfe uns unter dem Beistand der Engel und Heiligen den Brunnen der Barmherzigkeit erschließen, der niemals für die Menschen versiegt, damit Du, o Herr, Dich selber mit den reichen Gaben Deiner Gnadenfülle in uns ergießen könnest.

Reinige uns, o Herr, und tilge aus in dem kostbaren Blut Deiner heiligen Wunden all unsere Schuld. Tränke uns mit jenem Wasser, von dem Du, die ewige Weisheit und Wahrheit, gesagt hast, dass jenen, dir davon trinken, nimmer dürsten werde in Ewigkeit.

Es möge daraus unsere Seele mit Klarheit getränkt werden, damit sich die Freude Deiner Liebe an uns erfülle, und Dein Lob durch uns gemehrt werde, o Herr, in Deinen ewigen Freuden.

Das gewähre uns, o Jesu, durch die Kraft Deiner innigsten Liebe, aus der all unsere ewige Seligkeit geflossen ist. Aus dem Überfluss der Verdienste Deines heiligen Leidens gib uns Erbarmen ohne Maß und bereite uns mit Deiner Gnade nach Deinem heiligsten Willen.

Ziere vornehmlich unsere Seele mit der Gnade makelloser Reinheit und lauterster Wahrheit und einer starken, feurigen Liebe. Gib uns wahren inneren und äußeren Frieden, echte Demut und das helle Licht des wahren christlichen Glaubens.

Gib uns schließlich, o Herr, ein stetes Wachstum in all Deinen Gnaden, bis wir dahin gelangen, wo uns Deine Gnade zum ewigen Lohn und zur ewigen Freude gereicht. *Amen. Deo gratias.*

Auf dieses Gebet, das wie eine Vorbereitung zur heiligen Messe und Kommunion anmutet, folgt:

### *Margaretas viertes Paternoster*[141]

I.

Ich falle heute dem Herrn zu Füßen, der mir Seele und Leib erschaffen hat, und meiner Lieben Frau, der heiligen Maria und dem ganzen himmlischen Heer, und dem heiligen Blut des Herrn und seinem heiligen Leib und all seinen Wunden. Ich bitte Dich, o Herr, Du wollest mir helfen, dass ich als gerecht befunden werde durch diese Empfehlung. Wie Du Deine Mutter dem heiligen Johannes empfohlen hast und Deinen Geist dem himmlischen Vater, also befehle ich Dir für mein ganzes Leben meine Seele und meinen Leib mit seinen fünf Sinnen, und alle meine guten Freunde. Ich gebe sie hin in die Arme Deines heiligen Kreuzes und bitte Dich, Du wollest uns behüten vor allem Übel an Seele und Leib und wollest durch die Kraft Deines heiligen Todes und durch die Schmerzen Deiner lieben Mutter, die ihr Dein bitteres Leiden und Sterben verursachte, mir helfen, damit der letzte Seufzer werde mein letztes Weh. Amen.

II.

O Herr, ich bitte Dich durch all Deine Güte, dass Du zu allen Zeiten bei mir seiest, und wegen der Liebe, die Du zu meiner Seele trägst, zu meiner Seele kommest, wenn sie vom Leibe scheiden will, und mir helfest, dass sie gefunden werde in Deinem heiligen Liebeszeichen. Amen.

---

[141] Laut der Biographie von Eustachius Eysenhuet, *Kurtzer Begriff deß wunderlichen Lebens (…) der seeligen Jungfrauen Margarethae Ebnerin* (Augsburg 1688), verrichtete Margareta dies oftmals, besonders an allen Freitagen.

III.

O Herr, ich erinnere Dich an Deinen bitteren Tod und bitte Dich, mache mir bitter alles, was mich von Dir scheiden könnte. Amen.

IV.

Herr, ich erinnere Dich an Dein edles, süßes Blut, das Du in all Deinem Leiden so mildiglich für uns vergossen hast. Ich bitte Dich, Du wollest mir alles versüßen, was mich in Dir erfreuen kann. Amen.

V.

Ich erinnere Dich, o Herr, an Deinen willigen Gehorsam. Du warst dem Vater gehorsam bis in den Tod. Hilf mir, ich bitte Dich, dass ich bis zum Tode allen willig folge, denen ich Gehorsam schulde. Amen.

VI.

Ich erinnere Dich, o Herr, an Deinen letzten traurigen Gang und an die schwere Bürde Deines Kreuzes, das Du zur Marterstätte trugst. Hilf mir, so bitte ich Dich, mein Kreuz und meine Bürde nach Deinem liebsten Willen zu tragen. Amen.

VII.

Ich erinnere Dich, o Herr, an Deine ernstliche Ergebung bei Deinem Blutschweiß in Gethsemane, und bitte Dich, Du wollest mir den rechten Ernst und die rechte Gesinnung nach Deinem liebsten Willen geben. Amen.

VIII.

Herr, gedenke, dass Du in Deiner Milde Dir Hände und Füße durchbohren und all Deine Wunden öffnen ließest. Ich bitte Dich, Du wollest eröffnen meine fünf Sinne, um Dich zu erkennen nach Deinem liebsten Willen in Mitempfindung Deines Leidens. Amen.

IX.

Herr, gedenke all dessen, was Du in Deinem Leiden vollbracht hast bis zum Tode. Hilf mir, ich bitte Dich, alles Gute nach Deinem heiligen Willen bis in den Tod getreu zu vollbringen. Amen.

X.

O Herr, gedenke Deiner langen, großen Mühen, die Du um uns Sünder bis zum Tode getragen hast. Ich bitte Dich, Du wollest all meiner Arbeit und meinem Leben ein gutes Ende geben. Amen.

XI.

O Herr, sei eingedenk des großen Schreckens und Schmerzes, als man all Deine Adern und Sehnen auseinanderzerrte. Gedenke der Dornen, die in Dein göttliches Haupt gedrückt wurden, des Speeres, mit dem Dein göttliches Herz durchbohrt wurde. Ich bitte Dich, o Herr, Du wollest mein Herz losreißen von allen Dingen, die mich von Dir scheiden könnten. Amen.

XII.

O Herr, der eine Fuß ward durch den grausen Nagel getötet, bevor dieser den andern berührte. Ich bitte Dich, töte alles, was mich an Deiner Liebe hindern könnte. Amen.

XIII.

O Herr, wie groß war Dein Schrecken und wie heftig Dein Schmerz, als die Nägel Deine Hände durchbohrten. Gib mir, ich bitte Dich, einen wahren Abscheu und rechte Furcht ob all meiner Sünden. Amen.

XIV.

O Herr, gedenke Deines Schmerzes am zweiten Fuß. Ich bitte Dich, Du wollest für die Zeit, die ich noch leben soll, mich ordnen nach Deinem heiligsten Willen. Amen.

XV.

Herr, ich erinnere Dich an die Ströme, die bei Deinem Tod am Kreuz aus Deinen heiligen Wunden herniederflossen. Gib mir, ich bitte Dich, den Brunnen wahrer Reue jetzt und an meinem letzten Ende. Amen.

## ***Sonstige Gebete und Andachtsübungen Margaretas***

a) *Während der heiligen Messe betete Margareta beim Anblick der geweihten Hostie in der Hand des Priesters:*[142]

Herr, ich glaube, dass Du wahrer Gott und wahrer Mensch bist, und ich bitte Dich, Herr Jesu Christe, dass Du uns all unsere Sünden vergebest und uns mit Deiner Liebe von allen natürlichen Schwachheiten befreiest und Dich uns schenkest mit der Fülle Deiner Gnade, mit der Du an uns wirkest Deine ewige Ehre, Dir zu ewigem Lobe hier und dort.

*Beim Emporheben der Hostie:*

Ich grüße Dich, o Herr der Welt, Du Wort des himmlischen Vaters, Du wahres Opfer und lebendiges Fleisch, wahrer Gott und wahrer Mensch. Gib uns Liebe zu Dir, wahre Hoffnung und vollkommene Liebe und festen, starken christlichen Glauben im Leben und Sterben.

*Beim Emporheben des Kelches:*

Ich danke Dir, Herr Jesu Christe, dass Du die Gaben verwandelt hast in Deinen heiligen Leib und Dein heiliges Blut, und Dich aus Liebe gewürdigt, durch den Priester Deinem Vater Dich opfern zu lassen, Dir, Herr Jesu Christe, zu ewigem Preis und uns zu Trost und Hilfe, und zur Seligkeit uns und der ganzen Christenheit, den Lebenden und den Toten. Sei Du nun heute, o Herr, unser Sühneopfer für alles Übel, das wir wider Dich getan haben, und für alles Gute, das wir unterlassen haben. Schenke Dich uns zur sicheren Hilfe im Leben und Sterben, und stärke uns, damit wir durch Dich allem menschlichen Übel widerstehen und in Deiner Liebe stets zunehmen.

---

142 Siehe auch die Variante im Kapitel *„Bei der Wandlung"*.

### *b) Beim Empfang der Kommunion*

#### *Vorbereitungsgebet*

O Herr Jesu Christe, ich sage Dir Lob und Dank für Deine unergründliche Liebe, in der Du Dich uns im heiligen Sakrament gegeben hast. Ich bitte Dich, o Herr, Du wollest uns Dich selber schenken in der Liebe, in der Du dieses hochheilige Sakrament eingesetzt hast.

Ich preise Dich, o Herr, ob all des Guten, das daraus geflossen ist, und ich begehre daraus Verzeihung all meiner Sünden und ein rechtes Wachstum aller Gnaden und Tugenden. Mein Leben und Sterben und all meine Anliegen in diesem Elend schließe ich darein, und erbitte mir und den Meinen und allen gläubigen Seelen Gnade, Hilfe und Trost, wie solches je aus Deinem heiligen Sakrament in eine reine Seele ist ergossen worden. Durch die Gegenwart Deines hochheiligen Schmerzensleibes erbitte ich die vollkommene Liebe zu Dir, dem wahren, lebendigen Gott, die Dir angenehm und uns verdienstlich wird im wahren Glauben, in Gedanken, Worten und Werken. In meiner letzten Todesnot hilf mir, o Herr, dass ich in diesem heiligen Sakrament all meiner Schwachheiten entledigt werde und unschuldig und wohlgeschmückt und verklärt im Glanz Deines rosenfarbenen Blutes erscheine. O Herr, mein Herz und meine Seele, scheide Dich niemals von mir, bis meine Seele gelangt zur ewigen Freude und Seligkeit. Amen.

#### *Danksagung*

O Herr Jesu Christe, ich sage Dir Dank, dass Du, der wahre, lebendige Gott, mir armem sündigen Menschen Dich selbst im heiligen Sakrament geschenkt hast. Ich glaube fest, den empfangen zu haben, der die Hilfe und der Erlöser des ganzen Menschengeschlechtes ist, das Wort, das in Mariä Schoß ist Fleisch geworden. In Gegenwart Deines heiligen Sakramentes, o Herr, gedenke ich Deines heiligen Leidens und erinnere Dich an all die Wunden, die Du empfangen, an das kostbare Blut, das Du vergossen, und an die Liebe, mit der Du alles gelitten hast.

Ich bitte Dich, o Herr, Du wollest heilen die Wunden unserer Schuld, und unsere Herzen versehren in Deinen heiligen Schmerzen, uns reinigen, tränken und zieren mit Deinem rosenfarbenen Blut, Du wollest entzünden unseren Geist und unsere Sinne in Deiner Liebe, und all unser Leiden läutern in Deinem heiligen Leiden. Amen.

Ich danke Dir und lobe Dich, o Herr Jesu Christe, dass Du für uns Mensch geworden bist. Ich erinnere Dich an die große Pein und Bitterkeit, die Du um meinetwillen auf Dich genommen, und an die treue Liebe, die Du mir heute erwiesen hast.

*Ich tu Dir heute auf das Herze mein;*
*Darein gieß die Marter Dein,*
*dass sie fließe in die Seele mein.*
*Mit Deinem heiligen Blute wasche mich;*
*In Deiner Marter läutere mich;*
*In Deinen Schmerzen peinige mich;*
*In Deinen Schlägen büße mich;*
*In Deinen heiligen Wunden heile mich;*
*In Deinen Stichen mein Herz zerbrich;*
*Nägel, Speer und Krone sollen stärken mich;*
*In Deine Bitterkeit versetze mich;*
*In Deinem Durste labe mich;*
*In Deinem Verscheiden zieh mich in Dich;*
*In Deiner Liebe zerschmelze mich;*
*In Deinem Hingang mein Herz zerbrich;*
*In Deinem Tod begrabe mich;*
*In Deiner Auferstehung erneuere mich;*
*In Deiner Auffahrt erhebe mich;*
*In der Ewigkeit empfange mich;*
*In Deiner Süßigkeit ertränke mich.*
*Das gewähre mir Jesus Christus, der Sohn Gottes mit dem Vater und dem Heiligen Geist. Amen.*

*c) In den täglichen Prüfungen und inneren Leiden pflegte die Ebner zu Ehren der heiligen fünf Wunden fünfmal den Bußpsalm „Miserere" und fünfmal das Gebet: „Die Seele Christi heilige mich etc." zu verrichten. Diese Andacht begann sie mit folgendem Bittgebet:*

Herr, in Deine allerhöchste Liebe und Barmherzigkeit, die sich aus Deiner ewigen Gottheit vom Himmel auf die Erde ergossen hat, empfehle ich die Lauterkeit unserer Seele, die Reinheit unserer Herzen, die wahre Unschuld unseres Lebens, die Aufrichtigkeit unserer Begierden und Meinungen und unser ganzes Leben. Deine unergründliche Barmherzigkeit möge uns bereiten, und Deine vollkommene Liebe uns zwingen, dass wir Deinen heiligen Willen in Wahrheit leben.

Vergib uns, Herr, wir bitten Dich, in Deinem heiligen Leiden alles, was wir gefehlt haben in Gedanken, Worten und Werken und durch die Saumseligkeit unseres Lebens. Möge uns aus Deinem Leiden Kraft zuteil werden, um alles irdische Übel im Wachstum Deiner Liebe zu überwinden. Aus der Kraft Deiner heiligen fünf Wunden möge uns auch geschenkt werden die reine Wahrheit. Sie möge uns eingeprägt werden und wir in ihr aufgehen, dass sie in uns lebe und wir in ihr.

*d) Ein häufig aus dem Herzen der Ebner emporgesandter Liebesseufzer lautet wie folgt:*

Allergütigste, Gott wohlgefälligstes Menschsein Jesu Christe, ich bitte Dich, Du wollest uns geben durch die Kraft Deines heiligen Leidens und die Liebe Deines heiligen Todes, durch die Kraft Deines heiligen Sakramentes, durch Deinen heiligen süßen Namen Jesus Christus und durch Dein reines, gerechtes Leben, ein lauteres, wahrhaft demütiges Leben und einen seligen Tod."

*e) Wenn körperliche und geistige Leiden ihr weder Gebet noch Betrachtung gestatteten, empfahl sie sich in die heiligen Wundmale durch fünfmalige Verrichtung folgender oder ähnlicher Schutzgebete:*

*Jesus Christus, Du Liebe meines Herzens, erbarme Dich meiner!*
*Jesus Christus, Du lautere Wahrheit, lehre mich die Wahrheit!*
*Jesus Christus, Du süße Liebe, lehre mich die Liebe!*
*Jesus Christus, Du abgrundtiefe Barmherzigkeit, komm mir zu Hilfe!*

*f) Bevor sie zu Tische ging, pflegte die Ebner einen Augenblick unsern Herrn und Heiland in Gestalt des Brotes zu begrüßen mit diesem Gebet:*

O Herr, ich bitte Dich, Du wollest mich gnädig speisen mit Deiner süßen Gnade und mich stärken mit Deiner reinen Liebe, mich umgeben mit Deiner unermesslichen Barmherzigkeit und umfangen mit der lauteren Wahrheit, die alle Deine Gnaden in uns bewahre, dass sie allzeit an uns zunehmen und uns nimmer entzogen werden bis zum ewigen Leben.

*g) Das Vaterunser und der Engelsgruß ersetzten in manchen Leidenszeiten alle andern Gebete. So heißt es von der Osterzeit, in der sie ihr Paternoster „verloren“*[143] *hat:*

„Da richtete ich mich in ein anderes Gebet und sprach nach der Mette fünfzig Vaterunser all seinen heiligen Leiden, und drückte und schloss mich ein, und sprach dann abermals fünfzig seinem wahrhaften heiligen Leben und empfahl darein all meine unbekannten Wege.“

Am 10. April 1346 notiert sie auch, außer den Tagzeiten habe sie nichts anderes beten können, als *Vaterunser* und *Ave Maria.*

Aus diesen Gebeten setzte sie auch längere Andachten und Meditationen zusammen. Zu Ehren „des wahrhaften Lebens des Herrn“ nahm sie sich im Jahre 1344 vor, für jeden Tag ein Vaterunser zu verrichten und zu je fünfzig

143 Siehe das Kapitel *„Das verlorene Paternoster“*.

dieser Vaterunser ein *„Anima Christi"*. Dieser Übung fügte sie später noch zu jedem Vaterunser diesen Vers bei:

*Jesu, via veritatis,*
*Fons immense pietatis,*
*Per quem vivunt omnia,*
*Tibi laus et gloria.*

*Jesu, aller Wahrheit Weg,*
*Quell maßloser Liebe!*
*Alles lebt durch Dich,*
*Lob und Preis sei Dir.*

Es ist auch sehr wahrscheinlich, dass zwischen den 62[144], beziehungsweise 15[145] Gebeten, die als „Paternoster der Ebner" bezeichnet werden, jedesmal ein Vaterunser eingefügt wurde, wie heute z. B. bei der öffentlichen Kreuzwegandacht nach der kurzen Betrachtung meist dieses Gebet zusätzlich gesprochen wird. Jedenfalls haben sich, wie bei all ihren Übungen, Gebet und Betrachtung zu einem harmonischen Ganzen verschmolzen.

---

[144] Das zweite Paternoster mit seinen 62 Einzelabschnitten. (Anm. Frank-Daniel Schulten).
[145] Das vierte Paternoster mit seinen 15 einzelnen Gebetsabschnitten. (Anm. Frank-Daniel Schulten).

## Von den sieben Graden der rechten Demut

Zu einem sicheren Wahrnehmen seiner selbst und zu einem wahren Zeugnis der in uns zu empfangenden Gnade Gottes und zu einem unbetrogenen Zeichen seines gekreuzigten Fleisches und eines in unserem Herren Jesus Christus erneuerten Geistes sind sieben Grade der wahren Demut zu beachten, die Sankt Anselm wie folgt benennt:

Der erste ist, sich selbst als Sünder und als ein empfindsamer, aufrichtiger Mensch zu bekennen.

Der andere entspricht demselben Empfinden und dessen begierlichem Meinen von ganzem Herzen, welches [das Herz] innerlich berührbar sein soll.

Der dritte ist dasselbe sowie den anderen vollumfänglich davon zu berichten.

Der vierte ist dasselbe Wollen – anzuerkennen und sich einzugestehen, dass man hilflos ist.

Der fünfte ist dasselbe Wollen sowie der Wunsch, dass wahrnehmbar im Sinne der Offenbarung gesprochen wird.

Der sechste ist das Ablehnen des Unrechts und das geduldige Ertragen des daraus entstehenden zu erleidenden Leids, das einem aufgrund dieser Haltung widerfährt.

Der siebte ist das getreuliche Leisten dieses Minnedienstes gegenüber Gott und das Sich-innerliche-Erfreuen an dem dafür ertragenen Leid.

Derjenige, der diese Erhöhung in der Wahrheit erfährt oder sie versteht, der findet Gott rechtmäßig wieder, nachdem er ihn in Sünde verloren hat, wenn er in dem ersten Grad der Demut Gott anruft.

In dem zweiten gibt er sich Gott hin.

In dem dritten verschenkt er sich an seine [Gottes] Wahrheit[146].

In dem vierten lässt er von der weltlichen Gefälligkeit und der Gunst der Menschen ab.

In dem fünften lernt er, wie er um die Wahrheiten zuschanden wird; das ist um seiner Schuld willen.

Im sechsten empfängt er die wahre christliche Buße.

Im siebten erwirbt er Gnade und ewiges Leben.

Hierin und in diesem heiligen Werk soll sich ein jeder treuer und weiser Christ, der dem Evangelium folgt, im Kleinen, seinem eigenen Werk üben, was ihm Gott in dieser Zeit empfohlen hat, will er, der Knecht, auf das große Werk in der Ewigkeit hin gesetzt werden.

Wenn nur dies der unbewegliche Fels des christlichen Glaubens ist, dann ist dies die wahre Grundfeste, auf die allein die Last aller Tugenden aufgebaut wird, das tiefe Tal der darin reich fließenden Gnade, das volle Grab allen geistlichen Trostes, die sichere Truhe des göttlichen Schatzes, die weite, großzügige Kemenate der Minne, das mit Blumen bestreute Minnebett des ewigen Wortes, der süße und verlockende Nachgeschmack des Heiligen Geistes, eine singende Stimme des Rufers in der Wüste, die der ewige Vater vernimmt und alle Zeit erhöht; und alle zusammen ergeben die wahre Dreschkammer, die den Heiligen Geist in sich einlädt und in sich hineinzieht.

„O, wie groß du bist! Und die demütigen Herzen sind dein Haus“, spricht der heilige Augustinus.

---

146 Alternativ: bekennt er sich schuldig, eine eigene Wahrheit gehabt zu haben.

Der dies nicht hat, der soll darüber nicht verzweifeln noch soll er es verschmähen. Er soll gänzlich geloben[147], als ob dem schon so sei, dass er gänzlich glaube, und er soll demütig bekennen, dass er entsprechend gläubig noch nicht sei, und er soll innerlich danach begehren, dass er es noch werde, und er soll sich immerwährend darin üben, bis er im Inneren berührt wird. Dabei helfe uns Gott. Amen.

## Posthume Wunderberichte[148]

Der Wohl-Ehrwürdlge P.F. Petrus Faber aus dem Prediger-Orden/ des schon etliche Male erwähnten Klosters Maria-Medingen / wohlbestellter Beicht-Vater / litt große Schmerzen an beiden Schenkeln / also zwar/ dass durch kein angewandtes natürliche Mittel oder Pflaster selbiger wollte gemildert/ weniger gar gelegt werden; In diesem so schmerzhaften Zufall befahl er sich der seligen Margareta / liesse auf beide Füße ausbreiten/ und legen den von Ihro Hoch-Ehrwürden Elisabetha Sybilla Lidemayrin / dort wohl-meritierte Frau Mutter Priorin ihm zugeschickte Weihel[149] / und siehe! In kurzer Frist verschwanden die Schmerzen / und wurde P. Faber kuriert Anno 1652.

Maria Fridthin aus Tirol gebürtig / war mit einem sehr üblen Gast, nämlich dem leidigen Satan leibhaftig besessen / der sie dann zuweilen jämmerlich traktierte / da man sie aber in die Kapelle der seligen Margareta gebracht / ist sie unter dauerhaftem Rosenkranz / den die Kloster-Jungfrauen eifrigst beteten/ ohne einige vorhergegangene Beschwörung oder Exorzismus ihrer Plage und Gastes entledigt worden. Anno 1659. Den 9. April.

---

147 Alternativ: sich umfänglich zu seinem Glauben bekennen.

148 Aus Eustachius Eysenhuet, *Kurtzer Begriff deß wunderlichen Lebens (...) der seeligen Jungfrauen Margarethae Ebnerin* (Augsburg 1688).

149 Klosterschleier.

Catharina Krausin von Wittißlingen / wurde einst ganz erblindet/ also, dass sie drei ganze Tage mit zugeschlossenen Augenlidern des Lichts nicht genießen konnte / man ermahnte die Eltern / dass sie ihr Zuflucht zu der seligen Margarethas Fürbitte nehmen sollten/ welches auch geschehen mit so erwünschtem Ausgang / dass nach geschehenem Gelübde ein Wachskerzen zu der Bildnis Margaretas zu opfern / das Mägdlein als erwachte es aus einem tiefen Schlaf/ mit jedermanns Verwunderung die Augen eröffnet/ und wiederum sehend geworden. Anno 1656.

Euphemia Leyens / Andreae Leyens eheliche Hausfrau in dem Dorf Medingen / kam zur Geburt/ aber sehr unglückselig / weil sie ein Mägdlein geboren hatte / doch ohne Zeichen einiges Lebens. Wurde doch unter der Hand der Hebamme / in Gegenwart anderer Weiber/ die das arme Kind als tot beweinten / lebhaft / bewegte erst die Augen/ alsdann das ganze Leiblein / wurde getauft / und ihm der Namen geben Margareta / welchen Namen die noch in Kindsschmerzen liegende Mutter zu Ehren der seligen Margarethe dem Kind geschaffen. Anno 1659.

Ein zehnjähriger Knabe/ als man Geld zählte/ ergriff er unversehens eine etwas größere Münze / nahm solche in den Mund / schluckte sie/ aber konnte selbige nicht verschlucken. Unfehlbar hatte ihn dieser unverdauliche Brocken entseelt / wann nicht Thomas Zost ein Bauer von Amertingen ihm dem Tod durch ein Gelübde zu der Seligen Margareta entzogen hätte/ dann nach getanem Gelübde warf alsbald der Knabe ohne einige Verletzung das Geld heraus.

Catharina Merchtlen/ Herrn Johann Bernhardi Merchtles / Ober-Amtmanns zu Steinhaim/ liebem Töchterlein waren beide Füße von ungewöhnlicher Geschwulst eingenommen: Der sorgfältige Vater gelobte sein liebes Kind nach Maria-Medingen in die Kapelle der seligen Margareta zu führen / und siehe/ die Geschwulst ließ nach/ und die vorher nicht gehen konnte/ wanderte eilfertig ohne Hindernis daher. Anno 1652.

Ein Bürger zu Lauingen/ mit Nahmen Jacobus / und Elisabeth, seine eheliche Hausfrau beweinten ihr Töchterlein mit vielem Unmut / dass sie sie dann auch in Todes-Windelein bereits einwickelten / und zum Begräbnis schickten / weil in ihm irgendein Zeichen des Lebens nicht verspürt wurde. In diesem verzweifelten Stand gedachte / ja gelobte die betrübte Mutter das Kind nach Maria-Medingen zu tragen / und für selbiges eine heilige Messe lesen zu lassen / wodurch die Mutter verdient/ dass ihr Kind/ das sie als Toter beweinte / ihr als wiederum lebendig zugestellt wurde. Anno 1664.

Eva Reimin war an dem Rückgrat dergestalt zerquetscht/ dass sie weder durch eigene Kräfte noch durch anderer Beihilfe aufrecht stehen konnte / müsste demnach wie ein armes Vieh auf allen Vieren kriechen/ als sie aber zu dem Kloster Maria-Medingen gebracht / und in der Kapelle der seligen Margareta von ihr 2 Wachskerzen geopfert worden/ hat sie sich jählings von selbst aufgerichtet / aufrecht gestanden / und ohne Mangel gesund sich von dannen begeben. Anno 1658.

Herrn Michaelis Mantzens Ober-Amtmanns zu Wittißlingen einjähriges Töchterlein / als es sich in einem Kinder-Wägelein hin- und herschaukelte/ und trieb / fiel es unversehens über 12 Stufen einer Stiege herab / schlug an einer Mauer an / doch ohne einige Verletzung/ oder Zeichen einer Verletzung / welches die Mutter der Fürbitte Margaretas / die sie in diesem Fall angerufen/ zugeschrieben hat. Anno 1659.

Ich geschweige anderer Krankheiten / wie Krebs / Stein / Brüche und dergleichen / die mehrmals durch Margaretas kräftige Fürbitte sind vertrieben worden. Dabei allein zu bedauern ist / dass diese und andere Wohltaten wegen Abgangs der lebendigen Zeugen zu ihrem erwünschten Ziel und Ende ich momentan nicht gelangen habe mögen.

## Margaretas Briefwechsel: eine Auswahl

Hier folgt eine kleine Auswahl aus dem Briefwechsel Margaretas, insbesondere mit Heinrich von Nördlingen. Sie beleuchten das besondere Verhältnis der beiden und geben uns eine klare Vorstellung sowohl von der Verehrung, die Margareta in dem Kreis der „Gottesfreunde" genoss, als auch von der Art ihres Verkehrs untereinander.

### *Margareta Ebner an Heinrich von Nördlingen (1346)*
### *LXVII.*[150]

Es grüßt Dich, den die ewige Weisheit liebend umfangen und mit inniger Lust sanft gezogen hat in das wahre Licht seiner heiligen Gottheit, in der er Dich verklärt hat zu einer Zierde seiner ewigen Ehre nach dem Willen seines göttlichen Wohlgefallens, weil er Deine Seele sich zu einem Paradies erwählt und wahrlich in Besitz genommen hat zu seiner ewigen Ruhe – da wird sie freudenvoll aus der wirkenden Kraft der zarten Gottheit gestärkt und in rechter Klarheit erleuchtet, und da wird Dein Herz minniglich in inbrünstiger Liebe entzündet, die nun mit der wirkenden Kraft seiner Gottheit machtvoll in Dir herrscht, wie es wahrlich aus Deinem ganzen Leben hervorleuchtet, aus Deinen Worten, die ein wahres Zeugnis sind der Ehre Gottes, in rechter Wahrheit und aus Deinen Werken in vollkommener Demut –, es grüßt Dich eine getreue Nachfolgerin des Menschseins Jesu Christi.

Nun begehre ich Dir in Deiner tiefgebeugten Demut, dass Du erhoben werdest vom Kriechen[151] am Boden zum hohen Adlerflug meines lieben Herrn Sankt Johannes, um auf dem liebenden Herzen meines Geliebten Jesus Christus wahrhaft zu ruhen und aus ihm mit seiner Gnade liebevoll getränkt und mit seiner inneren Süßigkeit durchdrungen zu werden, auf dass

---

[150] Die römischen Numerierungen beziehen sich auf die Reihenfolge bei Philipp Strauch, *Margaretha Ebner und Heinrich von Nördlingen*, Freiburg und Tübingen 1882.
[151] Vom gewöhnlichen menschlichen Sein.

Du dann das Nichterkennen der göttlichen Gnadenempfindungen verlassen mögest, und dass Dir da gegeben werde die Empfindung der innigen Wonne Gottes, wovon ich und alle, die es in der Gnade Gottes bei Dir suchten, empfunden haben, und zwar jene mehr als ich, die von der Gnade unseres Herrn mehr erleuchtet wurden als ich. Mein Herr weiß wohl, dass ich mich immer erkannt habe als zu unwürdig und zu klein für das vollkommene Licht, das mir aus Dir geleuchtet hat. Ich begehre nun von der wirkenden Kraft, die alle Dinge geordnet und eingerichtet hat, und die dem Licht der Sonne die Eigenschaft verliehen hat zu leuchten über die Guten und über die Bösen –, es ist derselbe weise Ordner, der das vollkommene Licht in der Wahrheit in Dich gegossen hat, das da milde aus Dir zufließt all denen, welchen Du Dich aus Liebe in Güte hingibst –: Ich begehre nun, die wahre Sonne möge Dich selber in sich ehren, sie möge alle verdunkelten Sinne erleuchten, die für die Gnade unseres Herrn nicht bereit sind, und Insbesondere denen, welche die Gnade unseres Herrn mit Widerwillen empfangen von denen, die sie besonders an Dir ehren und fördern sollten. Dazu wünsche ich Dir die starke, allesvermögende Gewalt Gottes gegen jede Widerwärtigkeit, die an Dir geschwächt, ja zunichte wird im Lichte der Wahrheit, dass derartige Widerwärtigkeiten Dir zustoßen, ist mir gar unleidlich, hätte nicht unser lieber Herr mit seinen Liebeswerken seine allerliebsten Freunde gezogen.

Darin, dass er Dir seine Gaben vollkommen geschenkt und sie gänzlich an Dir ausgewirkt hat, darin sucht er seine ewige Ehre. Ich begehre Dir, meinem wahrhaften Freund in Gott, den er (Gott) mir aus Liebe und aus Barmherzigkeit gegeben hat, dass es Dir wohlergehe, und dass die Gnade unseres Herrn kraftvoll in Dir wirke, dass Dein Feuer nichts anderes sei als süße Gnade, und Deine Kraft seine inbrünstige Liebe.

Nun weiß mein Herr Jesus Christus, der die lautere Wahrheit ist, wohl, dass ich nach Deiner Gegenwart verlange und ihrer auch bedürfte. Wohl hast Du bei Deinem Besuch gesprochen, was unser Herr Jesus Christus zu seinen Jüngern sprach: „Euch ist nützlich, dass ich von euch gehe.“[152] Aber

[152] Joh. 16, 7.

ich habe wahrgenommen, dass ich allzeit Trost und göttliche Kraft aus Deiner Gegenwart empfinde. Ich lasse Dich auch wissen, dass ich oft gar schwach bin und verborgene Krankheiten erdulde, wovon ich Dir nicht schreiben mag und auch nicht schreiben kann etc. Was die Reliquie der heiligen Agnes anbetrifft, so habe ich selber Verlangen danach, dass sie eingefasst werde. Ich besitze auch wohl das Nötige dazu, aber ich will damit auf Dich warten, weil ich all meine Pläne gern nach Deinem Rat und mit Deiner Lehre ausführe etc.

### *I. Brief Heinrichs von Nördlingens an Margareta Ebner (1332-1338)*

Dir, meiner Getreuen in unserem Herrn, entbiete ich, Dein armer unwürdiger Freund, was ich habe und kann und vermag, Treue und Wahrheit in unserem lieben Herrn Jesus Christus.

Selige Tochter und liebende Frucht des Heiligen Geistes, die aufblüht durch Deinen lieben Jesus aus dem lebendigen Ursprung des väterlichen Herzens, die wohlschmeckend ist allen reinen Herzen, angenehm und freudespendend allem himmlischen Heer, die mir so innerlich in der Seele liegt und mich so lieblich fortreißt in die demütige, süße Liebe unseres Herrn Jesus Christus: Ich danke Dir für alle wahrhafte Treue, die Du mir so mütterlich allzeit erzeigst, und womit Du mich übertriffst in meinem ganzen Leben, sodass ich wahrlich in mir nichts finden kann, womit ich Deiner liebenden Treue antworten könnte. Es bleibt mir nichts übrig, als von Deinem liebenswürdigen Jesus zu erbitten, dass er selber sich selbst aus Dir und mir und aus Marien und aus all seiner reinen Herzen Andacht antworte und sich aus Dir ein Kind schaffe, das dem himmlischen Vater Ehre mache.

Ich bin noch bei Herrn Hans und denke, bis Mittwoch da zu bleiben. Was ich danach tun werde und wie es mir geht, das lasse ich Dich wiederum wissen, so schnell ich vermag. Ich bitte mit all meiner Sorge Dein getreues Herz, dass Du Dich in Deinem lieben Jesus wohlbefindest und fröhlich seiest, dass Du Dich nicht betrübst; denn er hat in Dir angefangen die Freude des ewigen Lebens, und es ziemt seiner Ehre nicht, dass eine Kreatur diese Freude je trübe. Darum wisse, dass Dein betrübtes Antlitz,

Dein sehnender Anblick, Deine schweigsame Gebärde, Deine verweinten Augen und Dein kläglicher Gang mir das Herz durchschnitten und mich wahrlich befremdend berührten und mir wehtaten, als ich von Dir schied. Und ich wäre von Herzen froh, wenn ich wüsste, dass Dein lieber Jesus es noch in Dir geändert hätte; denn Dein Leid ist das meine, und Deine Freude ist die meine. Hiermit seiest Du der reichen Barmherzigkeit Gottes anempfohlen. Bitte besonders, dass Gott mich lehre, von jeder Kreatur, die mich etwa von ihm abziehen könnte, auszugehen durch seinen Ausgang in die menschliche Natur, in alle reinen Herzen, in aller Priester Hände und um des Elendes willen, das alle seine Freunde um ihn gelitten haben. Lasset Euch wohl empfohlen sein meinen Althöner, der Euch diesen Brief bringt, wie ich ihn bat. Sorgt für ihn und sein Pferd die Nacht. Grüßt mir meine lieben Kinder[153] und Scharenstetten[154] und die anderen. Schepach[155], meine Treue, Jesus Christus sei mit Euch. Dienet Gott und mir wohl in seinem lieben Hort Margareta.

### *II. Brief Heinrichs von Nördlingen an Margareta Ebner (um Weihnachten zwischen 1332-38)*

Dir, in dem neugeborenen Kind Jesus Christus allen Kreaturen verborgenem Kind, entbietet meine Seele, was sie in demselben Kind ist und hat. Meine getreueste Treue, es verlangt mich sehr, zu wissen, wie Dein Herz in Deiner gottruhigen Stille und in Deinem heiligen Schweigen in diesem schweigenden Kind erneuert wird, denn ich denke mir, dass es für Dich eine Notdurft ist, um des schweigenden Kindleins willen auf äußere Rede zu verzichten, dass Deine wohlredende Seele, Dein laut singender Geist und Dein hochstrebendes Herz sich durch die Kraft des Heiligen Geistes so zu dem ewigen Wort erheben, dass nichts Fremdes hier zugelassen wird. Wahrlich, mein getreuestes Lieb in Jesu Christo, ich bin froh, dass Du Deinem Bräutigam Jesus so gar innerlich zärtlich, lieblich und selig angetraut bist.

---

153 Die zur Erziehung im Kloster weilenden Kinder.
154 Eine Nonne zu Medingen.
155 Die spätere Priorin und Margaretas Freundin.

Hiermit sende ich Dir ein heiliges Maienbad[156], das uns von ihm (Jesus) in diesen acht Tagen[157] gegeben wurde. Das ist die keusche, jungfräuliche Milch, die er gesogen hat, das sind die kindlichen Tränen, die er geweint hat, und das gar zeitig milchfarbene Blut, das er vergossen hat. Mit ihm hat er seinen süßen Namen Jesus vergossen, damit er zumal in uns fließe und wir in ihn. Liebe, danke ihm darum für mich und für alle Menschen.

Unsere liebste Schwester und Mutter Irmel, die Frickin[158] und ich senden Dir ein Tüchlein, darin Du die köstlichen Tränen aufnehmen sollst, die das genannte Maienbad aus Deinem Herzen durch Deine Augen regnen lässt, auch Muskatblüte und Zimt. Du sollst mir auch Deinen Schleier reinigen, den ich Dir sende. Ich denke, am Donnerstag zu Dir zu kommen. Grüße mir meine treuen Frauen und Kinder, denn Dein Gruß nützt ihnen mehr als der meinige. PAX vobis.

### *IV. Brief Heinrichs von Nördlingen an Margareta Ebner (zwischen 1332-38)*

Der Allerliebsten in dem liebsten Bräutigam, unserem Herrn Jesus Christus, die er sich von Ewigkeit erwählt und vorbehalten und in der Verborgenheit seines väterlichen Antlitzes so wohl verborgen hat, dass sie das Übel aller Schuld nimmermehr finden kann – derselben entbietet ihr armer und wahrlich unwürdiger Freund des liebenden Grußes ausströmen-

---

156 Hier im übertragenen Sinn gebraucht. – Sonst ein im Mai aus duftenden Frühlingskräutern bereitetes Bad. Ein Baden im Maientau der Wiesen in der Nähe der Walpurgiskapellen, war als Lustbarkeit besonders später im 15. und 16. Jahrhundert beliebt. Vgl. Grimm, *Deutsches Wörterbuch*, VI; sowie H. Fischer, *Schwäbisches Wörterbuch*, IV. – Auch symbolische Maienbäder gab es sowohl kirchlicher als auch weltlicher Art. Vgl. E. L. Rochholz: *„Drei Gaugöttinnen, Walburga, Verena und Gertrud, als deutsche Kirchenheilige. Sittenbilder ans dem germanischen Frauenleben"*.

157 Die Weihnachtssoktav, also die acht Tage, die auf den Weihnachtsstag folgen.

158 Irmel und die Frickin waren zwei fromme, angesehene Frauen ans dem Kreis der „Gottesfreunde". Über Irmel ist Näheres nicht bekannt. Die Frickin entstammte einem vornehmen, reichen Adelsgeschlecht im Ries. Ihre Töchter waren geistliche Frauen der Zisterzienserinnenabtei zu Zimmern in Ries bei Donauwörth. (Vgl. Strauch 1882, XXXIX; Anm. S. 322).

de Süßigkeit, welche die ewige Liebe des Heiligen Geistes durch das ewige Wort aus dem väterlichen Herzen gezogen und durch den Auserwählten unter allen Engelschören, den zarten Boten Gabriel, in die reine Schale und die über alles geliebte geläuterte Seele Mariä gesandt hat, durch die von nun an alle Engel und Heiligen den süßen Segen und heilbringenden Gruß empfangen haben.

Meines Herzens auserlesene Freude, meiner Seele heiliger Trost, all meines Lebens ganze Hoffnung und Zuflucht, ich wünsche Dir, dass Dich Dein Bräutigam gleich seinen Jüngern auf den Berg aller Vollkommenheit führe, und da in Deiner Seele wohne in einem überwesenhaften Frieden, in gottruhiger Stille und mit all seiner reichen Gnade; dass er da wahrhaftig seinen Mund auftue und den lieblichen Ton seines ewigen Wortes in Dein Herz hineinspreche, nach der allerlautersten Wahrheit und der innersten, süßesten Berührung, die jemals das Herz seiner Auserwählten ergriff. Da mögest Du Deinen geliebten Bräutigam Jesus in seiner ganzen königlichen Ehre erblicken, sodass Dein Herz davon zerfließe, und er sich in Dein Herz ergieße und Du wieder in ihn zurückkehrst, sodass Du da erkennst, wie Du erkannt wirst, und liebst, wie Du geliebt wirst; dass Du da durch die Vereinigung mit Jesum Christum das allerhöchste Gut empfängst, wie es aus dem Mark der süßen Liebe Gottes noch niemals in einen liebesbrennenden Geist geflossen ist; dass Du da trinkst, und versinkst in den Fluten der väterlichen Barmherzigkeit; dass Du da im Spiegel des lauteren, göttlichen Wesens schaust, wie Deiner Seele schönes Antlitz im Antlitz Gottes so lieblich leuchtet, so fröhlich spielt, so lustvoll scherzt in der reichen Glorie des Fürsten.

Eja, gar hohe und allerehrwürdigste Frau, wie wird da Dein Mund dem Munde Gottes so nahegebracht!

O weh, göttliche Küsse! O weh! Göttliche Einung mit aller menschlichen Natur, werde eins mit der Seele und dem Herzen Deines lieben, zaghaften Kindes Margareta! Erhebe sie über sich selbst zu Dir, auf dass sie wahrhaftig die Liebe begreife, die sie gesäugt, ernährt, belehrt, umfangen, entzündet und zu Dir, dem barmherzigen Vater und Gott allen Trostes, so gar inbrünstig erhoben und mit Dir vereinigt hat.

Vater! Deine väterliche Treue komme ihr zu Hilfe, denn sie sucht nirgends Hilfe als bei Dir und bei allem, was Dein ist und Dir angehört!

Jesu Christe! Unser allerliebster Bruder, komme ihr zu Hilfe und erfülle schnell die Gebete und Begierden, die Du ihr aus dem Brunnen des Lebens gegeben hast!

Heiliger Geist! Übergieße sie schnell mit dem Licht, in dem sie so klar geleuchtet hat im väterlichen Herzen! Durchbohre sie sanft mit dem Speer Deiner Minne, verwunde sie bald mit dem durchflammenden Glanz Deiner heilsamen Strahlen, auf dass sie sanft verwundet und geheilt werde, sodass in ihr nichts mehr gefunden werde, was Deinem wohlgefälligen Antlitz missfalle.

Maria! Hilf uns, dies zu erlangen! Alle Engel, gewährt uns Eure Hilfe! Alle Heiligen im Himmel und auf Erden, bittet für uns! Amen.

Meine Liebe, da ich Dir schreiben wollte, da musste ich also für Dich bitten; dazu zwang mich die Gnade Gottes in meinem Herzen! Also gar lieblich erscheint mir die Jahreszeit, als Dich Gott mir gab. Ihm vertraue ich und unseren Freunden, allen Heiligen, dass er mir und aller Christenheit durch Dich und aus Dir besonderes Gut schenken werde! Amen. Der Friede Jesu Christi, der sei mit Dir.

*V. Brief Heinrichs von Nördlingen an Margareta Ebner (zwischen 1332–38)*

Derjenigen, die so tief schweigt und doch laut schreit und wohl singt in den Ohren Gottes und der demütigen Jungfrau Maria, deren Gedächtnis göttlichen Segens und göttlicher Süßigkeit voll ist – Margareta, dem köstlichen Edelstein Gottes, entbietet ihr unwürdiger Freund die Schönheit und Zierde des ganzen, liebevollen Schmucks, wie ihn der barmherzige Vater seinem Sohn in keines Menschen Herz je gegeben hat, noch jemals geben wird, bei allem Reichtum seiner Gnade, welche er über seinen Geist ausgießt durch die Einung mit Jesum Christum, seinem und Deinem Geliebten.

Meine Treue, die mir Gott von Gnaden gegeben hat, was soll mein dürres Herz Deinem Herzen, das vom Tau, den die Himmel in Dich ergossen haben, durchtränkt ist, anderes schreiben oder sagen als das eine, das ich Dir wünsche: Gott möge Deinen inneren Menschen erleuchten und Dich in sein Licht weisen, in sich selbst, in den Abgrund seiner ewigen Klarheit, in welchem die Auserwählten in Ewigkeit vor ihm gespielt haben, auf dass Du daselbst mit allen Heiligen das ewige, liebesreiche Einfließen genießen möchtest, in dem sich der Vater in den Sohn ergossen und die gar liebe Seele Jesu Christi, Deines Bräutigams, berührt hat, von welcher Berührung sie allein so übervoll geworden ist, dass wir alle genug der Fülle haben, die durch ihn in uns fließt. Da möge Deine Seele immer sein, um da den ewigen Ursprung dieses in Liebe sich ergießenden Stromes wahrzunehmen, wie sich das ewige Wort ausspricht und laut aufschreit in der geliebten Seele Jesu Christi, auf dem Brautlager seiner erwählten Mutter Maria!

Eja, Liebe, wenn Dein Geliebter zu Dir spricht, dann zerfließt Deine Seele, sodass Du ihm zusingst und nachsingst in einem übernatürlichen Widerhall und die äußeren Sinne nichts mehr begehren als Jesum Christum, dessen Bild ihnen so wahrhaftig eingeprägt ist. Da soll Dir eingeschenkt werden der neue Wein, der uns durch Jesum Christum und Maria auf die Erde gebracht worden ist. Amen.

### *VII. Brief Heinrichs von Nördlingen an Margareta Ebner (1332-1338)*

Der Jungfrau, die geladen zum Tisch des ewigen Gastmahls ist, welches sich das unschuldige Lamm selber gibt und das die Geladenen in sich selbst verwandelt, entbiete ich, ihr armer, unwürdiger Freund, den sie besser kennt als er sich selber, die Treue und Wahrheit, die Liebe und den Frieden, die Freude und die Belustigung, die man in ewiger Sicherheit genießt und trinkt, schöpft und empfängt aus dem Brunnen, aus dem ewiges Leben getrunken wird aus seiner eigensten Quelle.

Meines lieben Herrn allerliebstes Kind und meiner Frauen liebste Tochter und meines Lebens getreue Regel und meines Herzens süßes Gedächtnis, worin meine Gedanken Weide finden göttlicher Lehre und Gnaden, reicher Tugend und rechter Bildung, des Lebens der Wahrheit, des Weges der Seligkeit, auf dem wahrlich niemand irregehen kann, auf dem er vielmehr gewiesen wird in Dein liebstes Lieb, unseren Herrn Jesus Christus, auf den Dein ganzes Leben zeigt mit dem Finger Deiner nachringenden, hinneigenden, inbrünstigen Liebe: Ich danke Dir mit dem, der sich selbst zum ewigen Dank seinem Vater darbietet für aller Menschen Ungenügen, in dem allein der himmlische Vater findet vollkommene Antwort auf all seine Liebe und ein Vergelten seines gütigen, wohlgefälligen Willens, ich danke Dir, dass Du mir so gar außerordentlich heilig und tugendsam schreibst vom Überfluss Deines gnadenvollen Herzens, in dem Du mir besonders ausgelegt hast, was ich gern von Deinen Worten vernahm, das nämlich, was die vier Siegel Deines göttlichen, liebesreichen Briefes[159] bedeuteten. Und das verstehe ich gern wie Du, weil ich nun merke, dass der ewigen Weisheit wohlgeordnetes Menschsein Dich allein sittsam lehren will, und zwar immer das Notwendigste und das Nächste, das ihr von Dir gefällt. Daher haben es für Dich die vier Tugenden, die Dir in Deine Seele mit dem Finger des Heiligen Geistes geschrieben sind, und die Dein Herr Jesus in Deinem Herzen mit den vier Siegeln der vier Evangelien versiegelt hat: Sie gewähren Dir, dass die Schrift des Ewigen Wortes Dir innerlich so reichen Widerhall des ewigen Lobes singt, und dass der äußere Wandel Jesu Christi Deinen Wandel dergestalt überbildet hat, dass Dir in Deinem keuschen, demütigen, friedlichen, gottliebenden Herzen allzeit gar angenehm ist, zu sprechen und zu leben nach diesen vier Tugenden.

Eines hast Du mir geschrieben, worum ich mit Deiner friedlichen Wahrheit streiten muss, dass Du nämlich in Deiner Innerlichkeit meine Mängel nicht beklagen könnest. Meines Herzens getreue Liebe in Gott, wann wird dann Deine Liebe, Jesus, sie mir vergeben, wenn Du ihn für sie nicht gar innig bitten kannst? Ich bitte Dich, dass Du mich bei ihm wieder

[159] Vergleiche Anmerkung Nr. 25.

in Ordnung bringst. Das will ich ihm und Dir empfehlen. *Pax eius in corde tuo*[160]. Schepach, mein getreues Kind in Christo, Gott grüße Euch und alle meine lieben Frauen. Amen. etc.

### *IX. Brief Heinrichs von Nördlingen an Margareta Ebner (1332-1338)*

Der wohl Gebundenen[161] in der Liebe Gottes, welche das ewige Wort in die menschliche Natur so gebunden hat, dass das liebste Kindlein Jesus seine Sinne gar nicht gebrauchen konnte, und durch die Du nun auch so gebunden und gefangen bist, dass all Deine Sinne mehr auf Deinen Geliebten Acht haben müssen als auf Deine eigene Natur –, der entbietet ihr unwürdiger Freund den Engelsfrieden, der nun gekommen ist auf Erden, und allen guten Willen in der Geburt Deines Geliebten, mit all den Freuden, die die selige Jungfrau und Mutter Gottes empfing beim ersten Anblick des fröhlichen Antlitzes ihres Kindes, aus dem ihr näher und höher als je einer reinen Kreatur entgegenleuchtete des ewigen Wortes durchstrahlender Glanz. Wegen Deiner neuen Gnade, in der Du auf diese Weise selig gefangen stehst in den Minnebanden unseres Herrn Jesus Christus, in dem Du eingegangen bist in das allmächtige Vermögen Gottes, sodass Du Dich nicht unterstehst, in Dir etwas zu vermögen –, derentwegen bin ich gar froh. Könnte ich wohl, so begehrte ich mit all meinem armseligen Fleiß, dass Dich Dein Lieb auf diese Weise gefangen halte und Dich nimmermehr loslasse, bis er Dich mit ihm so vereinige, dass Du ganz und gar von ihm in Besitz genommen werdest, sodass all Dein Wesen, Dein Leben und Dein Wirken mehr Christus Jesus sei als Margareta Ebnerin. Siehst Du, meines Herzens heiliger Hort: Das ist die Gefangenschaft, die Dein Lieb gefangen gebracht hat seinem Vater, als er gen Himmel fuhr, wie David spricht[162], und da allein wird sie befreit in der ewigen Freiheit Gottes. Und deshalb sollst Du gern gefangen sein wie Jesus, Dein Geliebter.

---

160 Sein Friede sei in deinem Herzen.

161 Dies und die Minnebande beziehen sich auf Margaretas gebundenes Schweigen.

162 *„Auffahrend zur Höhe, führte Christus die Gefangenschaft gefangen und gab den Menschen Gaben“*, ist eine, in Anlehnung an Psalm 67, 19, gebildete, in der Himmelfahrtsoktav, also den acht Tagen, die auf den Himmelfahrtstag folgen, häufig gesungene Antiphon (Wechselgesang).

Nun betrachte Du, die mein Herz in Gott geboren hat, wie alle Sinne Jesu jetzt in der Geburt von natürlicher Schwäche gefangen sind. Danach gab er sich gefangen unter Maria und unter Joseph. Danach gab er sich den Händen seiner grimmen Feinde gefangen bis in den Tod. Und inzwischen war er allzeit in der Gefangenschaft seines Vaters nach all seinem Willen. Ebenso, wähne ich, habe er Dir getan in der Absicht, sein göttliches Bild nun und ewig in Dir zu gebären ohne Hindernis von Seiten irgendeiner Kreatur. Nun möge die getreue Mutter Maria ihr Kind einhüllen und in die Krippe Deines andächtigen Herzens legen, in dem ihr Kindlein lachen und weinen und aufschreien möge mit der süßen Stimme seines ewigen Wortes in Deine Seele hinein, wie er es je getan hat und noch tun will. Amen.

Die Liebe Gottes muss Dir danken für Deine großen Gaben und für alle vollkommene Treue, die ich Euch nicht vergelten kann, und darum bitte ich Gott, dass er Euch statt meiner vergelte. Meine getreue Schepach, ich danke Euch und all meinen lieben Kindern in Gott für Eure Gaben, die mich wahrlich groß dünken und die es auch sind, die ich aber nicht vergelten kann. Darum schweige ich. Danket ihnen allen statt meiner. Das wünsche ich. Ihr sollt nicht betrübt sein wegen Eures Meisters, denn ich konnte ihn nirgend anderswohin fördern, da ihr ihn allzeit so gut zu halten vermochtet wie zu Augsburg, und da ich, sobald ich weiß, wie es ihm geht, gern sorge, dass er auch lese, was er angefangen hat.

Ich sende Euch zwei Töpflein mit Senf. Davon soll eines meinen lieben Kindern gehören, das andere Hochstetten und Scharenstetten, und Margareta[163], wenn sie will. Margareta sende ich ein Säcklein mit guten Gewürzen, wie man mir sagte. Zwingt sie, es von mir anzunehmen und davon in jeder Speise zu essen. Gott sei mit Euch. Ich bitte Dich, Margareta, dass Du statt meiner einer jeden von den Frauen dankest, die mir etwas gesandt haben. Euch grüßen unsere lieben Freunde. Ich liege auf zwei Unterbetten, sodass ich etwa die Metten verschlafe. Darum verdrießt es mich. Margareta, Gott mit Euch. Gedenket mein etc.

---

[163] Nonnen zu Medingen.

## *XIII. Brief Heinrichs von Nördlingen an Margareta Ebner (1334)*

Dir, meinem allerinnersten Gut, das ich nach Gott auf Erden habe von seiner Gnade, entbiete ich, Dein armer und wahrlich unwürdiger Knecht und noch unwürdigerer Freund, was ich bin und habe in unserem lieben Herrn Jesus Christus. Wisse gleich anfangs, Du meiner Seele und meines ganzen mangelhaften Lebens getreue Fürsprecherin vor Gott: Könnte ich Deinem getreuesten lieben Jesus Christus danken für die Treue, die er mir in Dir und mit Dir gegeben hat, das täte ich wahrlich gern, weil mir die liebevollen Bilder unseres lieben Herrn Jesus Christus nie in solcher Sanftmut und Demut und nie in ganzer Wahrheit einer steten Nachfolge des inneren und äußeren Lebens Jesu Christi so innerlich, so süß, so heilig, so friedlich und so liebevoll eingeleuchtet haben von irgendeinem Menschen wie von Deiner Gegenwart. Ließen mich bloß meine Armseligkeiten die lautere Gnade Gottes aus Dir wahrnehmen, so dächte ich nimmer an Dich ohne besondere Gnade und Furcht, die mir durch Dich von Gott gegeben werden, sodass Dein schüchternes Antlitz mich schüchtern machte. Deine lieben, getreuen, süßen, brennenden und wahrhaften Worte neigen und jagen mein ganzes Leben zu Gott. Dein keusches, reines Herz lässt mich verlangen nach vollkommener keuscher Reinheit, Deine lautere Meinung benimmt mir alle Nebenabsichten, Deine heiligen, inbrünstigen Begierden entzünden mich, Deine göttliche Einfalt nimmt mir die Mannigfaltigkeit meines schalkhaften Wandels, und kurz: Dein ganzes Leben leuchtet mir und zündet mir zu Gott. Und das alles insgesamt bewirkt Gott durch Dich in mir, wenn ich mich bloß mit Ernst und mit einem göttlichen Fleiß darin gebe. Geliebte in Gott, das erlaube mir, mit Dir zu reden: Ich danke Dir für alles Gute und besonders für Deine Briefe. Die sind mir so genehm und lieb, dass ich durch sie wieder zu mir komme, in welchem Unmut ich auch bin.

Eines findet sich aber wahrlich in allen Deinen Briefen, meine Treue in Gott, wozu ich nichts kann, weil ich nichts bin: nämlich die hohen Worte, die Du von mir schriebst. Wo denen an mir nichts entspricht, wie ich in Wahrheit glaube, da möge Dein liebstes Lieb, Jesus Christus, sie verwirklichen durch seine Güte und auch um Deines getreuen Gebetes willen. Das hoffe ich zuversichtlich. Ich bin froh über Deinen Gehorsam, dass Du Fleisch isst und mir geschrieben hast. Das erneuert in meinem Herzen den wahren Gehorsam unseres lieben Herrn Jesus Christus. Dass Dir aber meine kleine Lehre oder mein armseliger Rat oder mein Gebet und meine Arbeit, die ich Dir aus der Furcht Gottes schüchtern mitteile, so wohl in Gott bekommen, so wisse, dass mir das vor allen Dingen, die Du mir da schriebst, an Gottes Treue mahnt und mich erfreut und mich mir selbst wiedergibt, weil ich mit dem Ernst, den ich zu Gott habe, begehre, dass weder Dir noch irgendeinem erwählten Kind Gottes meine Worte, meine Werke und sonst meine Gegenwart je zu Schaden gereichen. Ich wüsste auch gern den Traum, der Dich mir und Gott zuerst gehorsam machte.

Mir hat kürzlich ein Freund Gottes in einem Kloster gesagt, dass ihm an einem Himmelfahrtstag unseres Herrn, als er das mannigfaltige Ausfließen der Gnade Gottes aus seinen Freunden bewunderte, fünfmal so geantwortet wurde, nebst anderen schönen Worten: „Je voller, umso stiller." Da dachte ich an Dich, und ich vertraue Deinem getreuen lieben Jesus Christus, dass Deine und seine große Fülle und reiche Gnade in Dir noch zu einer übernatürlichen Stille werde, die alles geschaffene Verständnis übertreffe im Frieden Gottes und im Einstrahlen des ewigen Lichtes, das ausbricht aus dem klaren Antlitz Gottes in Dich und das Dich erheben soll in sich, wo Du ewig zu leben versuchen sollst in einem wunderbaren Vorgeschmack göttlichen Genießens in dem lebendigen, überfließenden Brunnen des väterlichen Herzens.

Eja, Du edle Perle [lat. *Magarit*] Gottes, da sollst Du anfangen zu erkennen die Nichtigkeit Deines Lebens in der übergroßen Größe des göttlichen Wesens. Da soll Deine heilige, einfältige Unwissenheit sehen und schauen das schönste und glänzendste Bild des Sohnes in ewiger Weisheit. Da soll Dein Gott begehrendes Herz durchdrungen werden von der süßen Liebe des Heiligen Geistes. Dann weißt Du nicht wie Sankt Paulus, wo Du bist oder wie Dir geschehen ist, wenn Du Dir selber und uns wiedergegeben wirst. Das Leben unseres Herrn Jesus Christus möge Dich bewahren und hingeleiten in das ewige Leben. Amen. Ich vertraue Gott, etwas in ihm zu vermögen.

Dein Tuch sende ich Dir mit der Handschere. Das Gemälde[164] ist noch nicht fertig. *Pax Christi tecum, Schepach, ancilla Christo grata.* Ich kann Euch kein Weinsteinwasser besorgen, denn der Apotheker hat nicht zur Hand, was dazu gehört. Lernt und grüßt mir meine liebsten Kinder[165] in Gott und alle meine Frauen[166], wie ihr wollt, von mir, von meiner Mutter, von Irmel und von vielen guten Leuten. Lasset Euch Euren Schulmeister wohl empfohlen sein und entbietet mir allzeit, wie es Euch gehe und was Euch mangele. Das habt ihr jetzt nicht getan. Das Tuch ist geschoren und eingegangen. Ich weiß nicht wieviel. Es waren sieben Ellen, als ich es kaufte. *Pax et pax Christi vobis etc.*

### *XVI. Brief Heinrichs von Nördlingen an Margareta Ebner (zwischen 25. März und 2. April 1335)*

Der in die Ferne gezogenen und verwiesenen Gemahlin unseres lieben Herrn Jesus Christus, deren Treue ich wahrlich unwürdig bin, entbietet ihr Armer, ihr Getreuer, die Frucht des liebenden Grußes, und er entbietet ihr die Reinheit und Demut des erhöhten und gottergebenen Herzens Mariä in dem liebenden Kuss, in dem vereinigt sind das ewige Wort und die Seele Deines Bräutigams Jesu Christi, der der einige Frieden ist und von den Engeln den Menschen auf Erden verkündet wurde, die eines guten Willens sind.

Meine gar Treue und meiner Seele gar sichere Zuflucht! Ich weiß nicht, was ich sagen soll, denn mein Herz ward gar wundersamen Jammers voll, als ich Deinen Brief las, und ich verlor Wort und Weise durch den heiligen Rauch und den göttlichen Geschmack, der aus Deinen feurigen Worten in mich drang, und es wurde ein gerechter Kampf in mir zwischen großer Furcht und großer Begierde. Die Furcht gebot mir, zu schweigen, die Begierde aber gebot mir zu reden, sodass mein Herz und mein Mund sich

[164] Unter diesem Gemälde ist wohl ein mit Gebeten versehenes Heiligenbild zu verstehen.
[165] Die im Kloster zur Erziehung weilenden Kinder.
[166] Die Schwestern.

öffneten und weit geworden sind, um mit Dir, meiner Geliebten in Gott, zu losen.

O weh! Wüsste ich nun, was ich reden soll, um Dich und Deinen Bräutigam Jesus Christus nicht zu betrüben. Doch mit Gottes Willen finde ich Grund, mit Dir von der Eingebung zu reden, die Du neulich an dem Festtag hattest, als man das Rorate in der Messe sang. Und ich vertraue dem milden Strom und der reichen Ausgießung der Barmherzigkeit Gottes, durch die uns ein lachender Gruß der ewigen Minne auf die Erde in das reine Herz Mariä gesandt wurde.

Mögen die ewigen Himmel der heiligen Dreifaltigkeit Dein Herz betauen und die Wolken der sieben Gaben des heiligen Geistes den Gerechten in Deine Seele regnen!

Wer ist der? – Er ist Dein Bräutigam Jesus Christus, durch den Du aufgerichtet werden sollst von allem Jammer und von aller sehnenden, elenden Qual. Eja, meine Treue, harre nun auf ihn, wirke gar kräftig, halte Dich tapfer, erdulde in Zucht und liebevollem Gehorsam, in stillem Frieden und mit schweigendem Herzen, was seinem Willen gefällt. Erdulde seinen liebenden Blick in Deine Seele, sein zartes Locken und auch Verbergen, sein gewaltiges Erhöhen und sein demütiges Erniedrigen, sein leuchtendes Durchscheinen und sein süßes Berühren, seines ewigen Wortes starkes Durchdringen und noch stärkeren Ausbruch, seines leuchtenden Antlitzes gnadenreiche Gestalt und auch den gar furchtbaren Anblick seines aufwallenden, lebendigen Flusses, sowie seine gerechte, in sich selbst zurückströmende Lust.

Dies alles ist er allein in Deiner demütigen Seele und wird es noch mehr werden! Deshalb tue auf das Erdreich Deines Herzens, und gebäre Dir und uns den Erhalter, der aus Dir grünen und blühen und neue Frucht bringen soll, der gar sanft und still geboren werden soll in voller Lust, in ganzem Frieden, in gnadenreicher Ruhe und ohne Schmerzen, wie es Maria geschehen ist.

Mein Lieb in Gott! Dies sind die angenehmen Früchte des Heiligen Geistes; dies sind die Morgengaben Deines Bräutigams Jesus Christus. Dies ist der Vorgeschmack des ewigen Lebens; dies sind die ewigen Gedanken und die alten Beschlüsse des barmherzigen Vaters über seine Kinder, die Du jedoch besser erkennst und erkennen und empfinden wirst, als ich Armer auszusprechen vermag. Deshalb aber bewegt mich die Furcht Gottes und es macht mich verzagt, wenn ich Blinder dem wohl Gehenden den Weg weisen, wenn ich Stummer dem lobpreisenden und wahr sprechenden Munde predigen wollte, wenn ich Lahmer dem in das ewige Leben schnell Laufenden und hoch Springenden, vorangehen, kurz, wenn ich den belehren wollte, den Gott selbst belehrt hat und dem er noch in Zukunft seine verborgenen Wunder lehren wird. Darauf vertraut mein eigenes Herz voll Verlangen, auch die Herzen heiliger Gotteskinder, die mich der Gnaden, die Gott Dir bestimmt, versichert haben.

Besonders Ellin von Krailsheim[167], die sandte mir Gott nach Zimmern; die ertrug wohl achtzehn Jahre und länger noch das Leiden Gottes in wundersamer Minne, mit einem verwundeten Herzen und war stark davon ergriffen und war davon sieben Jahre lang der Sprache beraubt. Und als er, Gott, es wollte, da schlug er sie darnieder, sodass sie fünf Tage lang dalag und nicht wusste, was ihr äußerlich geschah, gleich wie es Sankt Paulus erging. Und da ward ihr die nackte Wahrheit geoffenbart; da ward ihr das Eingehen in die innere Heiligkeit des väterlichen Herzens erlaubt. Da ward sie in Gott vergottet, in dem einigen Ein vereint, in Minne gebunden, von Licht umfangen, von Freude durchgossen, von Luft durchschossen, sodass nun ihr Leben ein beständiges Schweben über allen widerwärtigen Dingen ist und sie also ihres lieben Jesu Christi harrt in einer friedvollen Ergebung unter seinen Willen, in lieblichem Schauen, in geduldigem Warten, mit vor Minne überströmendem Herzen und Augen – und was dergleichen ist, das niemand ganz aussprechen kann.

---

167 Eine der geistlichen Frauen zu Zimmern, die der Zisterzienserinnenabtei zu Krailsheim untergeordnet waren.

Diesem lieben Kind Gottes habe ich Dich unter Tränen ins Herz geschrieben, und ebenso unserer lieben Irmel. Sie wollen Dich mit mir Gott austragen, so viel sie es vermögen.

Nun habe ich eine bescheidene Bitte, ein liebendes Vertrauen und ein demütiges Verlangen zu dem allerbarmherzigsten Jesus: Bitte ihn, dass seines Vaters Ehre an uns vollbracht werde! Amen.

*XIX. Brief Heinrichs von Nördlingen an Margareta Ebner (um Mariä Geburt 1335?)*

Dir, meiner allerliebsten Freundin in unserem lieben Herrn Jesu Christo, entbiete ich, Dein Armer, Unwürdiger, all das Gute, das uns der himmlische Vater in seinem geliebten Sohn Jesus Christus durch die gewaltige Mutter und Jungfrau Gottes, Maria, gegeben und gesandt hat.

Die heilige Epistel, die wir heute über Maria lesen und die ihr geweiht ist, die hebt so an: „Der Herr hat mich gehabt im Anfang seiner Wege, ehe denn er etwas gemacht hat, von Anbeginn.“[168] Diese Rede kann ich mit dem Willen Gottes und Mariä auch auf Dich anwenden: dass Dich der gewaltige Herr von Ewigkeit her besessen hat, sodass nichts in Dir ohne ihn, sondern alles in ihm beschlossen gewesen ist, und darum bist Du mein allerliebster Trost, sein lauter Eigen und niemandes sonst. Darum kannst Du sagen: „In hereditate domini morabor“, unter dem Erbe des Herrn, das ist in dem ewigen Sohn Gottes, der ein Erbe des Vaters ist, habe ich gewohnt,“ „et in habitatione sancta coram,“ „und in der heiligen Wohnung, die das väterliche Herz ist, habe ich vor ihm gedient,“ „et in plenitudine sanctirum detencio rnea,“ „und in der Gemeinde der Heiligen ist mein Aufenthalt.“[169] Da es nun also ist, dass Du von Ewigkeit her in dem Sohn und in dem väterlichen Herzen und in dem fröhlichen, durchleuchtenden Schein aller Heiligen gewohnt hast, so ist Dir so, als müsstest Du gar jäh und voll Eifer wieder

[168] Prov. 8, 22 ff. ist die Epistel der heiligen Messe an hohen Festtagen der Heiligen Jungfrau.

[169] Jesus Sirach 24,14 und 16 ist das Capitulum im Officium in Festis 3. Mariae Virginis in Primis Vesperis, ad Laudes, Primam, Tertiam et Sextam; dann Lectio I und ll im Officium parvum B. M. V. ad Matutinum.

dahin zurückeilen, wo Du ewiglich so gar liebevoll gewesen bist; und es muss auch alles, was Dich auf Deinem rechten Wege hindern könnte, abfallen von Dir. Darum verlangt Deine gottverwöhnte, Deine selige, heilige Seele in ihrem Innersten nach der lauteren, nackten Wahrheit und nach dem väterlichen Herzen des Vaters. Und dies wird Dir vor vielen Tausenden in Zeit und Ewigkeit gewährt werden.

Alles Übrige möge Dir Dein Bräutigam Jesus Christus sagen, denn der Bote steht neben mir und will nicht länger warten.

Danke meiner Frau, der Priorin, gar vielmals für ihre Liebe und Treue in Gott. Ich übersende Dir das hübsche Tuch und das Buch mit Deinen Gebeten, mit dem ich bis jetzt noch nicht bei dem Maler gewesen bin. Für alle Treue, die Du mir wahrhaft Unwürdigem bietest, möge Gott sich Dir schenken nach seinem und Deinem Willen, Amen. Gott sei mit Dir! Scheppach pux tibi ... et omnibus meis. Amen.

### *XXI. Brief Heinrichs von Nördlingen an Margareta Ebner (1337)*

Der demütigen Magd Gottes und Mariens seliger Nachfolgerin vom Irdischen zum Himmlischen, vom Vergänglichen zum Ewigen, von allen Kreaturen zu Deinem geliebten Gott und Herrn Jesus Christus, dorthin, wo er wohnt in der reichen Herrschaft seines Vaters – der entbietet ihr unwürdiger Freund in Gott einen seligen Tod in Christo Jesu, in dem Du findest das verborgene Leben der Auferstehung Gottes, in dem alle Erwählten in ewigem Anblick Gottes gelebt haben und in Jesu Christo geblüht haben und in dem Heiligen Geist Frucht gebracht haben, die sie in dem Vater ewig genießen sollen.

Meine Liebe in Gott, meine Seele wünscht Dir von dem liebenden Segen, der von dem Vater durch seinen Sohn Jesus und durch Maria ausströmte in alle erwählten Engel und Menschen im Himmel und auf Erden in der Mannigfaltigkeit aller göttlichen Gnade: In dem möge Dein verlangendes Herz und Deine liebende Seele und Dein durstiger Geist überfüllt werden in aller Fülle Gottes. Hier mögest Du geführt werden in die tiefe Stille der unbeweglichen Treue Gottes, wo Du empfängst und empfindest den Frieden, der da allen Begriff übersteigt.

Eja, Geliebte in Gott, da weißt Du nicht um Dich, wenn er Dich so zärtlich entzückt und fortgeführt hat in sich. Da soll Dir in ewigem Licht erscheinen Dein lieber Jesus. Da sollst Du lieblich ansehen das liebliche Antlitz Gottes[170], wie sich das in Dich und Dich in sich gedrückt, verborgen, vereinigt und verbunden hat. Da wirst Du wohl entschädigt für mich und für alle Dinge. Da erkennst Du, wie Du erkannt bist. Da liebst Du, wie Du geliebt bist. Da stehst Du in ehrwürdigem Adel, erhaben über alle Himmel bei denen, die in hoher Glorie schweben und die auf prächtigen Thronen sitzen und die im Schoß unseres lieben Herrn Jesus Christus ruhen und die an seiner Brust schlafen und die in seinem getreuen Herzen weiden. Dahin möge uns unser Herr Jesus tragen, verbergen und behalten vor allem Übel und mit allem Guten überschütten. Amen.

Ich empfehle mich und all meine Geschäfte Deiner steten Treue etc. Mit Mühe kamen wir nach Neuhofen, das liegt eine Meile von Speyer. Da weilt meine Herrin, die Herzogin, mit Gefolge. Bei der waren wir bis Fastnacht. Da wollten wir von da fort, aber wir hatten noch keine Gefährten. Grüße mir meine lieben Kinder und alle meine lieben Frauen, die Du willst, und unsere liebe Novizin Elsbeth. – Die lasset Euch empfohlen sein. Der barmherzige Gott möge Euch bewahren in seinem Sohn zu seinem, und zwar zu seinem höchsten Lob allein. Schepach und mein Kind, Gott danke Euch und segne Euch. *Pax Christi vobis. Datum in Nova Curia in sabbato Quinquagesimae etc.*

### *XXXVI. Brief Heinrichs von Nördlingen an Margareta Ebner (8. März 1337?)*

Dir, meiner Seele innerem Hort nach Gott auf Erden, entbietet Dein armer, unwürdiger Freund in Gott, gewurzelt und von Grund auf gefestigt

---

170 Diese höchste Gabe der Mystik, die vorübergehende Anschauung Gottes, wie sie dem heiligen Paulus zuteil wurde und wie Heinrich sie hier und an vielen anderen Stellen Margareta wünscht, scheint ihr nicht zuteilgeworden zu sein, wenigstens spricht sie sich in den Offenbarungen darüber nicht aus.

zu werden in der Liebe unseres Herrn, Deines einziggeliebten Jesus Christus, dass Du mit allen Heiligen begreifen mögest die Höhe und die Tiefe, die Breite und Länge, aus denen Dein Herr Jesus geboren ist von seinem Vater ewiglich und von seiner Mutter Maria und von allen liebenden Geistern und lauteren Herzen, sodass Du erfüllt werdest von dem allerinnersten, süßesten lauteren Trank, den die ewige Güte Gottes aus Liebe seinen Erwählten jemals geschenkt hat in Zeit und in Ewigkeit.

Ich habe Deine lieblichen Briefe mit Begierde empfangen und las sie mit Jammer meines Herzens, da ich das heiße Verlangen sah, womit Du mich eindringlich mahntest und innerlich so rührtest, dass ich zu Dir käme. Nun weiß das unser Herr Jesus Christus wohl, wie gern ich käme, könnte ich es nur in Gottes Willen fügen. Ich ritt zum Abt von Lützel, der nun nach Kaisheim kommen soll, und bat ihn, mich mitzunehmen. Das konnte ich nicht erreichen.

Dann gehöre ich auch sicher mir nicht so an, dass ich wagen dürfte, gegen den Willen meiner Herren[171] so lange auswärts zu sein. Dann bin ich auch gar schwach. Dann fürchte ich auch, in jener Gegend bei Dir nicht sicher zu sein[172]. Ich müsste heimlich dort sein. Dann wurde mir auch anders geraten. Darum bitte Gott, dass er durch den ganzen Reichtum seiner milden Gaben, womit er allein Deinem Verlangen genügt, mich bei Dir vertrete und Dir meine Gegenwart ersetze mit seinem eigenen fröhlichen Antlitz, aus dem er Dich anlachen möge, so liebevoll, dass Du weder meiner noch sonst irgendeiner Kreatur bedürftig seiest. Denn wenn ich es in Wahrheit betrachte, so bekenne ich, dass ich Deiner tausendmal mehr bedarf als Du meiner.

Weil nun alle vollkommenen Werke gewirkt werden müssen im Geiste, in der inneren Heimlichkeit des Herzens, wo bei verschlossenen Türen der Vater angebetet wird im Geist und in der Wahrheit, darum bitte ich Dich,

---

171 Die Herren von Basel, wo Heinrich predigte.

172 Die Priester, die sich treu an die Vorschriften des vom Papst verhängten Interdikts hielten, wurden von den Anhängern Ludwigs verfolgt.

dass Du mich leiblich verlässt um Gottes willen, denn dann findest Du mich, hochadeliger Geist. Denn das ist der ewige Wille Gottes, dass er die Seinen, die Allerliebsten, die er vor sich ewig zu hohen Ehren zu bringen gedacht hat, hier in der Zeit alles vergänglichen Trostes beraube. Alles deshalb, damit sie sich zu keiner Kreatur neigen, wodurch sie irgendwie gehindert werden. Er will das einzig und ganz haben, um dessentwillen er sich ganz hingegeben hat. Dies traue ich Dir zu, dass Du mich und alle Kreatur gar wohl zu einem liebenden Opfer Gott emportragen könntest, denn je mehr Du Äußeres fahren lässt, um so viel mehr empfängst Du Inneres. Was Du durch Gott entbehrst, das wirst Du ewig in Gott besitzen. Darum nimmt er, was er gibt, damit er in unserer gelassenen Armut von Liebe gezwungen werde, wiederum und zwar neue Gaben zu geben; und die nimmt er dann wieder, bis wir ganz und gar gelassen werden. Dann, wenn er sich selbst bloß gibt, dann ist des Nehmens genug.[173] Und eher kann Dein brennendes Verlangen nach Gott nicht gestillt werden. Keine Kreatur füllt Dein Inneres aus.[174]

Wie sich die Gnade Gottes in Dir änderte, und ob Dir noch aufgeschlossen sei das innere Auge, dem allein sich Gott offenbart, und wie Dein äußerer Mensch sich noch zu der gewöhnlichen Gnade Gottes verhalte, davon wüsste ich gern, soviel ich wissen sollte. Eines spreche ich mit Gottes Erlaubnis: Findest Du dazu eine Bestätigung in Dir, so möchte ich gern, dass Du Deiner leiblichen Kräfte schontest und ihnen helfest, womit Du vermöchtest, damit sie das liebende Joch unseres Herrn desto besser zu tragen imstande seien und damit sie das liebliche Leiden Deines Herrn in Zucht empfangen und sich still darunter neigen könnten, auf dass er sich allmählich in einer inneren, gottruhigen, schauenden Stille in Deinen inneren Kräften gebäre, sodass es mit der Zeit dem Leib verborgen und entzogen werde, wenn sich Dein Geist mit dem Geiste Gottes in dem ewigen Wort ergötzen wollte. Hierzu zwinge Dich, soweit Du vermagst.

---

173 Die klare Anschauung Gottes wird nicht genommen.

174 Wie trotz all dieser Gründe Margareta weiterhin nach Heinrichs Besuch verlangt, zeigt ihr Brief.

Dazu begehre ich Dir des mütterlichen Herzens Marias Hilfe, das da verwundet und auch wohl geheilt wurde. Dazu begehre ich Dir des Engels Hilfe, der Deinen einzig Geliebten auf dem Berg stärkte, als er in Bedrängnis stand vor dem Vater. Hierzu begehre ich Dir aller Heiligen innere und äußere Liebeswerke. Sie mögen kommen und helfen, dass in Deiner Seele vollbracht werde die himmlische Geburt des ewigen Gottessohnes. Dazu soll aus väterlicher Treue der Ewige Vater seinem eingeborenen Sohn zu Hilfe kommen in Dir. Dazu begehre ich Dir den liebenden Fleiß des Heiligen Geistes, der die Mutter Gottes vorbereitet und geheiligt hat, als sie empfing das ewige Wort. Der Friede Gottes sei Dein etc.

## *XXXVII. Brief Heinrichs von Nördlingen an Margareta Ebner (zwischen 4. November und Weihnachten 1341)*

Aus dem hervorbrechenden Urquell des lebendigen Brunnens, aus dem alle lauteren, gottverlangenden Geister getränkt werden, in dem alle heimkehrenden Seelen in das väterliche Herz zurückgeschwommen, in dem alle durstigen, liebenden Seelen ertrunken und ver-sunken sind: Daraus möge Dich Dein Bräutigam Jesus Christus, unser lieber Herr, tränken und Dich tief hineinversenken.

Wie ich in Deiner Gegenwart befangen war, sodass ich nicht mit Dir zu reden wagte, ebenso bin ich auch während des Schreibens befangen; doch habe ich gedacht, dass dieser wunderbare Wechsel und Wandel, der in Dir geschehen ist, ein Zeichen des himmlischen Lebens sei, wo alles Trauern, so göttlich es auch ist, ein Ende hat und Freude und Frieden ihr eigenes Reich haben. Also ist Dir durch innere Lust Dein Leid kein Leid mehr, doch leidest Du Deinen Geliebten gerne! Göttlicher Trost meines Herzens! könnte ich es, so würde ich dem getreuen Gott danken für all die Liebeswerke, die er durch Dich wirkt und in Ewigkeit wirken wird. Und dazu rufe ich die Hilfe der gewaltigen Mutter Gottes und aller Heiligen an!

Mein Herz ward wunderbar berührt und in ein wildes Elend versetzt, als ich von Dir schied. O weh! Wie gar weh muss Dir das Scheiden von ihm (Gott) tun, wenn von den Seinigen zu scheiden so weh tut!

Gott sei mit Dir! Ich empfehle Dir in Gott an meiner Stelle meinen in Gott herzlieben Bruder[175], der Dir diesen Brief überbringt. Mit ihm rede friedlich in Gott von dem, was Gott Dir gibt, denn er ist ein heimliches Kind Gottes, wie ich glaube. Der kann Dir wohl von mir erzählen, denn wir kamen immer öfter zusammen. Was er Dir empfiehlt, das tue weise in Gott. Sende mir auch um Weihnachten unseren Konrad, meinen Schüler, und schreibe mir auch, wie es in allen Dingen um Dich steht. Ich werde Dir dann, so Gott will, öfters schreiben.

Ich grüße alle unsere lieben Kinder, Elsbeth und Euch, meine Seligen in Gott, mit allem, was ich in Christo Jesu habe. Nochmals empfehle ich Dir Bruder Konrad an. Lasse Dir es anempfohlen sein, dass er Dich Gott anempfehle, denn er ist meines Herzens Insiegel gewesen von Jugend an.

## *XXXVIII. Brief Heinrichs von Nördlingen an Margareta Ebner (um Weihnachten 1341)*

Der ich anempfohlen bin und die mir in Gott anempfohlen ist – der gebe Gott ein demütiges Unterwerfen, ein andächtiges Herausfahren aus sich selbst und einen liebenden Flug über sich selbst und alle Kreatur in ihren einzigen Bräutigam Jesum Christum!

Ich wünsche Dir in der Gunst der ausströmenden Barmherzigkeit des kleinen, neugeborenen Kindes, in ihm klein und groß zu sein, arm und reich, elend und doch vertraut, niedrig und doch hoch, verborgen und doch in ihm erkannt; krank und stark, verloren und gefunden, bleich und doch schön, finster und doch leuchtend, blind und doch sehend, hungrig und doch gesättigt, traurig und doch der Freuden voll, täglich miteinander zu sterben und doch darin das ewige Leben vorauszuschmecken!

---

175 Bruder Konrad von Kaisheim.

Diese wunderbaren Gegensätze und was der anderen Dinge viel mehr sind, zeigt dieses junge, alte Kind Deiner Seele und spielt vor Dir mit den Seinen.

Eja, wie kann es Ungleiches so wohl pflegen, bis es die Seinen sich ihm gleich macht! Dann spielt es vor ihnen auf eine neue Weise, bis dass sie erkennen, wo sie erkannt werden und lieben, wo sie geliebt werden und vollkommen begreifen, wo sie begriffen werden. Da möge Dich die hochliebende Güte Gottes umfangen und der hohe Adel Gottes Dich in sich gebären. Da möge Dich die ewige Kraft Gottes aufnehmen und möge Dich mit sich vereinigen das wesentliche Wesen Gottes.

*Da möge Dich verbergen*
*Die lautere Klarheit Gottes*
*Und mögen an Dir verderben*
*Alle Gegensätze Gottes. Amen.*
*Da möge Dich durchschießen*
*Das süße verwundende Wort,*
*Mög' sich in Dich ergießen*
*Aus seinem reichen Hort.*
*Da möge sich zu Dir neigen*
*Das ewige Bild Gottes,*
*Mög' Dich mit sich bekleiden*
*Dein einzig geliebter Jesus.*

Ich danke Dir für alles Gute durch den, der alle Gnade gibt und erhält. Was ich Dir durch unseren lieben Bruder Konrad von Kaisheim sagen ließ, das tue weise und heimlich in allen Dingen und an allen Stätten, damit niemand genannt werde. Sei so gütig, wenn Ihr freie Pfründen habt, etwas für unser Kind zu ersinnen; ich würde das mit unseres Herrn Hilfe dem Kloster gerne und mit steter Treue bis an mein Ende vergelten. Ich empfehle Dir unsere Kinder.

Meine selige Scheppach! Gott gebe Euch sich selbst für ein gutes Jahr; auch der Getreuen von Scharenstetten und den anderen. Es grüßt heute, am heiligen Weihnachtstag das kleine, liebe Kindlein Jesus, ein andächtiges Kind und begehrt von ihm diese fünf Dinge und spricht zu ihm: „Gib mir Deine Seele zur Wiege, Dein Herz zum Kissen, Dein Blut zum Bade, Deinen Leib zur Decke und all Deine Glieder zu einem lebendigen Opfer aller meiner Leiden.“ – Das gebe uns Gott! Amen.

Dieses Kind, mein liebes Chüntzlin[176], das Dir diesen Brief übergibt, habe ich eine Zeitlang bei uns in Basel gehabt; es ist aus Nördlingen und ist mir lieb.

Meine Mutter und viele unserer Freunde grüßen Euch in Gott. Lernet eifrig, belehret die anderen und lasset nicht ab in Gott! Pax Christi vobis. Amen.

### *XLI. Brief Heinrichs von Nördlingen*
### *(Dank Heinrichs an Margareta für die Übersendung der Offenbarungen, 1345)*

Der demütigen Magd Gottes entbietet ihr unwürdiger Freund zu Basel Jesum Christum! Voll Herzensfreude habe ich Deinen Brief und Dein anderes Schreiben[177], das uns Gott durch Dich offenbart hat, zu Straßburg erhalten, wo ich zu großen Arbeiten für Gott mich aufhielt.

Was soll ich Dir schreiben? Dein gottredender Mund beraubt mich der Rede! Deshalb danke ich statt aller Reden durch Gott selber für den himmlischen Schatz, den er uns durch Dich erschlossen hat und uns noch weiter erschließen wird, wie ich es von seiner Güte wohl erwarte. Und darum bitte ich Dich in Gott, wie ich es früher schon getan habe, Du mögest mit Eifer aufschreiben, was Gott Dir auszusprechen aufgab und alles bis aufs Letzte zusammensuchen, was Du früher vielleicht vergessen oder noch nicht aufgeschrieben hast, und halte alles so geheim, wie Du es angefangen hast, denn das will ich ebenfalls für Dich tun. Ich setze auch nichts dazu weder in lateinisch noch in deutsch, noch nehme ich davon

---

[176] Chüntzlin von Nördlingen, ein Mitglied der „Gottesfreunde“ zu Basel.

[177] Die Offenbarungen.

hinweg, bis dass ich es mit Dir durchgelesen und aus Deinem Munde und aus Deinem Herzen in neuer Wahrheit verstanden habe. Ich bin auch besonders erfreut, dass die ewige Wahrheit in Deiner Seele ein seltsames Zeugnis zu diesem Werk gegeben hat. Darum bist Du ihr schuldig, ihr Dein Herz und Deinen Mund zu diesem Werk zu leihen.

Lasse Dir unsere liebe Priorin[178] anempfohlen sein, und lehre sie, erst vor sich selbst Priorin zu sein, um dann Priorin der anderen werden zu können. Lehre sie das Böse durch Gott und durch Güte zu überwinden. Lehre sie, alle Geschäfte ihres Amtes erst im Herzen zu überlegen mit sich und Gott und demgemäß zu handeln und zu unterlassen. Lasse Dir auch meine Frau, die Frickin, das arme Turteltäublein, anempfohlen sein, und wenn sie zu Dir kommt, dann zwinge sie, das Nötigste anzunehmen. Es grüßen Dich auch die ehrwürdigen Frauen von Klingenthal[179] mit andächtigem Herzen und großen Begierden.

Sie senden Dir wiederum ihre Briefe und Kleinodien und begehren, Du mögest bei Gott für sie bitten. Bittet alle insbesondere den allmächtigen Gott, dass der Same des Wortes unseres Herrn fruchtbar werde in den Herzen der Menschen. Der Friede unseres Herrn sei mit uns!

### *XLII. Brief Heinrichs von Nördlingen an Margareta Ebner (1345)*

Gottes und seiner demütigen Magd entbietet ihr unwürdiger Freund zu Basel, dem in der Wahrheit zu leben, den Du bekennst und liebst und der Dich ewiglich bekannt und geliebt hat, der Dich in der Zeit so getreulich gesucht hat und in Deiner Seele so liebevoll leuchtet und so lustig vor Dir spielt: Jesus Christus! Könnte ich Gott danken durch ihn selber und durch alles, was sein ist und durch all das, was er in Liebe ausgegossen hat über alle erwählten Engel und Menschen, sodass sie in reicher Lust in ihn zurückfließen unter dem geistlichen Lobsingen aller Kreatur: Dies möchte ich von Herzen gerne tun zu seiner ewigen Ehre, die offenbart worden ist

---

178 Elsbeth Scheppach.

179 Kloster Klingenthal zu Basel.

und fürderhin offenbart werden wird in Dir durch Jesus Christus, in dem Du da so unverhüllt, so klar, so lauter, so hoch und so gleich ihm selbst und dem, was sein ist, lieben kannst, da er in ewiger Liebe das Seine geliebt und es in Barmherzigkeit an sich gezogen hat.

O Christe Jesu! Aus Dir fließt, was in Dir besteht, was durch Dich geht, der Weg, auf den Du Deines Herzens geliebtes Kind geführt und verführt hast, welches seine Minne dahin gerichtet hat, wo niemand sie erlangen kann, als der Dich in der Wahrheit liebt. Fröhlich magst Du sprechen: „Der König hat mich in seinen Weinkeller geleitet.“[180] Und da versuchst Du und schaust, wie süß der König ist. Da trinkst Du den lieblichen Most des Heiligen Geistes in reicher Fülle für Dich selber und auch für die anderen, sodass Du uns weise und freundlich säugen kannst aus Deinen mütterlichen, vollen, weiblichen Brüsten, uns Arme, Dürstende, die vor der Zelle in großem Jammer Deiner Wiederkunft harren. Darum können wir sprechen: „Wir springen auf und freuen uns in Dir, wenn wir Deiner Brüste gedenken.“[181] Denn es ist in der Wahrheit so, dass keiner den anderen säugen kann, der nicht erst in diesem Weinkeller gesäugt wurde, nämlich in dem liebesfließenden Herzen Jesu Christi, in dem alle Schätze der ewigen Weisheit und Kunst Gottes sind. Dafür zeugt in Wahrheit der reiche Strom der gottbegeisterten Rede, die Jesus Christus uns Armen, Unwürdigen durch Dich gegeben hat und noch geben wird, wie wir es von seiner Güte hoffen.

Ich konnte wegen meines Siechtums, das mich wieder überfiel, Deine heilige Schrift[182] nicht mehr lesen, in der ich besonderen Trost meines Herzens gefunden und empfunden habe. Bitte Gott, dass er mir in allen Leiden zu Hilfe komme. Lasse Dir auch, wie ich früher schon geschrieben habe, meine Frau, die Frickin, anempfohlen sein, wenn sie zu Dir kommt und nach Basel will, sodass Du ihr in meinem Namen gebietest, auf einem Wagen zu fahren. Leihe ihr, was sie dazu bedarf. Dein Täflein[183] wirst Du

---

[180] Hohes Lied II,4.
[181] Hohes Lied I, 3.
[182] Die Offenbarungen Margaretas.
[183] Ein Reliquienschrein.

erhalten, beunruhige Dich nicht. Herr Heinrich[184], der diesen Brief geschrieben hat, grüßt Dich mit der ganzen Treue seines Herzens, und auch unsere Greth zum Goldenen Ring[185] und meine Mutter und unsere anderen Freunde und Kinder in Gott.

### *XLV. Brief Heinrichs von Nördlingen an Margareta Ebner (um Christi Himmelfahrt 1346 oder 1347)*

Die von Falkenstein aus Deinem Orden zu Klingenthal in Basel sendet mir in demütigem Eifer ihres Herzens ein Zeichen ihrer Minne und begehrt, dass Du zu Gott für sie und ihre Kinder, für ihre Person und all ihre Habe aufrichtig betest. Das begehre ich aufrichtig mit ihr, denn sie ist unsere große Freundin. Dasselbe begehrt und tut auch unsere Margareta zum Goldenen Ring und viele andere unserer Freunde und besonders Herr Heinrich von Rheinfelden, meine Mutter und Schwester, ein Ritter, der heißt von Pfaffenheim und ein anderer Ritter und seine wunderbare, gotterleuchtende Frau, die heißt von Landsberg.[186] Ich kann sie Dir nicht alle nennen, die dies begehren. Wenn ich Dir uns und die Freunde, die Gott uns gibt, also anempfehle, dann lasse nicht ab, Dein Herz aufzutun und sie zu empfangen, wie Du von Gott empfangen werden willst, und trage sie dann mit einem neuen, liebenden Eifer aus Deinem Herzen in das barmherzige Herz Jesu Christi, sodass sie durch Dein Herz in sein Herz fahren. Da hindern sie Dich dann nimmer, ja sie fördern Dich vor Gott, sodass Dir ebensoviel neue Pracht in Gott gegeben wird, als Du jemals Pracht in ihm gewonnen hast. Und darum, was ich in Christo gewinne und erjage, das bringe ich zu Dir als der angenehmen, wohlgefälligen Gemahlin des Sohnes des ewigen Kaisers, was sie um ihres Geliebten willen zu seinen Ehren, in Treue austragen soll.

---

[184] Einer der „Gottesfreunde“ zu Basel, dem Heinrich diesen Brief übergab.

[185] Margareta zum Goldenen Ring, ebenfalls aus dem Kreis der „Gottesfreunde“ zu Basel.

[186] Alle Mitglieder des Kreises der „Gottesfreunde“.

Eja, herzliches Lieb in Gott, lasse Dein und sein armes und räudiges Jagdhündlein nicht ab von Deinem Seil, bis dass Du es mit Dir zu Hofe bringst. Amen.

### *XLVI. Brief Heinrichs von Nördlingen an Margareta Ebner (um Mariä Himmelfahrt 1346)*

Dem wohlgeliebten Kind Gottes, in dem der ewige Vater Ehre hat und noch haben wird in seinem eingeborenen Sohn, in dem widerscheinenden Glanz aller erwählten Geister, wünscht ein großer Sünder und ein unwürdiger Priester eine geistige Himmelfahrt aus der Wüste dieser Welt, mit allen Freuden in himmlischer Gesellschaft, geneigt mit Maria auf das süße Herz ihres Kindes, zerfließend in unendlicher Wonne, glänzend empfangen vom ganzen himmlischen Hofe, lieblich eingeführt in die Freude Deines Herrn, wunderbar geziert zu Ehren der Heiligen Dreifaltigkeit!

Ich wünsche Dir als Steuer in dieser heiligen Zeit ein unschuldiges Leben, ein lauteres Herz, eine durchleuchtete Seele, einen liebenden Geist, einen brennenden Ernst, einen sehnsüchtigen Schmerz, ein stetes Hinziehen, ein begieriges Jagen, ein weises Schauen, ein wahrhaftiges Erkennen, ein heimliches Dringen, ein starkes Überspringen, ein gewaltiges Empfangen, ein liebliches Begreifen, ein tiefes Sinken, ein lustiges Trinken, ein freundliches Umfangen, ein gütiges Sich-Anblicken, ein süßes Grüßen, ein zärtliches Genießen, ein Sich-Eindrücken ins Innerste, ein wildes Aufflackern, ein barmherziges Umfangen, ein untrennbares Sich-Nahen, ein schnelles Durchschauen, ein ewiges Verstricken von Dein und Sein in dreier Personen geheimem Kämmerlein.

Wenn Du kannst, dann gedenke mein! Wem dies vorschwebt, mein ganzes Lieb in Gott, meine stete Treue in Christo, was kann den betrüben, was kann dem schaden? Mehr noch – alle guten Dinge, Himmel und Hölle, Engel und Teufel, Liebe und Leiden, Sterben und Leben kommen ihm zugute: sie müssen und sollen ihm dienen, wie sie seinem Herrn dienen und ihm untertan sind. Wozu bedarfst Du meiner noch? Ich und alle geschaffene Gegenwärtigkeit müssen vor Dir zurückweichen. Wie gerne wir auch mit

Dir gingen, man lässt uns nicht ein. Wir müssen eben – wie es wahrhaft billig ist – draußen bleiben, wenn Du mit Deinem königlichen Bräutigam Jesus so liebevoll in den Weinkeller gehst, wo Deine keuschen Brüste voll und übervoll werden, sodass Du nicht allein meine, Deines unwürdigen Knechtes, sondern auch die die ganze Christenheit wohlnährende Amme wirst.

Nun höre weiter! Es sagen und schreiben uns die Freunde Gottes, dass die geliebte Gemahlin Gottes da trunken wird vom Schauen des edlen Antlitzes.[187] In der größten Kraft kommt sie von sich selbst; in dem schönsten Licht ist sie blind in sich selbst; in der größten Blindheit sieht sie am allerklarsten; in der größten Klarheit ist sie sowohl tot als auch lebendig. Je langer sie tot ist, umso fröhlicher lebt sie. Je fröhlicher sie lebt, umso mehr ent-wird sie. Je minder sie wird, umso mehr fließt ihr zu. Je mehr sie sich fürchtet, umso tiefer wohnt sie; je bereiter sie ist, umso geduldiger ist sie. Je tiefer ihre Wunden werden, umso mehr stürmt sie. Je liebevoller Gott gegen sie ist, umso höher schwebt sie. Je schöner sie leuchtet vom Gegenblick der Gottheit, umso mehr nähert sie sich ihr. Je mehr sie arbeitet, umso sanfter ruht sie. Je mehr sie begreift, umso stiller schweigt sie. Je lauter sie ruft, umso größere Wunder wirkt sie durch Seine Kraft nach ihrer Macht. Je mehr Seine Lust wächst, umso größer wird das Hochzeitsfest. Je enger das Minnebett, umso inniger ist das Umfangen. Je süßer das innige Mundküssen schmeckt, umso liebevoller sehen sie sich an. Je schwerer sie voneinander scheiden, umso mehr gibt Er ihr. Je mehr sie verzehrt, umso mehr hat sie. Je demütiger sie Abschied nimmt, umso schneller kommt sie wieder. Je heißer sie bleibt, umso schneller erfasst sie der Funken. Je mehr sie brennt, umso schöner leuchtet sie. Je mehr das Lob Gottes verbreitet wird, umso größer bleibt ihre Begierde.

Hierin und auf gleiche Weise zeigten uns die großen Gottesfreunde des inneren Menschen geistliche Himmelfahrt. Eja! Mein und Dein Gott sprüht

---

187 Die angeführte Stelle stammt aus Mechthild von Magdeburg *„Das fließende Licht der Gottheit"*.

aus ihnen! Und wenn dies auch an Dir geschehen wird, dann gebiete, bitte, dem demütigen, gehorsamen Jesus, dass er sich meiner und aller meiner Dinge erbarme durch ihn selbst, in ihm und in den Seinigen. Amen!

An Unserer Frauen Himmelfahrt, als ich auch diesen Brief schrieb, wollte ich Kursor aussenden. Da bedurfte ich seiner bis heute, was er Dir sagen wird. Er wird Dir auch sagen, warum ich nicht zu Euch komme. Ziere das Heiligtum wohl und besonders auch den Finger von St. Agnes[188], wie ich es gelobt habe. Auch hat Dir unsere Subpriorin von Köln dieses Schublädlein mit Pulver gesandt. Ich habe es Dir aus Minne bis heute vorenthalten, um aus einem Lädlein mit Dir zu essen. Ich sende Dir auch eine Binde; damit sollst Du sie aus Minne breiten und die großen Adern Deines keuschen, lauteren Blutes verbinden. Sie soll Dir und unseren lieben Kindern gemeinsam gehören, denn ich vertraue, dass sie heilsame Gnade von Dir auf sie übertragen wird, wenn sie zur Ader lassen. Ich sende Dir auch ein kleines Tüchlein. Darin sollst Du die heißen Tränen Deines liebenden Herzens aufnehmen und sollst mir beides später überlassen, falls Du vor mir zu Deinem Herzliebsten scheidest. – O weh!

Mein Herz grüßt Eure Herzen in dem brennenden Jesus. Seid rein und eins in Gott, meine Vielgeliebten in unserem Herrn. Wenn Du willst, so sende mir Kursor und schreibe mir viel von Gott, Deinem liebsten Herrn und von Dir, o liebste Scheppach. Ich sende Euch auch sechs kleine Messerlein aus einem großen Herzen und das wohlschneidende Schwert des Heiligen Geistes, nämlich das Wort Gottes. Aus getreuem Herzen grüßen Dich mein Herr Heinrich, meine Mutter und die anderen. Gott sei mit Euch!

188 Reliquie der heiligen Agnes, ein Geschenk der Zisterzienserinnen zu Burtscheid. Heinrich hatte versprochen, diese kostbar einfassen zu lassen. Er sagt in einem andern Brief an Margareta (XLIX): *„Nun bitt ich dich fliszigliich, das du sunderlich sant Angneszen heiligtum erlich in machest, wann es mir in groszer minne geben ward ze Burtschain in ainem grawen kloster, lit bei Auch, und ich gelobt in auch, ich wolt es ein machen und erlich verwirckhen."*

## *L. Brief Heinrichs von Nördlingen an Margareta Ebner (zwischen 11. März und 16. Juli 1347)*

Margareta, ich grüße Dein Herz in dem innersten Ausfluss Gottes in die Seele Deines geliebten Herrn Jesu Christi, seiner lieben Mutter Maria, aller Engel und Heiligen! Und ich wünsche Deinem liebenden Herzen die Freude, welche Maria empfand bei dem ersten Blick, den sie im ewigen Leben auf ihr Kind warf, bei dem ersten Gegenblick, den ihr Kind wieder auf sie warf, und bei dem ersten Blick, den sie auf sie alle warf und in dem sie sie in ihrem Inneren alle erkannte wie sich selbst.

Ich habe den anderen so viel geschrieben, dass ich ihnen zuliebe Dir Abbruch getan habe, da ich Dir ja nichts schreiben kann, was nicht schon vorher Deinem Herzen durch den Heiligen Geist eingegeben wäre.

Ich sende Dir den Schatz unseres Herrn Jesu Christi, unsere liebe Freundin in Gott, die Frickin; stehe ihr in Treuen bei, denn sie hat einen wahrhaften, inneren Trieb zur heiligen Nachfolge Jesu Christi, unserem Herrn. Die empfehle ich mit großem Eifer meines Herzens allen Deinen Getreuen in Gott. Sie wird Dir zehn Gulden übergeben, welche Dir meine Frau, die Königin[189], gesandt hat, die eindringlich und voll Eifer begehrt, Du und auch der Konvent, Ihr möchtet gemeinschaftlich für sie beten. Und unterlasse nicht, ihr getreulich dafür zu danken in Deinem Brief, auf dass sie innewerde, dass sie Dir zu Deinem Bau[190] gegeben wurden.

Eine lautere Jungfrau und ein heiliger Mensch in Gott, die auch Margareta heißt, sendet Dir ein Kruzifix aus Bernstein und begehrt Deine Treue in Gott. Ich habe ein gar liebes Heiligtum, das im Besitz hoher Fürsten gewesen ist; aber es ist kein Beweisbrief[191] dabei. Nun begehre ich von

189 Agnes, Königin von Ungarn, geb. 1281, Tochter Kaiser Albrechts I. von Österreich, Gemahlin des Königs Andreas III. von Ungarn, starb 1344 in dem von ihrer Mutter Elisabeth gestifteten Kloster Königsfelden im Aargau.

190 Die Spende war für einen Bau des Klosters Medingen bestimmt.

191 Eine Reliquie, deren Echtheit nicht schriftlich beglaubigt ist.

ganzem Herzen, dass Du Gott bittest, er möge Dir die Wahrheit darüber offenbaren.

Gott lohne Dir all Deine Treue! Den Rock trage ich. Lasse Dir alle Dinge wohl anempfohlen sein. Meine Frau[192] wird Dir sagen, wie es mit uns allen steht.

Grüße mir alle unsere Kinder. Scheppach! Ich wünsche Euch, eins zu werden in unserem Herrn Jesus Christus. Lernet gut. Gott sei mit Euch!

### *LIII. Brief Heinrichs von Nördlingen an Margareta Ebner (1349)*[193]

In der unvergleichlichen Liebe Jesu Christi, in der er uns geliebt hat, gegenwärtig liebt und ewig lieben wird, grüße ich meine liebe Mutter Margareta.

Meine liebe Mutter Margareta, ich bitte Euch, dass ihr uns Euren getreuen Rat gebt, wie Ihr es mit Eurem getreuen Gebet in Gott erkennt, namentlich wegen der Furcht vor den Plagen, insbesondere der Plagen, die über die „Gottesfreunde" kommen sollen, die da kommen sollen nach geistlicher Aussage in drei Jahren, und nach anderer Aussage in zehn Jahren, die mit Beschwerden kommen sollen, wie ich Euch auch geschrieben habe von den berühmten Prophezeiungen Sankt Hildegards[194], die da meint, dass ein Gottesfreund den anderen zuvor warnen solle, wie man sich in den künftigen Plagen ohne Schaden verhalten solle.

Wenn mir nun auch die Plagen nach meinem Dafürhalten wohl bekannt sind, so hätte ich doch gern Euren Rat, ob ich bezüglich des Schadens, der daraus kommen wird, die Leute mehr noch, als ich schon tue, warnen soll. Auch sind da etliche gute Menschen, die vor diesen Plagen Furcht haben. Wenn ihnen zeitliches Gut zufällt ohne ihr Zutun, dann verteilen sie es

---

192 Die Frickin, die Heinrich von Nördlingen nach Medingen sandte.

193 Heinrich weilt nicht mehr in Basel, sondern wahrscheinlich im Elsass.

194 In den überlieferten Werken Hildegard von Bingens findet sich diese Prophezeiung nicht.

unter alle „Gottesfreunde" in allen Landen, die sie kennen, entsprechend deren Notdurft, soweit sie darum wissen. Und was ihnen von diesem zufallenden zeitlichen Gut übrigbleibt, das lassen sie liegen für die kommende Sorgenzeit der Plagen, um dann damit den „Gottesfreunden" zu Hilfe zu kommen. Hierzu begehre ich wieder Euren getreuen Rat, ob dies so zu tun sei nach dem Willen Gottes oder nicht, denn die Leute würden in diesen Dingen gern meinen Rat befolgen. Wisset auch, dass ich von einer Stadt zur anderen gehe und predige, ohne einen festen Aufenthaltsort in einem Konvent zu haben. Wenn Gott etwas anderes von mir will, so bittet ihn, dass er mir gewähre, es zu erkennen und mich ihm zu hinzugeben. Ich danke Gott für all das Gute, das er mir jemals tat durch Euch und durch all seine Freunde. Ich empfehle in Euer Gebet unsere Freunde: die Merswin, die von Landsberg und all die anderen. Die väterliche Treue möge Euch und uns mit seinem liebesbrennenden Licht durchleuchen und liebesreich in Christus Jesus verschmelzen etc.

### *LIV. Brief Heinrichs von Nördlingen an Margareta Ebner (1350)*

Margareta, *Jesu Christo dilecta*, und Elisabeth *amica*, ich, Euer Heinrich, der lang in der Verbannung gewesen ist, ich grüße Euch mit der Liebe, in der der ewige Vater geschaffen hat den Weingarten aller Kreatur und besonders alle erwählten Herzen, und ich begehre, dass er Euch trunken mache mit dem Wein, den er selber angebaut hat, auf dass ich Armer und Dürrer durch Eure Fülle erfreut werde. Gegeben zu Ulm im Wirtshaus Stand. Ich bringe großes Heiligtum[195]. Bereitet Euch vor, dass ihr es fröhlich und andächtig empfanget. Dies musste ich Euch aus Liebe schreiben. Bittet für uns, das ist: für meiner lieben Mutter Seele und für alle, die uns in Gott empfohlen sind.

---

195 Reliquien.

## *LVI. Brief Heinrichs von Nördlingen an Margareta Ebner (um Weihnachten, Datum unbekannt)*

Der Erwählten in Gott entbieten wir, ihre unwürdigen Freunde, allen Gnadengruß, in dem sie mit allen Heiligen, in heißem, brennendem Ernst und in aller wahren, lauteren, unschuldigen Andacht in das einige Ein eilen und jagen, das sich so tief kann verbergen und seinen getreuen Freunden auch so lieblich offenbaren, nicht nach unserem geringen Verdienst, sondern nach der Gunst seiner liebenden Barmherzigkeit. Wir wünschen Euren Seelen, unsere liebsten Freunde in Gott, die ganze Sehnsucht, die alle Gotteskinder des alten Gesetzes nach der leiblichen Ankunft unseres lieben Herrn Jesu Christi auf dieser Welt je gefühlt haben, und auch die Sehnsucht, die alle Gottesfreunde des neuen Gesetzes nach der geistigen Ankunft unseres lieben Herrn in der Seele gefühlt haben. Möge die in dieser andachtsvollen Zeit in Euren reinen, treuen, lauteren, liebenden Herzen so stark werden, dass das ewige Wort vor Weihnachten von Euch in Euch aus Liebe geboren werde, sodass der ewige Gottessohn von jäher Eile und von ungeduldiger Schnelligkeit seiner liebenden Lust seine rechte Zeit nicht abwarten kann. Und wenn diese vorzeitige Geburt in der Zeit geschieht, dann wird sie auch in der Ewigkeit vollbracht werden! Darum braucht man nichts zu fürchten, wenn sie ohne Taufe stirbt, denn sie wird in dem Heiligen Geist, in dem Brunnen des Lebens getauft, in dem sie auch geboren wird.

Hierin wünschen wir Euch auch noch, dass Ihr mit allen Seligen im ewigen Leben, in nackter klarer Offenbarung die Frucht Eurer Seele, nämlich das ewige Wort Marias ewig schauen, erkennen, begreifen, lieben, genießen, besitzen und es ewig loben möget in dem innersten Heiligtum, in der wohlgezierten Arche, in dem höchsten Chor und in dem bestgezierten Tempel seines väterlichen Herzens, als es am Tag seiner Kraft seinen anfanglosen Anfang empfing in der klaren Pracht der Heiligen, vor Luzifer und über aller lichttragenden, schimmernden Klarheit, wie es in der Weissagung steht. Amen. Bittet Gott für uns und für die Unsrigen in ihm!

*Johannes Tauler an Elsbeth Schepach und Margareta Ebner* (1346)

Meinen treuen Freundinnen in Gott, Dominae E.[196] der Priorin und Margareta der Ebnerin zu Medingen widme ich Bruder T. mein Gebet.

Alles, was ihr mir gewünscht und begehrt habt zum Anfang des Neuen Jahres, das begehre ich Euch hundertfältig von der kindlichen Güte unseres Herrn Jesus Christus. Ich lobe ihn um Eurer Gesundheit willen und begehre, dass er Euch gesund erhalte an Leib und Seele uns zum Trost und ihm zum ewigen Lob. Gott danke Euch für Eure Sendung und für all die Treue, die ihr zu mir habt. Ich sende Euch, *Domina E. in Christo multum dilecta*, zwei Käse und Margareta und ihren Kindern zwei Käslein, und wünsche, dass sie sie essen vor der diesjährigen Fastenzeit. Wisset, dass ich sie Euch mit Freuden sende. Darum, so bitte ich Euch, dass ihr sie mit Liebe annehmt von mir, Eurem armen Freund und Diener in Christo. Wisset, dass es Bruder H.[197] wohl geht und dass er viel Gutes tut und eifrig Messe liest. Er zürnt beinah wegen der päpstlichen Erlaubnis.[198] Bittet Gott für mich und meine Beichtkinder. *Pax Christi vobiscum. Amen etc.*

*Erster Brief des Abtes Ulrich III. von Kaisheim (nach dem 15. Juni 1346)*[199]

Margareta Ebner, unser lieber Herr Jesus Christus und seine liebe Mutter Maria grüßen Euch mit all ihren Gnaden. Ich lasse Euch wissen, dass Bruder Hans nach seinem Auslaufen und nach seiner neuen Strafe und Buße in Verhärtung umhergelaufen ist bis zu unseres Herrn Fronleichnamstag. Da hat er gebeichtet und alles in Ordnung gebracht. Nun wollten wir ihm gern das Beste tun, was wir vermöchten, durch Gott und um Euretwillen, damit er nicht zugrunde gehe. Aber es steht dies nicht allein bei uns. Weil er sich so oft verschuldet hat, deshalb können wir ohne die alten Herren des Konventes in dieser Sache nichts tun. Bezüglich der Frau von

196 Elsbeth Schepach.
197 Heinrich von Nördlingen.
198 Weil die Milderung des Interdikts ihm zuviel Arbeit im Beichtstuhl brachte.
199 Kaisheim war eine benachbarte Zisterzienserabtei. (Anm. Frank-Daniel Schulten).

Lauingen[200] können wir auch keine Antwort geben, außer mündlich. Wenn wir nicht zu Hause sein sollten und auch der Supprior nicht, so heißt Euren Boten zum Herrn Eberhart von dem Stein zu gehen. Der ist freilich auch viel aus. Wenn der nicht daheim ist, so heißet ihn, zu unserem Diener zu gehen. Gott sei mit Euch.

### *Zweiter Brief des Abtes Ulrich III. von Kaisheim (1348)*

Liebe Margareta. Unser lieber Herr Jesus Christus und seine liebe Mutter Maria grüßen Euch mit all ihren Gnaden und in barmherziger Treue. Ich danke Euch mit Fleiß für Eure Gaben und noch viel mehr für Eure Treue. Ich lasse Euch auch wissen, dass uns um unseres Klosters willen viel Anfeindung und großer Schaden entstanden ist, seitdem ich bei Euch war, und es wird noch ärger kommen, besonders auch von denen von Öttingen. Die haben sich gar feindlich und schädlich gegen uns gestellt. Bittet Gott, dass er sich über sie erbarme und ihnen ihre Gebrechen zu erkennen gebe. Wegen der Sache[201], die Ihr allein wisst und ich, deswegen will ich Euch selbst antworten, wenn ich nun zu Euch komme. Dieweil steht es doch wohl. Ich sende Euch zwei Käse und der Priorin auch zwei. Die verbraucht, wozu ihr sie bedürft. Gott sei ewig mit Euch. Amen. etc. Grüßt die Priorin von mir etc.

### *Dritter Brief des Abtes Ulrich III. von Kaisheim (nicht vor dem Sommer 1348)*

Margareta Ebner, unser lieber Herr Jesus Christus und Unsere Frau grüßen Euch mit all ihren Gnaden. Ich lasse Euch wissen, dass ich beim Bischof von Augsburg gewesen bin. Da habe ich erfahren und vernommen, dass er vom Papst Gewalt zu absolvieren hat.[202] Aber ich habe noch keine Absolution genommen weder für mich noch für das Kloster. Ich werde jetzt gleich zum Herzog und zu seinem Rat fahren und will arbeiten und

---

200 Vgl. das Kapitel „*Der Hostienraub*".
201 Vgl. das Kapitel „*Neue Tröstungen*".
202 Nach dem Tod Ludwigs des Bayern konnten seine Anhänger von den kirchlichen Strafen losgesprochen werden.

werben um seine Gunst. Ich sehe voraus, dass von meiner Seite darauf viel Arbeit und Unkosten gehen. Deshalb bitte ich Euch mit allem Ernst, dass ihr durch unseren lieben Herrn Jesus Christus und Unsere Frau mir behilflich seid bei diesem Anliegen mit Eurem Gebet bei unserem Herrn, und dass ihr Euch der Sache mit ganzem Ernst annehmt.

Wenn ich dann nach Hause komme, so teile ich Euch mit, was ich ausgerichtet habe. Schreibt mir hinwiederum, ob ihr für dieselben Sachen irgendetwas wohl erbitten könnt. Ich lass Euch auch wissen, dass meine ureigenste Sache, die niemand sonst anbetrifft als mich selber, und die mir eine große Beschwerde ist, dass mir die so schwer ist, wie sie nie war. Das klage ich Eurer Treue und empfehle es Eurem getreuen Herzen, damit Ihr mir auch darin behilflich seid.

Ich sende Euch 3 Pfund Heller; davon sollt ihr für Euch eins behalten, die beiden anderen aber unter Eure Kinder verteilen. Gott sei mit Euch ewig.

*Vierter Brief des Abtes Ulrich III. von Kaisheim (Ende 1349 oder Anfang 1350)*

Margareta Ebner, unser lieber Herr Jesus Christus und seine liebe Mutter Maria grüßen Euch mit sich selbst und mit ihren Gnaden. Ich war nun kürzlich nicht daheim, als Ihr mir Euren Brief sandtet. Darum konnte ich Euch bis jetzt nicht antworten. Da, in jenem Brief, standen gar tröstliche und freundliche Worte, für die Euch unser lieber Jesus Christus mit sich selbst danke. Danach stand in demselben Brief, dass Ihr nach Nachricht verlangt, weil Ihr lange von mir und von Euren guten Freunden hier nichts gehört hättet. Insbesondere nun, was das große Sterben anbetrifft, das jetzt im Lande herrscht, so lasse ich Euch wissen, dass der Tod allenthalben an uns und an unser Kloster reicht. Aber es ist im Kloster noch niemand gestorben, außer ein frommer Knecht. Der war mein Knecht. Er ritt mit mir. Er hieß Rudolf. Dessen gedenket vor Gott.

Ich sende Dich ein Pfund Heller. Das behaltet Euch für Eure Person allein. Die beiden anderen Pfund, die ich sende, die verteilt unter jene, welche Euch dienen und denen ihr sie zukommen lassen wollt. Von den drei Pfund gehörte eines dem Rudolf, dem Knecht, der da tot ist. Dessen heißet gedenken um Gottes willen und meiner auch und um unseres Konvents. Gott sei mit Euch etc.

### *Fünfter Brief des Abtes Ulrich III. von Kaisheim (15. April bis 15. Mai 1350)*

Margareta Ebner, unser lieber Herr Jesus Christus und seine liebe Mutter grüßen Euch mit sich selber und mit ihren Gnaden. Ich lasse Euch wissen, dass an dem Tag, als ich bei Euch war, sieben von unseren Priestern gestorben sind und ein frommer und tugendhafter Noviz, ohne all jene, die vorher mit dem Prior gestorben waren[203]. Tags darauf, als ich von Euch fortgegangen war, das ist an dem Freitag, verschied ein Noviz, der war Priester. Ferner sind etwa sechs Herren und Brüder noch krank, und wir wissen nicht, wie es denen ergehen wird. Nur rechnen wir mehr damit, dass sie sterben, als dass sie genesen.

Einer von den Gestorbenen war Bruder C. Sumenhart. Der wartete mit seinem Scheiden, bis ich mit Meister Heinrich nach Hause kam. Da verschied er in der Nacht. Die alle insgesamt empfehlen wir Euch mit ganzem Ernst, dass ihr und Euer Konvent Gott für sie bittet, er wolle ihnen zu Hilfe kommen und ihnen bald aus allen Nöten helfen. Auch für uns, die wir noch leben, bittet, damit Gott uns zu Hilfe komme aus seiner unergründlichen Barmherzigkeit nach seinem liebsten Willen und zu seinem höchsten Lob und nach unserer großen Notdurft. Gott sei mit Euch ewig. Amen etc.

## *Brief der Margareta zum Goldenen Ring (1348)*

Meiner lieben Freundin und getreuen Mutter in meinem Herrn Jesus Christus, Margareta zu Medingen, entbietet ihr armes, unwürdiges Kind, Margareta zum Goldenen Ring meinen getreuen Gruß und meine kindliche Treue zu meiner lieben Mutter, die mir mit so großer Begierde und Liebe

---

203 Die Pest wütete zu dieser Zeit. (Anm. Frank-Daniel Schulten).

gegeben ist von unserem lieben Vater und getreuen Freund in Gott, Herrn Heinrich von Nördlingen. Ich klage, Deinem getreuen, mütterlichen Herzen meine große Betrübnis, die ich empfand vom Scheiden und der Abreise unseres getreuen Vaters, und ich vermag Dir nun Deinen Schmerz über seinen Fortgang nachzufühlen, wenn ich daran denke, wie uns nun seine treue Lehre fehlt, sein weiser Rat, sein Ermahnen und Tadeln heimlich und öffentlich, wenn ich mir sein heiliges, wahrhaftiges Vorbild, das er uns gewesen ist, vergegenwärtige und mich der vielen Beweise seiner Treue erinnere, die er mir armem, unwürdigem Menschenkind erwiesen hat. Wenn ich nun alles entbehren muss, bedürfte ich göttlicher Kraft, um es alles weise und ordentlich tragen und leiden zu können.

Darum bitte ich Dein liebendes Herz, dass Du mir getreu seiest bei Deinem lieben Jesus Christus, auf dass er mein Leiter und Lehrer sein wolle zu all dem, wozu er mich in seiner Güte so innerlich gerufen hat. Sei eine getreue Mutter, und vertrete mich und die Seinen bei Deinem Gott, denn er hat gesagt, dass, obwohl wir leiblich geschieden sind, doch seine Liebe und seine Treue nimmer von uns getrennt sein solle.

Gott danke Dir getreulich für Deine Liebe, die Du mir erwiesen hast mit Deinem treuen Gruß und Deiner Botschaft und besonders für die Klammern, die Du mich mit unserem lieben Vater teilen hießest. Ich sende Dir ein nichtiges Kleinod: zwei Messerlein, deren Hefte vergoldet sind. Auch sollst Du wissen, dass mir die Worte unseres Vaters einen innigen Trost und eine Freude geben, der sagte, Du hättest versichert, ich sei Deinem Inneren so eingeprägt, dass Du meiner nicht mehr vergessen könntest. Das möge mich mit Dir innig verbinden und mir helfen in Ewigkeit. Ich empfehle Dir in vollkommener Treue alles, was mir in Gott empfohlen ist und insbesondere meine leibliche Mutter, die mich zum geistlichen Leben so getreu gefördert und mich meinem geistlichen Vater[204] in vollkommener Treue empfohlen hat. Der hat mir dies geschrieben, und er grüßt Dich getreu und klagt Dir mit Bitterkeit seines Herzens, dass er verwaist und beraubt ist

[204] Heintich von Rumerschein.

seines getreuen Vaters und seines lieben Freundes[205], der ihn so getreu geliebt und gemeint hat in allen Dingen, geistlich und leiblich. Wisse auch, dass von dem Scheiden beiderseitig ein so peinliches Sterben veranlasst wurde, dass, wäre etwas anderes als Gott Ursache dieses Scheidens gewesen, es wäre geradezu unleidlich gewesen. Nun wollten sie beide gern dem Ruf Gottes entsprechen, und das hat dieses Scheiden lieblich gemacht, wie sie ja auch geistlich ewig ungeschieden sein sollen. Er hätte Dir auch gern mehr geschrieben, aber er hatte keine Zeit. Der Friede Gottes sei mit Dir jetzt und ewig etc.

### *Brief eines Unbekannten*

Gott der Vater grüße Dich mit dem ersten Blick, den er tat in alle Chöre der Engel und in einen jeden besonders. Gott der Sohn grüße Dich mit dem ersten Blick, den er tat in seine eigene Seele und in seiner werten Jungfrau und Mutter Marias Seele. Gott der Heilige Geist grüße Dich in dem liebevollen Blick, den er jemals tat und noch tun will in aller Erwählten Seelen. Die heilige Dreifaltigkeit lasse Dich empfinden und empfangen diesen Gruß. Die ewige Gottheit lasse Dich ewig schauen ihr einziges Sein und ihr seiendes Eins in dem Spiegel ihrer lauteren Wahrheit selbst. Hierzu möge Dich steuern Dein einziges und auch ewiges Lieb, Christus Jesus, mit all seinen und der Seinen Liebeswerken. Amen.

Diesen Brief haben wir Dir und unseren Kindern gleichermaßen geschrieben. Ich begehre, dass in Dir ein vollkommenes Bild aller Tugenden ausprägt werde, o Margareta, dem der Konvent zu folgen habe. Besonders schwebt mir vor das Testament Eures [geistlichen] Vaters Sankt Dominikus: Liebe und Demut und wahre Armut, welche die erste Staffel ist auf der geistlichen Leiter der acht Seligkeiten. Wenn nun wahre Armut die erste Staffel ist auf der geistlichen Leiter, die allein zu wahrem Reichtum führt, und der erste Stein des geistlichen Gebäudes ist, dann ist wohl zu fürchten, dass alle, die ihre Treue in der Armut brechen, den wahren Reichtum und das geistliche Gebäude entbehren müssen. Gebt Acht, was dies bedeutet,

---

205 Heinrich von Nördlingen.

Margaret. Ich habe die innere Überzeugung gewonnen, dass Du die allerernsteste Schwester sein solltest, die zu Medingen ist und jemals dorthin kommen wird oder jemals dort gewesen ist.

Solltest Du ungern sterben[206], so empfehle ich Dir den Meister von Nördlingen mit ganzem Ernst, denn seine Briefe, die er mir geschrieben hat, die haben mich ganz für ihn eingenommen. Ich habe ihm gar oft mit Herzenslust geschrieben. Wenn er zu Dir kommt, dann verteidige mich, und heißet ihn, oftmals dies mit Aufmerksamkeit lesen: Ich sende ihm einen *Kurs von der Seele unseres Herrn*, den brachten die Prediger von Avignon. Den schreibt ab. Ich möchte gerne, dass der Konvent ihn habe. Ich wünsche auch, dass Ihr nach der getreuen Nachfolgerin unseres Herrn Jesus Christus, der Frickin, sendet. Und was sie mir schreiben will, das schreibt mir. Da vernimmst Du auch, wenn Du willst, was ich ihr geschrieben habe. Wenn, wie man erwartet und wie geschrieben steht, die Ordnung wieder hergestellt wird, dann komme ich zu Dir. Schepach, was man mir zu schreiben hat, das schreibt mir gern um Gottes willen. Das sei der Lohn. Ich hoffe, dass es Euch in allen Dingen wohl ergeht. Grüßet all unsere Freunde in Gott. Amen.

[206] Der Verfasser kannte Margareta anscheinend nicht gut, sonst hätte er von ihrem Verlangen zu sterben gewusst, oder der Brief ist in eine sehr frühe Zeit zu datieren, wo sie nach Genesung und Gesundheit verlangte.

**Anton Franz Ritter von Perger/Frank-Daniel Schulten**

## Deutsche Kräutersagen und Baumsagen

Pflanzen schenken uns Nahrung, Heilung, Schutz und Rausch. Deswegen werden manche verehrt, andere sind gefürchtet. In den unzähligen Überlieferungen, die sich um die Kräuterwelt ranken, zeigt sich dies sehr deutlich. Deutschland, Österreich und die Schweiz sind ganz besonders reich an solchen Traditionen.

Anton Franz Ritter von Perger (1809-1876) sammelte alle Informationen, die er über die deutschsprachigen Bräuche und Erzählungen rund um das Pflanzenreich finden konnte und rettete sie mit diesem Werk vor dem Vergessen. So schuf er nicht nur einen der schönsten Sagenbuchklassiker, sondern zugleich ein Kräuterbuch der ganz besonderen Art.

In ihm werden die guten und bösen Pflanzengeister lebendig. Jahreszeitliche Orakel, heilende und zauberische Rituale sowie längst verschollene Vegetationsfeste zeigen die tiefe Verbindung, die zwischen Mensch und Pflanze besteht.

Paperback.
296 Seiten.
EUR 22,00
ISBN: 978-3-932961-53-3.

Frank-Daniel Schulten (Hrsg.)

## Die Heiler von Myddfai

### *Die geheimen keltisch-mittelalterlichen Naturheilrezepte einer legendären Heilerdynastie aus Wales*

### Legendäres Heilwissen für unsere Zeit!

In Wales praktizierte mehr als achthundert Jahre lang eine legendäre Heilerfamilie. Sie wohnte in dem kleinen Ort Myddfai und übte dort während der gesamten Jahrhunderte ohne Unterbrechung ihre ärztliche Kunst aus. Man nannte sie: *„Die Heiler von Myddfai"*.

Ihre Heilerfolge grenzten an Wunder. Auch ihr Ursprung soll in einer wundersamen, uralten Legende liegen. Sie besagt nämlich, dass sie von einer Naturwesenheit abstammen, der geheimnisvollen *„Lady aus dem See"*. Sie war es, welche die Vorfahren der Familie einweihte in die Geheimnisse der Natur, der Heilkräuter sowie der Medizin für Mensch und Tier.

In diesem Buch liegt zum ersten Mal das geballte Wissen ihrer gesammelten Rezepte in deutscher Sprache vor. Viele ihrer Arzneimittel und Kräuteranwendungen reichen bis in keltische Zeiten zurück, und man kann sie meistens mit einfachen Mitteln nacharbeiten. Trotzdem handelt es sich dabei um eine teilweise modern anmutende, ganzheitliche Naturheilkunde. Ihre Wiederentdeckung ist so bedeutsam und einzigartig, dass man sie am ehesten mit jener der Hildegard-Medizin vergleichen kann.

Diese Ausgabe wurde zugleich sorgfältig mit den aktuellsten Forschungen aus den Bereichen Ethnobotanik, Linguistik und Phytotherapie abgeglichen, so dass Fehler der Originalsausgabe korrigiert wurden. Es handelt sich daher hierbei um die weltweit akkurateste Fassung dieses einzigartigen Klassikers der europäischen Naturheilkunde! Welche Schätze Sie hier entdecken können, bestätigen auch aktuelle wissenschaftliche Untersuchungen: Sie beweisen, dass manche Rezepte und Kräuter der *„Heiler von Myddfai"* gegen Coronaviren und gegen antbiotika-resistente Bakterien (MRSA-Keime) wirken. Auch entzündliche Darmerkrankungen wie *Morbus Crohn* oder *Colitis ulcerosa* wurden erfolgreich mit diesen Mitteln behandelt. So kann diese uralte Weisheit uns helfen, heutige Zivilisationskrankheiten wirksam zu bekämpfen!

374 Seiten, Paperback.
EUR 38,00.
ISBN: 978-3-932961-86-1.

Michael Blumert & Dr. Jialiu Liu:

## Jiaogulan
## „Chinas Pflanze der Unsterblichkeit"

***„Wie Ginseng. – Nur viel, viel besser!"***

In abgelegenen Regionen Chinas gibt es Gegenden, in denen die Bewohner außergewöhnlich alt werden. Dabei erfreuen sie sich stets bester Gesundheit. Krebs, Herz-Kreislaufprobleme und viele andere Krankheiten sind kaum bekannt. Man führt diesen Effekt darauf zurück, daß die Einheimischen täglich eine bestimmte Wildpflanze zu sich nehmen. Ihr Name lautet *Jiaogulan.*

Zahlreiche wissenschaftliche Forschungen bestätigen: Dieses unscheinbare Kraut besitzt außerordentliche vorbeugende, verjüngende und heilende Eigenschaften. Jiaogulan ist unter anderem besonders reich an Saponinen. Diese Substanzen sind auch die Hauptwirkstoffe des Ginsengs. Während im Ginseng jedoch lediglich 28 verschiedene Saponine nachgewiesen sind, verfügt Jiaogulan über die beeindruckende Menge von 82 dieser wertvollen Inhaltsstoffe! – Einige davon sind sogar völlig identisch mit denen des Ginsengs!

Dieses Buch beschreibt Geschichte und Anwendung dieser kostbaren Pflanze. Besonderer Wert wird auf die ausführliche Darstellung wissenschaftlicher Studien gelegt. Sie beweisen nämlich eindeutig: Jiaogulan heilt zahlreiche Krankheiten und stärkt das Immunsystem. Er ist zugleich ein wunderbares Anti-Aging-Mittel. Er verlangsamt den Alterungsprozeß und hält den Körper gesund und fit bis ins hohe Alter. Darüber hinaus steigert Jiaogulan die physische Leistungsfähigkeit. Deswegen wird er bereits von vielen Sportlern verwendet, die ihre Fitneß damit deutlich verbessern!

In einem speziellen Kapitel zeigt Heilpraktiker Weicker, wie man Jiaogulan mit Ling Zhi kombinieren und täglich einnehmen kann. So verstärken beide Pflanzen ihre Wirkung sogar gegenseitig!

*ISBN: 9783932961-33-5*
*Ca. 136 Seiten, Paperback mit Abbildungen.*
*EUR 16,80*

Dr. C. A. Zwierlein/Dr. L. Großberger/Frank-Daniel Schulten

## Heilwunder Eiche

### Superfood und traditionelle Naturapotheke

Ob Rinde, Blätter, Wurzeln, Misteln oder Eicheln: In jedem Teil der Eiche verbergen sich kostbare Heilkräfte. Dr. C. A. Zwierlein sammelte 1824 in diesem Buch seine Erfahrungen mit all diesen pflanzlichen Mitteln.

Er beschreibt darin seine Heilerfolge bei Hautkrankheiten, Magen-Darm-Beschwerden, rheumatischen Leiden, Hämorrhoiden, Pilzerkrankungen, Infektionen, Unterleibsbeschwerden, Inkontinenz, offenen Beinen, Entzündungen im Mundraum sowie die Anwendung zur Entgiftung.

Insbesondere die Wiederentdeckung des Eichelkaffees als einheimisches Superfood macht dieses Buch besonders wertvoll.

Zwierleins Standardwerk erscheint hier zum ersten Mal in modernisierter Form, erweitert um zusätzliche Rezepte. Ergänzt wird es durch die Schrift des berühmten mittelalterlichen Arztes Arnaldus von Villanova über die Heilkräfte der Eiche.

Paperback, 116 Seiten
EUR 14,90
ISBN: 978-3-932961-46-5.